SÓ AS PARTES ENGRAÇADAS

SÓ AS PARTES ENGRAÇADAS

... e algumas verdades difíceis sobre o ambiente machista que é Hollywood

NELL SCOVELL

TRADUÇÃO
Laura Folgueira

HarperCollins

RIO DE JANEIRO, 2023

Título original: *Just the Funny Parts*

Rua da Quitanda, 86, sala 601A — Centro — 20091-005
Rio de Janeiro — RJ
Tel.: (21) 3175-1030

DIRETORA EDITORIAL
Raquel Cozer

GERENTE EDITORIAL
Alice Mello

EDITOR
Ulisses Teixeira

REVISÃO
Carolina Vaz

DIAGRAMAÇÃO
Julio Moreira | Equatorium

CAPA
Túlio Cerquize

CIP-Brasil. Catalogação na Publicação
Sindicato Nacional dos Editores De Livros, RJ

S44s
Scovell, Nell, 1960-
Só as partes engraçadas / Nell Scovell ; tradução Laura Folgueira. - 1. ed. - Rio de Janeiro : Harper Collins, 2018.
336 p. : il. ; 23 cm.

Tradução de: Just the funny parts
ISBN 9788595084117

1. Scovell, Nell, 1960-. 2. Diretores e produtores de televisão - Estados Unidos - Biografia. I. Folgueira, Laura. II. Título.

18-53252 CDD: 791.45023092
CDU: 929:79

Toda boa história precisa de…

UM INÍCIO

Frances e Rubin Cohn
Rhoda e Louis Scovell

Cynthia e Mel Scovell

UM MEIO

Colin Summers

E UM FIM

Rudy Summers
Dexter Summers

Sumário

ESTÁGIO 3: ME TRAGAM UMA NELL SCOVELL MAIS NOVA E MAIS BARATA AGORA!

ESTÁGIO 4: QUEM É ESSA TAL DE NELL SCOVELL?

Prefácio

por Sheryl Sandberg

Durante décadas, os arqueólogos partiram do pressuposto de que as pinturas em cavernas eram obras de caçadores homens que queriam deixar registrados seus feitos dramáticos. No entanto, um estudo recente revelou um novo fato obscuro. Um pesquisador examinou as "assinaturas" deixadas pelas marcas das mãos dos artistas nas paredes e comparou o comprimento relativo dos dedos com o dos dedos humanos modernos. Os dados mostraram que 75% dos antigos pintores rupestres eram mulheres.

Essa revelação é fundamental para compreendermos a cultura humana pré-histórica. Ela também mostra que a última vez que as mulheres dominaram o campo das artes e do entretenimento foi há cerca de 20 mil anos.

A indústria do entretenimento é notoriamente dura com as mulheres. Mas, até aí, *todas* as indústrias são. Os desafios que Nell enfrentou durante a sua carreira na TV serão familiares a muitas mulheres e reveladores a diversos homens. Nell superou esses obstáculos da mesma forma que a maioria das mulheres: trabalhando muito, assumindo riscos, construindo a sua carreira mais como um trepa-trapa do que como uma escada e tendo um parceiro que foi de fato um parceiro. Nell não apenas me ajudou a escrever *Faça acontecer*: ela viveu aquilo.

Quem diz que feministas não têm senso de humor nunca conheceu Nell. Seu humor afiado é uma das principais razões para eu pedir a colaboração dela em diversos momentos. A comédia melhora os bons momentos — e os ruins também. Enquanto trabalhávamos em *Faça acontecer*, Nell e eu encontramos maneiras de rir na cara das diferenças de gênero no ambiente de trabalho. E, enquanto trabalhávamos em *Plano B*, embora tenha sido muito difícil, achamos formas de rir na cara da morte. Uma das histórias mais irreverentes de *Plano B* envolve Nell no velório da sua amada mãe. Ela tem quatro irmãos e começou o discurso fúnebre segurando um envelope e dizendo: "Aqui está o nome do filho favorito da nossa mãe".

O humor é um alívio. Ele quebra a tensão em situações estressantes. E este livro mostra que Nell esteve em *muitas* situações estressantes. Ela conhece a pressão de ser a roteirista no posto mais baixo de uma equipe de TV tão bem quanto a pressão de ser uma showrunner.* Amo o fato de ela estar transmitindo o conhecimento adquirido em três décadas de trabalho nas trincheiras. A voz de Nell é cheia de honestidade e sabedoria — mesmo quando, de vez em quando, treme de raiva.

O humor também pode nos dar esperança quando ela não existe, e é por isso que as mulheres *sempre* foram engraçadas — só nem sempre levaram o crédito por isso. Como defende Nell, se Larry David tivesse vivido na França do século XVIII e ouvido que os plebeus não tinham pão, a resposta — "Que comam brioches!" — teria feito as pessoas caírem na risada. Mas quando Maria Antonieta disse o mesmo, cortaram a cabeça dela fora.

Como as pintoras rupestres trabalhando na obscuridade, as mulheres há muito labutam nos bastidores em Hollywood. Por isso é impor-

---

* Showrunner, termo sem tradução exata e, portanto, usado em inglês no meio do entretenimento, é a pessoa responsável pelo programa, que desempenha funções de roteirista, mas também de produtor e diretor. (*N. da T.*)

tante que roteiristas/diretoras como Nell se pronunciem. Sua história é inspiradora, não porque ela seja invencível, mas porque, quando *foi* derrotada, encontrou formas de continuar escrevendo, continuar sendo criativa, sem jamais perder o senso de humor.

Vi em primeira mão o comprometimento dela em apoiar e defender outras mulheres. Certa vez, Nell me contou sobre uma jovem roteirista de TV que a procurou para desabafar após uma reunião desoladora. A mulher disse que não aguentava mais tanta grosseria e rejeição. Estava cansada de competir pela "única vaga feminina" nas equipes de séries de comédia. Nell tentou incentivá-la e deu dicas de como lidar com a frustração. Uma semana depois, a jovem roteirista, animada, mandou um e-mail para ela.

"Você foi uma grande inspiração para que eu seguisse a carreira de roteirista", escreveu. "Por isso, queria que fosse a primeira a saber que acabei de conseguir o meu primeiro trabalho numa equipe de roteiristas."

A jovem mencionou o nome do projeto, que Nell reconheceu porque também estava concorrendo à "única vaga feminina". Ela riu ao me contar essa história. Estava feliz de verdade pela colega.

Tanto Nell quanto eu ansiamos pelo dia em que não exista "roteiristas femininas" — só roteiristas. Compartilhamos uma crença de que, com um número igual de homens e mulheres à mesa onde as decisões são tomadas, este mundo será mais justo e melhor. E mais engraçado.

Introdução

O que não mata...
... permite que eu prepare a minha vingança.

— Lema pessoal

Em 1991, UM AMIGO ME CONTOU UMA PIADA QUE ME FEZ RIR E tremer de medo ao mesmo tempo. Naquela época, eu trabalhava na série de comédia *Coach* e estávamos caminhando pelo terreno da Universal Studios, cujos arredores me deixavam boquiaberta. A sala dos roteiristas ficava no antigo camarim de Lucille Ball. A caminho do refeitório, eu passava pelo bangalô de Alfred Hitchcock. Depois do almoço, às vezes entrava de fininho no Estúdio 12 e visitava a sede do *Jurassic Park* original. Naquele dia, meu amigo e eu estávamos indo para a área externa nos fundos, para dar uma olhada na torre do relógio do filme *De volta para o futuro*.

Eu estava animada com o meu próprio futuro. Embora os cinco primeiros cargos que ocupei na TV tivessem acabado de forma abrupta, minha carreira enfim estava decolando. Eu até tinha uma reunião marcada com um produtor que queria ouvir minhas "novas" ideias. Meu amigo, que tinha mais experiência na indústria, viu como eu estava animada e logo tratou de cortar o meu barato.

— Você conhece a piada sobre os quatro estágios da carreira de todo roteirista, né?

Balancei a cabeça. Ele começou a contar uma velha piada do show business, usando o meu nome para ilustrar.

Quais são os quatro estágios da carreira de todo roteirista de Hollywood?

Estágio 1: Quem é essa tal de Nell Scovell?
Estágio 2: Me tragam Nell Scovell agora!
Estágio 3: Me tragam uma Nell Scovell mais nova e mais barata agora!
Estágio 4: Quem é essa tal de Nell Scovell?

A piada funcionou como uma máquina do tempo DeLorean, e, na mesma hora, vislumbrei o desdobramento de toda a minha carreira. Apenas três anos antes, eu era uma desconhecida. Agora, estava pairando entre o Estágio 1 e o Estágio 2. Minha ascensão provavelmente significava que uma roteirista mais experiente estava sendo colocada para escanteio e, algum dia, essa roteirista experiente seria eu. Minha visão inovadora ficaria obsoleta, e eu voltaria à obscuridade.

A piada dos "quatro estágios" me faz rir há décadas. É tão engraçada quanto ser atacado por um urso em frente a uma placa que diz "Cuidado: ataques de ursos" é engraçado. É um alerta que nos prepara para a tragédia ao mesmo tempo que não faz nada para evitá-la.

O Estágio 1 — Quem é essa tal de Nell Scovell? — é uma pergunta sobre a qual ponderei mais do que qualquer outra pessoa no mundo. Para quem nunca parou para pensar sobre o assunto, deixe-me contar em linhas gerais: Nell Scovell é uma roteirista, produtora e diretora de TV que trabalhou em séries populares como *Os Simpsons*, *NCIS* e *Late Night with David Letterman*, e também em cults clássicos como *Charmed*, *The Critic* e *MST3K*. Todos sabemos que "Sabrina" é o nome da aprendiz de feiticeira que protagonizava a série de sucesso da ABC nos anos 1990. Mas talvez você não saiba que o sobrenome dela era "Spellman" porque Irving Spellman era um dos amigos mais próximos do meu pai, e escolhi esse sobrenome mágico quando criei a série.

Olhando para minha carreira em retrospecto, me sinto sortuda, grata e todas as outras coisas que nós, mulheres, devemos sentir para que os outros gostem da gente. Mas eu me sinto sortuda e grata *de verdade*, porque a carreira média de um roteirista de TV dura cerca de onze anos, e eu consegui vencer essas probabilidades.

Meu primeiro emprego na TV podia muito bem ter sido o último. Eu tinha 26 anos quando voei de Nova York para Los Angeles para uma reunião com um produtor executivo sobre escrever um talk show noturno de comédia para o recém-criado canal FOX. Durante o voo, criei páginas de ideias e piadas para a reunião. Não precisava ter me dado ao trabalho. O produtor executivo falou sem parar, explicando seus planos de mesclar comédia e jornalismo, o que revolucionaria o formato dos talk shows noturnos. Depois de meia hora, ele terminou seu monólogo e me fez uma pergunta.

— Então, você topa se mudar para Los Angeles?

— Sim. — E, como finalmente tinha uma abertura, continuei: — Esbocei algumas ideias, se você quiser…

Ele não queria.

— Ótimo — falou, levantando-se da cadeira.

Ele disse que ligaria para o meu agente e que estava ansioso para trabalharmos juntos. Fui praticamente saltitando pelo estacionamento até o carro alugado. Tinha conseguido o emprego *e* aprendido a minha primeira lição sobre reuniões em Hollywood: quanto mais você deixar as pessoas falarem sobre si mesmas, mais elas vão gostar de você.

O programa contratou dez roteiristas, nove homens e eu. A dupla de roteiristas no escritório ao lado era hilária, e eu mal podia esperar para chegar ao trabalho todo dia e passar tempo com eles. Nós três fazíamos as refeições juntos, escrevíamos esquetes juntos e, depois do trabalho, jogávamos Imagem & Ação e pingue-pongue em miniatura. Era apenas o segundo emprego deles na TV e nós todos queríamos muito que o programa fosse um sucesso. Percebemos que, se o show fosse cancelado, nossas carreiras acabariam. Você provavelmente nunca ouviu falar no *The Wilton North Report*, mas aqueles roteiristas — Conan O'Brien e Greg Daniels — se deram bem. Greg cocriou *King of The Hill*, o *The Office* norte-americano e *Parks and Recreation*. Conan virou o Conan. Na verdade, ele sempre foi o Conan, mas a plateia dele aumentou para além do nosso corredor.

Com Conan O'Brien, 1986.

Historicamente, talk shows são desenvolvidos em torno de um apresentador carismático. Mas não o *The Wilton North Show*. Duas semanas antes de estrearmos, o produtor executivo ainda não tinha decidido quem ia preencher a posição. Ellen DeGeneres fez um teste e pareceu ao mesmo tempo amigável e mordaz, a apresentadora ideal, mas foi dispensada.

Em pânico, o produtor executivo mandou que Conan, Greg e eu fôssemos recrutar talentos em um clube de comédia. Nós três iniciamos uma conversa com Jay Leno, que, por acaso, estava matando tempo no saguão. Jay já era famoso como apresentador convidado do *Tonight Show*. Levaria mais dois anos até a NBC entregar as rédeas a ele… e mais dezessete até Jay entregá-las a Conan… e depois mais nove meses até Jay tomá-las de volta. Mas, naquela noite, Jay era a pessoa mais legal do mundo por bater papo com três nerds de vinte e poucos anos. Em certo ponto, fiz um comentário sabichão, e Jay disse:

— Você é engraçada. Devia fazer stand-up.

— O quê, eu? Não! — respondi.

— Por que não?

— Porque sou escritora, não artista.

— Ah, que isso — provocou Jay, gesticulando em direção ao palco. — Você não olha para aquelas pessoas e pensa: "Eu conseguiria fazer melhor"?

— Não. Olho para aquelas pessoas, até as ruins, e penso: "Caramba. Elas são muito corajosas."

Jay olhou para mim e, com um *timing* perfeito, disse:

— Você não devia fazer stand-up.

A última coisa que eu queria era chamar atenção. Gloria Steinem disse uma vez: "Para mim, escrever era uma forma de ficar invisível, porque eu me sentia invisível, só um pouco vista através das palavras." Concordo, mas apenas em parte: eu não me sentia invisível; sentia que estava me safando ao fazer uma coisa que não devia e, se ficasse bem quietinha no meu canto, me deixariam continuar. A discrição também combinava com a minha criação da Nova Inglaterra, em que você só deve ser mencionada nos jornais três vezes na vida: quando nasce, quando se casa e quando mata o seu marido. Ou algo assim.

Meu plano era astuto: ficar longe dos holofotes, mas perto da ação. E funcionou. Estive no tapete vermelho do Oscar enquanto Daniel Craig passava a centímetros de mim. Talvez eu tenha até encostado nas costas do smoking dele — a não ser que você ache isso esquisito; nesse caso, eu com certeza não encostei. Certa noite, sentei numa suíte de hotel com Mark Zuckerberg e Andy Samberg para criar uma piada de abertura engraçada para uma conferência do Facebook. E joguei Transa, Casa ou Mata com Key e Peele durante uma entrevista para a *Vanity Fair* antes do Emmy Awards de 2015.

Minha carreira me deixou colocar palavras na boca de artistas icônicos como Bette Middler, Bob Newhart, Craig T. Nelson e Miss Piggy. Esses artistas fazem tudo ficar mais engraçado. É como ter Serena Williams como dupla de tênis. É só acertar o saque que ela vai fazer todo o resto.

E só porque você é invisível, não significa que não tem poder. Durante cinco anos, contribuí com piadas para o jantar de correspondentes da Casa Branca, incluindo uma, em 2012, em que o clímax era a marcação cênica "PISCAR".

Naquela noite, fui responsável por fazer o líder do mundo livre piscar o olho direito. Por um nanossegundo, fui a pessoa mais poderosa do planeta. Claramente esse poder me subiu à cabeça, porque agora estou tirando minha capa da invisibilidade. Depois de uma carreira capturando outras vozes, é hora de mergulhar mais fundo na pergunta: "Quem é essa tal de Nell Scovell?" Já consigo até ouvir a conversa com um executivo de televisão:

A placa com que fui recebida no primeiro dia de um novo trabalho.

EXECUTIVO: *Precisa ser "Nell"? E se você transformasse "Nell" em "Neal"?*

EU: *E por que eu faria isso?*

EXECUTIVO: *Você quer que os homens leiam o seu livro, não quer?*

EU: *Quero.*

EXECUTIVO: *Então você precisa ter um protagonista masculino. Ajuda os caras a se identificarem. Ah, e talvez o Neal devesse curtir muay thai. Tá na moda. Pense nisso.*

Ok, eu pensei. E, apesar de o Neal parecer mesmo incrível, a história dele não é assim tão incomum. Há pelo menos uma dezena de Neals que lutam muay thai e escrevem para a TV, mas, quando eu comecei, era difícil encontrar qualquer mulher que estivesse fazendo o que eu queria fazer. É por isso que, em 1988, fiquei tão animada quando um agente me apresentou a Marilyn Suzanne Miller, uma dentre as três roteiristas mulheres originais do *Saturday Night Live*. Marilyn concordou em me encontrar para um café perto do Gramercy Park, e eu estava ansiosa para mergulhar na sabedoria dela.

Ela ficou de óculos escuros durante todo o nosso encontro e, embora eu não me lembre das palavras exatas, o conselho dela basicamente se resumia a: *A televisão é um negócio terrível. Você vai ter sorte se ela não destruir você. Corra. Fuja enquanto há tempo.*

Saí do café abalada. Eu me lembro de pensar que, se algum dia eu estivesse em posição de falar com jovens escritoras, não as desencorajaria tanto. Além do mais, minha experiência seria diferente da dela. Marilyn tinha precisado romper barreiras. Agora, em parte graças a ela, estávamos uma década mais próximas da igualdade. Se obstáculos bloqueassem o meu caminho, eu os removeria. Se pessoas bloqueassem meu o caminho, eu provaria que elas estavam erradas. Eu subiria a escada corporativa lutando com unhas e dentes.

Trinta anos depois, quero agradecer a Marilyn por ter tentado me avisar. Ela tinha razão. Eu logo descobri que, em Hollywood, as barreiras são feitas daquele metal do Exterminador do Futuro que se espatifa para depois se reconstituir e criar uma nova forma. Até cheguei a pensar em chamar este livro de *Só as partes cheias de raiva e amargura*, mas queria manter a promessa de não desencorajar as pessoas. Além disso, o livro acabaria ficando com oito volumes.

A televisão pode ser um negócio horrível, mas o meu conselho é: não desista.

Algumas vezes, tive vontade de largar tudo, como durante a última semana dirigindo o meu segundo filme. Estávamos numa associação de mulheres em Vancouver, gravando um filme de baixo orçamento para TV a cabo que tinha escrito com a minha irmã Claire. Depois de uma manhã difícil, voltamos do almoço e a filmagem degringolou. Três horas depois, a produção estava duas horas e meia atrasada. Durante uma pausa, encontrei um armário para me esconder e chorei. Liguei para o meu amigo Jesse Dylan e, soluçando, expliquei que parecia que o diretor de fotografia estava me sabotando e que eu não sabia mais o que fazer.

Jesse é um diretor experiente, então eu esperava que ele me desse algum conselho prático, do tipo *Coloque os atores um do lado do outro. Seja firme*. Em vez disso, ele falou duas palavras que mudaram tudo.

— Caia lutando.

Era exatamente o que eu precisava ouvir. Saí daquele armário e voltei ao set para dar o meu melhor apesar da situação em que eu estava.

Penso com frequência no conselho de Jesse. Em Hollywood ou você sobe lutando, ou cai lutando. O importante é não parar de lutar.

Agora, de volta às partes engraçadas.

Estágio 1

QUEM É ESSA TAL DE NELL SCOVELL?

CAPÍTULO 1

Todo personagem precisa de um passado

P: Qual era o dinossauro mais inteligente do mundo?

R: O Thesaurus.

— Primeira piada que me lembro de ter escrito,
lá pela quinta série.

EU NASCI NO LYING-IN HOSPITAL, EM BOSTON, NA TERÇA-FEIRA, 8 de novembro de 1960. Na quarta, todo o estado de Massachusetts comemorou. Esses dois eventos não estão conectados. No meu aniversário, John F. Kennedy, cria de Boston, derrotou o suarento Richard M. Nixon nas urnas. Kennedy se tornou o presidente mais jovem já eleito e aquele dia marcou uma mudança cultural que levou ao movimento hippie, ao movimento dos direitos civis, à revolução feminista, à revolução sexual e à ascensão da cultura pop. Mas tenho certeza de que você também tem um dia de aniversário legal.

Três dos meus quatro avôs imigraram para os Estados Unidos no início dos anos 1900. Meu avô paterno, Louis Scovell, fugiu de Smorgon, da Bielorrússia, ainda adolescente, e entrou no país por Ellis Island. Louis costumava contar histórias sobre sua adolescência na "velha terra" e sobre ter que levar as vacas de volta ao celeiro enquanto balas alemãs passavam zunindo sobre a sua cabeça. Eu vou contar para os meus netos sobre ser forçada a participar das aulas de educação física no ensino fundamental enquanto usava um uniforme de lycra com listras horizontais. Vejam, eu também sofri.

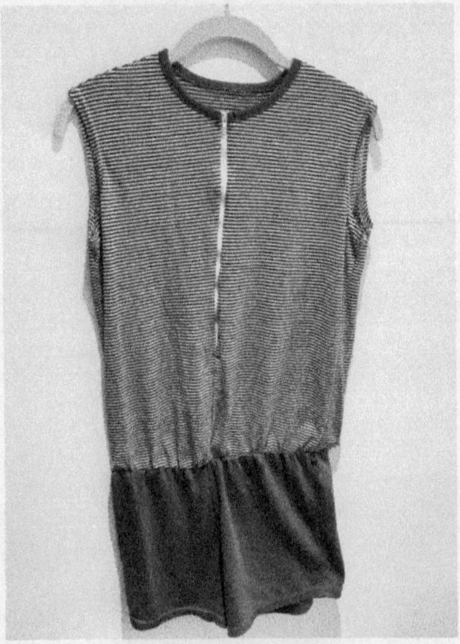

Uniforme de educação física do ensino fundamental, também conhecido como Criador de Escritores de Comédia

Louis tinha pouca instrução, mas inteligência de sobra. Casou-se com Rhoda Orentlicher, dos Orentlicher de Tarnopol, que foi para os Estados Unidos aos 4 anos. Ao longo dos séculos, os Tarnopol viveram entre a Polônia e a Áustria e, como Rhoda gostava de livros e música, preferia se identificar como austríaca. Meu pai, Mel, costumava brincar que, a cada ano, o local de nascimento da mãe ficava mais perto de Viena, até, no fim, estar dentro dos limites da cidade. A casa da minha avó seguia regras kosher, mas Louis amava tanto bacon que convenceu um médico a escrever uma prescrição dizendo que o alimento era necessário para sua saúde. Eu disse que ele era inteligente.

Meu avô materno, Rubin Cohn, nasceu em Londres, o que soa elegante até você descobrir que sua mãe polonesa deu à luz enquanto esperava para embarcar num navio para Nova York. Buddy (como nós o chamávamos) foi criado no Greenwich Village e aceitava qualquer emprego disponível: enrolar charutos, vender sapatos... Por fim, se tornou fabricante de chapéus. A esposa de Buddy, Frances Cohen, nasceu no Brooklyn, embora nunca tenha sabido a data exata, então comemorávamos o aniversário dela no Dia de Ação de Graças. Os pais a colocaram para trabalhar ainda criança, costurando apliques em vestidos, o que faz dela uma das primeiras "gurus de estilo de vida artesanal" do Brooklyn. Frances amava ciências e sonhava em estudar medicina. O mais perto que conseguiu foi se tornar pedicure, lixando calos e tratando unhas encravadas na Park Avenue.

Louis entrou no ramo dos sapatos, e ele e Rhoda se instalaram na cidade operária de Brockton, Massachusetts, onde meu pai nasceu. Brockton produziu dois boxeadores mundialmente famosos, Rocky Marciano e Marvelous Marvin Hagler, provando que as pessoas preferem levar socos na cara a ficar em Brockton. Minha mãe, Cynthia, apelidada de Sooky, nasceu na cidade industrial de Fall River, Massachusetts, e era igualmente durona. Como vários americanos de primeira geração, meus pais descobriram que a chave para a mobilidade social era (1) não viver na Europa durante o reinado de Hitler e (2) focar em educação. Em 1951, Mel tinha se formado em Yale e estava postado no Fort Eustis, próximo à College of William & Mary, faculdade onde Sooky estudava matemática. Mel diz que eles se conheceram porque "eram os dois únicos judeus na Virgínia".

Sooky se apaixonou por Mel porque ele a fazia rir. Sooky fazia Mel se sentir amado. Menos de um ano depois, eles se casaram e se mudaram para a região de Boston. Em oito anos, tiveram cinco filhos: Julie, Alice, eu, Ted e Claire. Talvez você tenha notado que estou bem no meio. É, eu também notei.

Nós cinco éramos um grupo fechado, todos estudiosos e só um pouco menos neuróticos que a família Glass, de J.D. Salinger. A gente se amava muito, e a forma de expressar esse amor era através de provocações constantes e incessantes. Zoávamos uma das irmãs por ter uma cabeça pequena (ela não tem) e outra por ter alergias (eu tenho — me deixem em paz). Inventávamos músicas como a “Eu estou sempre certo”, cantada com a melodia da “Grande valse brillante” de Chopin e letras que diziam: “Eu estou sempre certo. Você está sempre errado”. Quando construía fortes de neve no quintal, meu irmão Ted gostava de bloquear o caminho das irmãs que precisavam entrar em casa para fazer xixi. Aí, ele nos fazia rir até não dar mais para segurar. Éramos implacavelmente cruéis e, ainda assim, completamente devotados uns aos outros. Foi o melhor treinamento possível para uma carreira numa sala de roteiristas de TV.

Meus pais nos deram uma infância confortável e tranquila. A gente se mudou só uma vez — oito *enormes* quilômetros, de Belmont para Newton. Às vezes, acho que a minha criação estável me deixa em desvantagem na minha profissão. Tenho um pouco de inveja dos escritores que vêm de famílias góticas sulistas cheias de alcoólatras e vampiros. A primeira vez que encontrei a lenda da comédia Merrill Markoe, ela me pediu para contribuir com um projeto paralelo onde compilava histórias de mulheres com mães narcisistas.

— Por que acha que posso ajudar você? — perguntei.

— Bom, você é engraçada. E várias das minhas amigas engraçadas tiveram mães que só pensavam em si mesmas.

— Sinto muito em te decepcionar — falei. — Mas tive a mãe mais legal e afetuosa do mundo.

Sooky era alegre, prestativa e minha defensora mais leal. Quando eu estava no terceiro ano do fundamental, a professora reclamou, durante uma reunião de pais e professores, que eu fazia piadas demais durante a aula. Pediu para minha mãe conversar comigo. Ela disse que passaria o recado. E passou…

No meu aniversário de 40 anos.

Minha mãe esperou *trinta e dois* anos, até eu ser uma roteirista de comédia estabelecida, para dizer que a minha professora da terceira série tinha sérias críticas sobre minha personalidade. Sooky encontrou uma forma de proteger sem sufocar. Seu amor incondicional é um dos motivos pelos quais consegui aguentar tanta crítica e rejeição ao longo dos anos. Ela é minha cicatriz de Harry Potter.

Sooky morreu em 2004, aos 72 anos, de câncer pancreático. No funeral dela, falei sobre como nunca a vi envergonhada. É porque, para sentir vergonha, é preciso desejar ser visto de uma forma particular... e, então, fracassar. Minha mãe nunca fingiu ser algo que não era. Nada era falso nela. Basicamente, ela era a antítese de Hollywood.

Se minha mãe oferecia apoio, meu pai oferecia desafio. Mel gostava que os filhos tirassem boas notas. E quando não tirávamos? Tínhamos medo demais para descobrir. A filosofia de vida dele era clara: seja lógico, seja ético, seja honesto. Mentiras não eram toleradas na minha família, nem mesmo as inocentes. Eis aqui uma conversa verdadeira que tive com meu pai depois de mandar para ele, por e-mail, uma caricatura minha publicada na *Vanity Fair*.

EU: Ei, recebeu a caricatura que eu mandei?

PAI: Sim, eu vi. (*longa pausa*) Não é muito bonita, mas parece com você.

A honestidade completa é uma forma bastante admirável de criar os filhos até um deles decidir trabalhar nas indústrias televisiva e cine-

As oito mentiras que roteiristas escutam o tempo todo

1. Vou ler o seu roteiro no fim de semana.
2. Isso é genial! Só temos algumas observações.
3. Se formos contratar alguém, vai ser você.
4. Olha, a série é sua… a visão é sua.
5. Não podemos te pagar, mas vai ser uma boa exposição.
6. Não tem nada de interessante acontecendo na cidade agora.
7. Estamos procurando alguém que consiga pensar de forma inovadora.
8. Queremos uma protagonista feminina forte.

matográfica. Então, esse filho ou essa filha vai ser pego de surpresa. O bombardeio constante de mentiras na indústria do entretenimento me confundiu e me amedrontou, sobretudo no começo. No final, entendi: se alguma coisa parece uma boa notícia, é porque provavelmente é mentira.

Minha tendência para falar a verdade definitivamente prejudicou a minha carreira. No início dos anos 1990, tive uma reunião com um produtor que tinha os direitos para transformar uma antiga série de TV em um filme. O produtor comentou que queria Jim Belushi como protagonista. Minha poker face horrível me denunciou.

— Você não gosta dele?

— Não muito — falei, com sinceridade. — Nunca achei que ele tivesse nem metade do talento do irmão.

O produtor abriu os braços, sem acreditar.

— Olha só quem está cagando na cabeça do Jim Belushi!

Não consegui o trabalho, mas meu pai teria ficado orgulhoso.

Quando era criança, muitas vezes eu me sentava no braço da poltrona reclinável de Mel e o ajudava a resolver palavras cruzadas inglesas, decifrando anagramas e trocadilhos. Meu pai amava jogos que envolviam palavras. Dirigindo numa rodovia no início dos anos 1970, Mel, de repente, falou para o banco de trás:

— Crianças, o que a namorada do Tom, do Tom & Jerry, fala para ele quando passa perfume?

Não tínhamos ideia do que ele estava falando. Então, Mel apontou para um letreiro de hotel distante: Sheraton. ("*Cheira, Tom.*")

Meu pai também me transmitiu seu amor por ficção científica. Durante os verões, minhas irmãs devoravam Charlotte Brontë e Jane Austen, enquanto eu me sentava em uma poltrona turquesa e lia Ray Bradbury e Philip K. Dick. Na faculdade, fiz uma aula de pesquisa independente sobre romances de fantasia com Thomas Shippey, professor visitante do Reino Unido, apelidado de "o último pupilo de Tolkien". O professor Shippey era, inclusive, amigo de Harry Harrison, que escreveu *Make Room! Make Room!*, o livro em que o filme *Soylent Green — No mundo de 2020* se baseou. Eu achava isso a coisa mais legal do mundo. Só não foi legal quando o professor Shippey mencionou que escrevia ficção sob um pseudônimo.

— Qual? — perguntei. — Quero ler.

— Não posso dizer.

— Por que não?

— Porque os livros são bem machistas.

Meu amor pela ficção científica se estendia às séries de TV, incluindo o *Jornada nas estrelas* original e *Além da imaginação*. Também memorizei a desafiadora declaração do Número Seis em *O prisioneiro*: "Não vou ser empurrado, arquivado, carimbado, indexado, instruído, interrogado ou numerado. Minha vida é minha." Aquilo fazia o meu pequeno coração adolescente bater mais rápido. Na verdade, faz o meu coração de mais de 50 anos bater mais rápido, também.

Nos fins de semana, meus irmãos e eu assistíamos às comédias loucas em preto e branco dos anos 1930 e 1940. Adorávamos a série de filmes inaugurada com *A ceia dos acusados* e os Irmãos Marx. Groucho, Harpo e Chico eram agentes do caos, tendiam a começar a cantar de repente e eram irmãos que irritavam uns aos outros. Não era à toa que os amávamos. Também tivemos a sorte de crescer quando Woody Allen namorava Diane Keaton e não um membro da própria família. Mel nos levou ao cinema para ver *O dorminhoco* e, o meu favorito, *A última noite de Boris Grushenko*. No entanto, para bobeira pura, a melhor coisa era *O jovem Frankenstein*. A esquisitice gentil de Gene Wilder complementava a irreverência colossal de Mel Brooks. *O jovem Frankenstein* também tinha Teri Garr e Madeline Kahn, que eram adoráveis e hilárias. Anos mais tarde, tive a oportunidade de sair com Teri e vi alguns amigos lhe oferecerem um baseado.

— Não, obrigada — disse ela. — Minha droga é a vida.

A maioria dos livros de memórias de Hollywood contam fofocas sobre celebridades usando drogas. Estou escolhendo um rumo diferente.

No início da minha adolescência, duas novas séries de esquetes de comédia começaram a passar na TV, e eu soube que elas eram especiais porque os meus pais as consideravam esquisitas. *Monty Python's Flying Circus* misturava o intelectual e o inculto, e memorizei esquetes sobre filósofos bêbados, ex-papagaios e argumentos sobre argumentos. Apenas um punhado de amigos entendia aquele humor, e isso nos unia. Na escola, nos cumprimentávamos:

— Olá, senhora Premissa.

— Olá, senhora Conclusão.

O *Saturday Night Live* era bem mais popular, e estreou em outubro do meu primeiro ano no ensino médio. Nos tempos anteriores ao YouTube, se você quisesse entender por que a molecada não parava de falar sobre "tubarões de terra" na segunda-feira, tinha que ficar acordado até a madrugada de sábado. A sensibilidade do Monty Python me atraía mais, mas o *SNL* tinha algo que a trupe britânica não tinha: mulheres engraçadas. O primeiro elenco do *SNL* incluía três mulheres e quatro homens — algo inédito para a época. Eu admirava Gilda Radner, a *manic pixie dream girl* original, mas *idolatrava* Jane Curtin, mais dura e careta. Ela se garantia ao lado de Dan Aykroyd e, até vestida de alienígena, parecia estranhamente real.

Mais próximas de mim, minhas tias Jane e Pinky — irmãs de Mel — sempre faziam todo mundo gargalhar. A tia Jane gostava de ópera, balé e piadas de peido. E não tinha medo de ser vulgar. Certa vez, numa reunião de família, ela se aproximou e disse para mim:

— Ei, tenho uma piada para você. Mabel e Molly estão em cadeiras de balanço na varanda da casa de repouso. — Ela fez uma voz de velhinha melancólica. — Mabel, você se lembra do que é homogamia? — Depois, numa voz mais rouca: — Molly, eu não me lembro nem do que é monogamia.

Demorei quinze anos para entender aquela piada.

O humor da tia Pinky era mais sombrio. Uma vez, minha irmã Alice estava jogada no sofá lendo *Mulherzinhas* quando Pinky passou, cutucou o ombro dela e disse:

— Não se apegue muito a Beth.

Jane e Pinky foram exemplos para mim desde cedo e um dos motivos pelos quais eu sempre soube que mulheres eram tão engraçadas quanto homens. Durante a minha infância, nunca vi provas do contrário. Quem é mais engraçada que Jean Hagen em *Cantando na chuva*? Ou mais cômica que Myrna Loy enfileirando martínis em *A ceia dos acusados*? Eu comemorei quando Johnny Carson entrou de férias e Joan Rivers foi a apresentadora convidada do *Tonight Show*. E, claro, Bob Newhart era estrela do *Bob Newhart Show*, mas as coapresentadoras Suzanne Pleshette e Marcia Wallace o superavam o tempo todo.

A capacidade de fazer as pessoas rirem não está ligada a nenhuma característica física, incluindo cor da pele, cor do cabelo, tamanho do nariz, tamanho do pênis ou a falta dele. Pessoas de todas as religiões podem ser engraçadas, especialmente quando estão fazendo piada com a própria religião. Gays *de fato* parecem ser um pouco mais engraçados que héteros, mas talvez os héteros entrem em armários e contem piadas. Para mim, Kurt Vonnegut resumiu tudo em sete palavras: "Algumas pessoas são engraçadas. Algumas não são."

Eu tive a sorte de estar sempre cercada de pessoas engraçadas desde que nasci. Ainda assim, fazer comentários espertinhos era visto como um hobby, não como uma profissão. Meu pai é hilário... e administrava centros de saúde beneficentes em comunidades de baixa renda. A tia Pinky era a pessoa mais sarcástica que conheci... e era pesquisadora da Columbia University. Minha própria carreira apontava em duas direções: médica ou advogada. Como minha avó queria ter estudado medicina, mas não pôde seguir esse sonho, fui à faculdade planejando conquistá-lo por ela. Um professor assistente na minha aula de Introdução à Biologia disse:

— Olha, não vai rolar.

Uma nota sete na aula de ciências mais fácil do primeiro ano destruiu qualquer esperança de eu virar cirurgiã. Agora, sempre digo a estudantes de ensino médio:

— Não sigam seus sonhos; sigam seus talentos.

Escrever era muito mais fácil para mim do que aprender ciências. Me voltei a isso, então, embora ainda brinque de cirurgiã uma vez por ano. Todo Dia de Ação de Graças, insisto em cortar o peru. Até hoje, não salvei nenhum paciente.

CAPÍTULO 2

Os esportes e a SPY

Escrever é a coisa mais difícil de fazer e a mais fácil de criticar.

— Irving Brecher, roteirista indicado ao Oscar

EM TODOS OS DEBATES SOBRE ESCREVER PARA TV DE QUE JÁ participei, alguém da plateia invariavelmente pergunta:

— Como você começou?

Invariavelmente, respondo:

— Essa é uma péssima pergunta.

Em geral, recebo risadas constrangidas, porque ninguém está esperando que a moça legal do debate seja tão grossa. Respondo de forma direta para impressionar, mas depois, explico que, se você perguntar a mil escritores diferentes "Como você começou?", receberá mil respostas diferentes. Mas, se perguntar a mil escritores diferentes "*Por que* você começou?", receberá a mesma resposta: porque escrevemos.

A carreira de um escritor ou roteirista começa muito antes de conseguirmos o primeiro trabalho ou agente. Dispor palavras de maneiras divertidas pode ter muitas formas: ensaios, peças, stand-up, esquetes, poesia, artigos de revistas, canções e tuítes. Dizem por aí que "um escritor escreve", mas isso é só o começo. Um escritor escreve… *para caramba*… e, depois, compartilha o trabalho com os outros.

Minha amiga Amy Hohn descreveu o processo de maneira perfeita. Um dia, durante uma longa caminhada pelo Central Park, ela disse:

— A única forma de avançar criativamente é se permitir ser julgado.

Parei na hora e catei uma caneta para poder anotar essa observação. Cheguei a pensar em tatuá-la, talvez em caracteres chineses, se ficar mais curto.

A escrita não é o que você começa. Não é nem o que você termina. É o que você começa, termina e divulga para o mundo ver. Às vezes, temos medo de compartilhar nosso trabalho porque sabemos que aqueles gêmeos babacas — a crítica e a rejeição — estão lá, só esperando para meter a porrada na gente. Quando o ataque começa, há três reações possíveis: (1) correr dos babacas; (2) se defender dos babacas; (3) ficar parado e dizer: "Obrigado, senhor, pode continuar." A terceira opção dói bastante, mas os babacas, em geral, têm críticas úteis.

Alguns escritores têm medo da página em branco. Para mim, isso é como ter medo de um prato de ração de cachorro vazio — a página é só uma coisa que você enche todos os dias. Outros escritores insistem: "Odeio escrever… mas amo *ter escrito*." Eu sou a esquisita que adora o processo da escrita, sobretudo naqueles momentos em que entro no fluxo e fico totalmente absorvida pelo projeto. Como filha do meio, era difícil me fazer ouvir, então, poder me expressar sem interrupções era um luxo para mim.

Aos 11 anos, trabalhando na mesa da cozinha em um artigo sobre marsupiais. Você sabia que o pênis de um gambá é bifurcado como um garfo de churrasco?

John Irving observou: "Antes de conseguir escrever algo, você precisa notar algo." Isso pode explicar por que eu inicialmente fui atraída para o jornalismo. Reportagens têm tudo a ver com notar detalhes. No ensino médio, me tornei editora de notícias do *Denebola*, o jornal de nome esquisito da Newton South High School. Quando cheguei à faculdade, estava ansiosa para continuar pelo caminho do jornalismo sério.

Na segunda semana do meu primeiro ano, entrei no prédio de pedra e tijolo do *The Harvard Crimson*, onde um grupo tinha se reunido para competir por vagas na equipe do jornal. Editores falavam para o grupo, promovendo as suas editorias: notícias, opinião, a revista de arte. Um aluno de último ano vestindo um sobretudo amarrotado e segurando um charuto pediu a palavra. Ele parecia estar fazendo um teste para o papel de Oscar Madison numa produção teatral amadora de *The Odd Couple*. Foi um teste curto. Ele só falou duas frases: "Olha, quem for descolado, preste atenção. Vamos falar sobre escrever sobre esportes."

Um alarme soou na minha cabeça.

Eu nunca tinha sido descolada na vida e alguém tinha acabado de me oferecer uma oportunidade de mudar isso. Escrever sobre esportes também não seria tão difícil para mim. Eu tinha sido treinadora do time de atletismo masculino no colégio e meu irmão era um dos melhores jogadores de tênis da Nova Inglaterra. Ser fã de esportes em Boston era fácil no final dos anos 1960 e nos 1970. Os Bruins foram campeões do mundo. Os Celtics foram campeões do mundo. O Red Sox (quase) foi campeão do mundo. Os Boston Patriots não foram os campeões que os New England Patriots são hoje, mas eu gostava do *quarterback* Jim Plunkett. Aceitei a oferta do Oscar Madison da produção teatral amadora. Fiquei por perto e me tornei repórter esportiva. Ainda estou esperando o momento em que me tornarei descolada.

Essa decisão foi tomada de forma impulsiva e continua sendo uma das melhores da minha vida. Cobrir notícias do cotidiano não era para mim. Sempre senti que estava brincando de ser séria. Meus colegas superinteligentes do *Crimson*, como Nicholas Kristof, Susan Chira e David Sanger, relatavam protestos contra o apartheid, enquanto eu passava os fins de semana de outono às margens do rio Charles, cobrindo equipes de remo que deslizavam por pontes perfeitamente arqueadas enquanto o sol brilhava nas folhas vermelhas e douradas. Quem é superinteligente agora?

O editor de esportes, John Donley, me ensinou que o placar final de um jogo era o gancho da notícia, mas a história de verdade era sobre os jogadores em campo e a rivalidade entre os times. Competição é algo profundamente emocional. Não tem a ver só com ganhar ou perder; é a *emoção* da vitória e a *agonia* da derrota. Para um dos meus primeiros trabalhos da faculdade, entrevistei o ator Tommy Lee Jones, que tinha jogado na linha ofensiva da lendária equipe de futebol americano de Harvard de 1968, que conseguiu virar um jogo contra Yale fazendo dezesseis pontos nos últimos 43 segundos. A manchete do *Crimson*, no dia seguinte, anunciava: *Harvard derrota Yale 29-29.* No décimo aniversário do "Jogo", falei com Jones sobre o que aquilo significava.

— Encerrar minha carreira com aquele jogo contra Yale foi como morrer e ir para o céu — disse ele.

Isso é drama nível *O fugitivo*.

Repórteres esportivos jovens e inexperientes eram ensinados a se esforçar no primeiro parágrafo — o lide —, onde o objetivo é informar *e* divertir. Uma vez, quando eu estava cobrindo um evento regional de atletismo, o time masculino empatou em segundo lugar, e o lide perfeito surgiu na minha mente. De volta ao prédio do *Crimson*, sorri enquanto digitava a minha abertura matadora, que usava uma velha piada. Escrevi:

```
Se empatar em primeiro lugar é como beijar a
sua irmã, empatar em segundo é como beijá-la
na boca.
```

Terminei a matéria e a entreguei ao editor. Ele leu o lide e ergueu os olhos para mim.

— Isso é uma piada?

Assenti.

— Boa, né?

— Não. É de muito mau gosto.

Eu o vi riscar meu lide com a caneta.

— O que está fazendo? — gritei.

— Não podemos imprimir isso.

O editor e eu discutimos sobre o que era apropriado. Eu perdi. O fato de não conseguir entender o argumento dele sobre o mau gosto da frase foi um dos primeiros sinais de que eu talvez fosse mais adequada para a comédia que para o jornalismo. Acredito de verdade que, se você é um escritor de comédia e nunca ouviu "Você foi longe demais", significa que não foi longe o suficiente. Também acredito que se você ouve "Você foi longe demais" o tempo todo, talvez você seja um babaca.

Meus colegas no "cubículo dos esportes" — como era chamado o nosso minúsculo escritório — eram divertidos e solidários. Eu subi na hierarquia e, no segundo ano, virei uma de três editores assistentes de esportes que se reportavam ao recém-coroado editor do setor, Jeffrey Toobin. Jeff, hoje, é analista legal da CNN, autor best-seller e uma das pessoas mais divertidas do planeta. Ele ainda ama esportes. Em 2008, Jeff estava comentando um debate vice-presidencial e foi pego no flagra quando telespectadores com olhos de águia o viram assistindo a um jogo da National League no laptop. Mas, gente, era um debate para *vice-presidentes*.

No terceiro ano, pensei sobre escrever comédia e fui a uma reunião de apresentação da *The Harvard Lampoon*. Os escritórios da revista de humor eram escuros e um pouco fedidos, até mesmo para uma universitária. O editor da *Lampoon* que estava liderando as entrevistas para a vaga era intimidadoramente alto e tinha uma cabeça enorme. As instruções dele pareciam criadas para nos assustar. Os "competidores" teriam que entregar três textos, que seriam jogados no chão. Editores do *Lampoon*, então, os leriam e escreveriam comentários no verso, onde as críticas podiam ser vistas por todos. O potencial de humilhação pública parecia alto, mas acha mesmo que eu ia deixar isso me impedir de seguir os meus sonhos?

Sim. Sim, eu deixei. Nunca mais voltei a *Lampoon*. Mais de uma década depois, estava conversando com Jeff Martin, então roteirista de *Os*

Simpsons, e descobrimos que tínhamos sido da mesma turma de faculdade e não nos conhecíamos.

— Você devia ter entrado na *Lampoon* — disse ele, com entusiasmo. — A gente teria te amado.

Fiquei emocionada, mas depois notei que ele era intimidadoramente alto e tinha uma cabeça enorme. Era ele o entrevistador que tanto me assustou. Agora, Jeff não parecia nem um pouco assustador. Eu fui boba, na faculdade, de não tentar. Hesitei frente ao julgamento e não avancei criativamente.

No início do último ano, meu plano era me jogar na escrita de uma tese sobre "A influência de Eclesiastes na literatura americana do início do século XX". Por sorte, uma ligação em agosto mudou meus planos.

Do nada, um editor de esportes do *Boston Globe* me encontrou enquanto eu ainda estava em casa, em Newton. Ele tinha lido algumas das minhas matérias no *Crimson* e queria saber se eu estava interessada em entrar para uma equipe de quatro estudantes universitários cobrindo esportes dos colégios locais para o jornal da cidade. Foi como ser convocada para a liga principal. Larguei Eclesiastes e me profissionalizei.

Os outros três "estudantes universitários" estavam matriculados na Northeastern University. Depois, descobri que uma quarta aluna da NU tinha sido selecionada, mas desistira na última hora. Quando aquela primeira escolha deu errado, teria sido fácil para os editores dizerem: "Bom, tentamos ter diversidade" e contratar outro homem. Mas não fizeram isso. E sempre que ouço um produtor de TV falar: "Adoraríamos ter mais roteiristas mulheres, mas não conseguimos encontrar nenhuma", minha resposta é: "Vocês não estão procurando direito." Vince Doria, chefe da cobertura de esportes premiada do *Globe* nos anos 1980, não fez apenas um esforço, ele fez a diferença.

Numa semana típica no *Globe*, eu podia escrever tanto um resumo sobre hóquei sobre grama quanto um perfil de um corredor de cross country. Todo sábado, eu cobria um jogo de futebol americano em algum colégio de uma cidade remota no Massachusetts. Passava a semana em um curso relâmpago sobre a história do futebol americano da cidade, depois congelava assistindo ao jogo enquanto os meus colegas estavam nos seus dormitórios se recuperando da ressaca de sexta. Os prazos eram cruéis. Dirigindo de volta à redação, eu começava a compor o texto na minha cabeça. Uma vez, entrei cantando pneu no estacionamento do *Globe*, estacionei meu Ford azul, saí, bati a porta e, aí, notei as chaves penduradas na ignição. Olhei horrorizada por um segundo antes de perceber que não tinha tempo para pensar no quanto era idiota. Corri para o prédio para entregar a matéria.

Trabalhar no *Globe* me ensinou a falar palavrão, engolir café ruim e encontrar cidades em Massachusetts que nem estão no Google Maps. Era um privilégio sentar a algumas mesas de distância de repórteres esportivos de primeira linha como Will McDonough, Lesley Visser e Leigh Montville. A maioria dos repórteres em tempo integral do *Globe* ignorava os correspondentes universitários, mas o veterano Mike Madden costumava parar à minha mesa para me incentivar. Um dia, ele me deu um ótimo conselho sobre jornalismo.

— Se especialize — disse. — Sempre haverá repórteres melhores que você por aí, mas, se você for especialista num assunto e aquele assunto surgir, vão ligar para você.

Mais ou menos uma semana depois, ele parou de novo à minha mesa.

— Eu estava pensando que nunca vi uma mulher na cabine de imprensa de lutas de boxe. — Ele me entregou um flyer de um evento de boxe local. — Seria uma boa especialização. Você devia tentar.

Senti que ele estava certo, mas o boxe não era para mim. Em todos os esportes que eu gostava, os atletas eram penalizados por socar os adversários. Joguei o flyer fora e, depois, vi o boxe explodir em popularidade na segunda metade dos anos 1980. Se eu tivesse aceitado o conselho de Mike e começado a estudar o assunto em 1981, teria estado na posição perfeita.

Havia outro problema. Escrever sobre esportes tinha começado a perder o apelo para mim. Meu editor direto no *Globe* era um cara do tipo "se atenha aos fatos, madame", que não estava atrás de um lide inteligente. Depois de me formar na faculdade, eu esperava encontrar um editor que apreciasse humor.

Eu me mudei para Nova York e aceitei um emprego como secretária executiva, atendendo aos telefonemas de um CEO da lista dos 500 mais ricos da *Forbes*. Aceitava qualquer trabalho de redação que aparecia, incluindo a minha primeira matéria paga em uma revista, a *Cosmopolitan*. Helen Gurley Brown ainda estava à frente, e ela me encomendou um ensaio: "Minhas três semanas medonhas com um amante de terceira categoria". Guardei quase tudo que escrevi no início, mas, por algum motivo, essa matéria se perdeu no tempo. Não foi um acidente.

Minha carreira de escrita demorou a decolar, porque adquiri um hábito infeliz quando tinha 20 e poucos anos. Algumas pessoas passam os anos pós-faculdade em meio a uma névoa de fumaça de maconha; eu gostava de me casar. Fiz isso duas vezes. E me divorciei duas vezes. Tudo antes dos 26. Acho que você poderia me chamar de romântica. Falando sério, só uma pessoa muito romântica se jogaria em um segundo casamento apenas seis meses depois do primeiro fracassar.

Meu primeiro marido foi meu namorado da faculdade e era aluno do segundo ano de direito na NYU. Ele era brilhante, gentil e sabia *exatamente* o que queria fazer da vida. Eu tinha 22 anos e estava tendo dificuldades com isso. Quando ele foi selecionado para um emprego em um escritório prestigioso, larguei meu trabalho de secretária executiva e me mudei para a capital do país vários meses antes dele. Acabei aceitando um trabalho que pagava mal respondendo a cartas de eleitores para um deputado de Massachusetts. O trabalho era sério e eu estava infeliz. O casamento acabou. Quando ele chegou a Washington, eu já tinha voltado para Nova York.

Sentindo-me incerta sobre a vida, comecei a sair com o filho do CEO para quem eu trabalhava. A gente se via bastante no escritório e se dava muito bem. Ele tinha sete anos a mais que eu e queria muito se casar. Na ansiedade de corrigir o meu primeiro erro matrimonial, cometi um erro ainda maior.

O segundo casamento foi problemático desde o início. Fizemos a cerimônia dos votos na casa da minha família em Newton e depois voamos para Nantucket para uma lua de mel curta, de um fim de semana, com uma viagem mais longa para a China planejada para o outono. Acordei na manhã seguinte numa pousadinha pitoresca, com o som do meu novo marido andando de lá para cá. Tá, ele estava pisando duro mesmo.

— Aconteceu alguma coisa? — perguntei.

— Tenho que ir embora desta ilha! — disse ele, agitado. — Estou sufocando!

Uma belíssima metáfora.

Saímos de Nantucket e dirigimos pela Nova Inglaterra por dois dias sem destino. Foi uma loucura. *As aventuras de Buckaroo Banzai* tinha sido lançado uns anos antes, e a minha mente não parava de pensar no pronunciamento de Buckaroo: "Não importa para onde você vá, lá está você."

Nossa vida devia ter sido feliz, morando em um ótimo apartamento com vista para o Central Park. Mas discutíamos por tudo, até o que comer no jantar.

— Se eu quiser comida italiana e você quiser japonesa, por que não podemos achar um meio-termo e pedir comida italiana? — disse certa vez meu marido, redefinindo o conceito de "meio-termo". Nunca chegamos a ir à China. Aguentei um ano e então terminei tudo. Ele não se opôs.

Após dois divórcios, eu me sentia bastante humilhada. Por sorte, minha família me apoiou. Meu pai tentou fazer com que eu me sentisse melhor.

— Olha, pelo menos você não teve filhos — disse ele. — Então, é como se tivesse tido dois namorados *bem* sérios.

Eu nunca recomendaria que ninguém seguisse os meus passos, mas os casamentos fracassados me ajudaram em algumas coisas. Como muitas jovens, entrei no mercado de trabalho supondo que, um dia, iria me casar, ter filhos e, aí, pedir demissão para cuidar deles. Depois de dois divórcios, risquei "casar" como objetivo de vida. Além disso, fiquei determinada a nunca mais deixar um relacionamento atrapalhar meu trabalho. Escrever se tornou a minha salvação — uma maneira profissional de provar o meu valor depois daqueles fracassos pessoais. Os divórcios também me ensinaram a não ficar presa em uma decisão ruim. Mantenho duas almofadas no meu escritório bordadas com as minhas citações esportivas favoritas. Uma delas diz: "Em time que está ganhando, não se mexe." A outra: "Em time que está perdendo, sempre se mexe." Sei que nem sempre é possível sair de um "time que está perdendo". Algumas situações difíceis precisam ser suportadas. Mas, se a mudança for uma opção, eu a aceito na hora.

No verão de 1986, ainda estava buscando uma maneira não humilhante de sair do meu segundo casamento (um acidente de avião, talvez?), quando uma nova revista chamada *SPY* abordou o meu então marido em busca de investidores. Ele não estava interessado, mas me mandou o prospecto e disse:

— Parece algo de que você gostaria.

Que fique registrado nos autos: meu ex tinha razão em *uma* coisa.

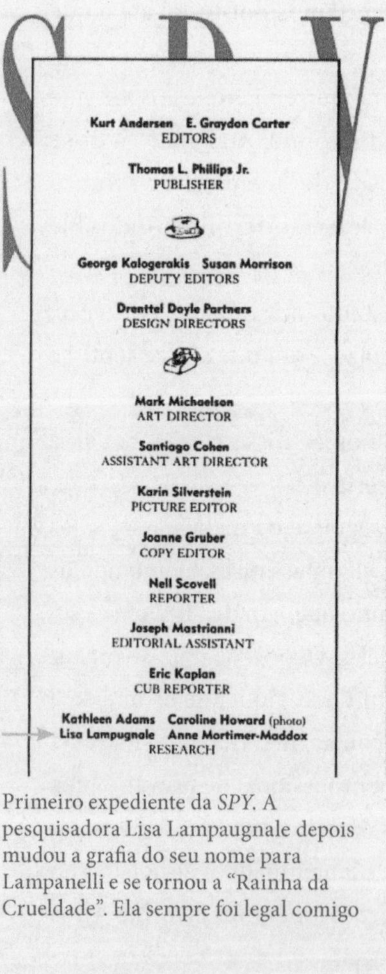

SPY

Kurt Andersen E. Graydon Carter
EDITORS

Thomas L. Phillips Jr.
PUBLISHER

George Kalogerakis Susan Morrison
DEPUTY EDITORS

Drenttel Doyle Partners
DESIGN DIRECTORS

Mark Michaelson
ART DIRECTOR

Santiago Cohen
ASSISTANT ART DIRECTOR

Karin Silverstein
PICTURE EDITOR

Joanne Gruber
COPY EDITOR

Nell Scovell
REPORTER

Joseph Mastrianni
EDITORIAL ASSISTANT

Eric Kaplan
CUB REPORTER

Kathleen Adams Caroline Howard (photo)
Lisa Lampugnale Anne Mortimer-Maddox
RESEARCH

Primeiro expediente da *SPY*. A pesquisadora Lisa Lampaugnale depois mudou a grafia do seu nome para Lampanelli e se tornou a "Rainha da Crueldade". Ela sempre foi legal comigo

A *SPY* se considerava uma "revista mensal satírica" com o slogan: "Esperta. Engraçada. Destemida". A missão da revista era deixar de lado os perfis bajuladores e apontar a hipocrisia dos ricos e poderosos. Hoje em dia, essa atitude irreverente é comum — nós a chamamos de internet —, mas, supostamente, é possível encontrar a origem da "era da ironia" na *SPY*.

Entrei em contato com os cofundadores da revista, Kurt Andersen e Graydon Carter, que me convidaram para ir aos seus escritórios sem móveis no Puck Building. Sentada em uma cadeira dobrável, sugeri dez pautas. Eles me contrataram como a primeira repórter da *SPY*.

Sheryl Sandberg gosta de citar o seguinte conselho: "Se lhe oferecerem um assento em um foguete, não pergunte que assento é. Apenas embarque." A *SPY* era um foguete e mudou a minha trajetória de vida. Ir trabalhar era uma distração bem-vinda. As pessoas eram engraçadas mas bruscas. Havia muitas provocações e gritos por cima das divisórias. Em resumo, eu estava no lugar certo.

Dada a minha experiência recente, não é coincidência que o foco das matérias que escrevi fosse as idiossincrasias da nata de Nova York. Comecei com criaturas tão mimadas que tinham até um par de pernas extra. O artigo "Quão rico é aquele cãozinho na limusine?" tirava sarro, de uma maneira gentil, de donos de cachorro da elite e incluía fotos engraçadinhas de animais de estimação mimados, tiradas com iluminação do tipo *soft porn*.

Minha matéria começava na residência de Pat Buckley, esposa de William F., que se gabava de como os seus cavaliers-king-charles-spaniels eram parentes dos cães do presidente Ronald Reagan (ou seja, os "primeiros-cães"). Outra dona disse que mantinha seu minipoodle em uma dieta severa, porque a Air France tinha um limite de 5 quilos para animais voarem na primeira classe. Um veterinário da Park Avenue me contou que estava fazendo muito mais cirurgias estéticas, incluindo remoção de verrugas e levantamento de pálpebras para shar-peis.

De "Quão rico é aquele cãozinho na limusine?".

A intenção de "Quão rico é aquele cãozinho na limusine?" era alfinetar esses excêntricos donos de animais. Em vez disso, a matéria foi recebida com carinho. Eram os meados dos anos 1980, e o excesso estava na moda. Regis Philbin chegou a me chamar para o seu *talk show* na TV a cabo. Minha próxima reportagem precisava ser mais afiada.

A duquesa de Windsor tinha uma almofada bordada com os dizeres: "Nunca se é rica demais ou magra demais." Eu queria desbancar essa alegação escrevendo perfis de mulheres milionárias que eram as duas coisas. Kurt gostou do conceito, mas estava cético de que aquelas mulheres iriam querer discutir seu peso com uma repórter. Eu achei que elas iam adorar a chance de se vangloriar de sua força de vontade. Meu instinto se mostrou correto.

"Da última vez que me pesei, tinha menos de 52 quilos, mas estava usando um casaco de pele enorme e sapatos", disse Nan Kempner, uma socialite bem conectada, pelo telefone. Depois que ela falou oficialmente, as outras seguiram a deixa. O lide da história fazia um trocadilho digno do meu passado de repórter esportiva.

> Em Nova York, há uma relação inversamente proporcional entre o tamanho do vestido de uma mulher e o tamanho do apartamento dela. Quem veste 36, consegue um apartamento de 440 metros quadrados. Quem veste 44, consegue um apartamento de 36 metros quadrados.

Susan Morrison, editora de longa data da *The New Yorker*, editou o artigo e o deixou ainda mais ousado. O diretor de arte Alexander Isley criou um layout atrativo, com inserções dos pescoços ossudos e braços de graveto das mulheres.

A coluna Page Six, do *The New York Post*, republicou a matéria de março de 1986 com a seguinte manchete: "Fatos fatídicos sobre as magras e materialistas". A colunista Ellen Goodman, publicada em diversos veículos, fez alusão às minhas observações. Anos depois, no livro *Snark*, o crítico David Denby elogiou "Ricas e magras demais" como "uma adorável demonstração juvenaliana". Pelo menos, acho que foi um elogio. Nunca tinha escutado a palavra "juvenaliana", mas "adorável" parecia bom.

A *SPY* logo virou um fenômeno cultural, graças à genialidade de Kurt e Graydon. Kurt começava cada edição com um ensaio muito bem trabalhado que costurava política e cultura pop para revelar o *zeitgeist*. Ele também foi a primeira pessoa que ouvi falando a palavra *zeitgeist*. Eu admirava tanto a voz distinta de Kurt que, durante anos, tentei imitá-la sem perceber o erro que estava cometendo. Graydon era um escritor igualmente talentoso cujo charme extrovertido mascarava uma prosa mordaz, sobretudo quando a revista estava fazendo troça de um certo "homem laranja".

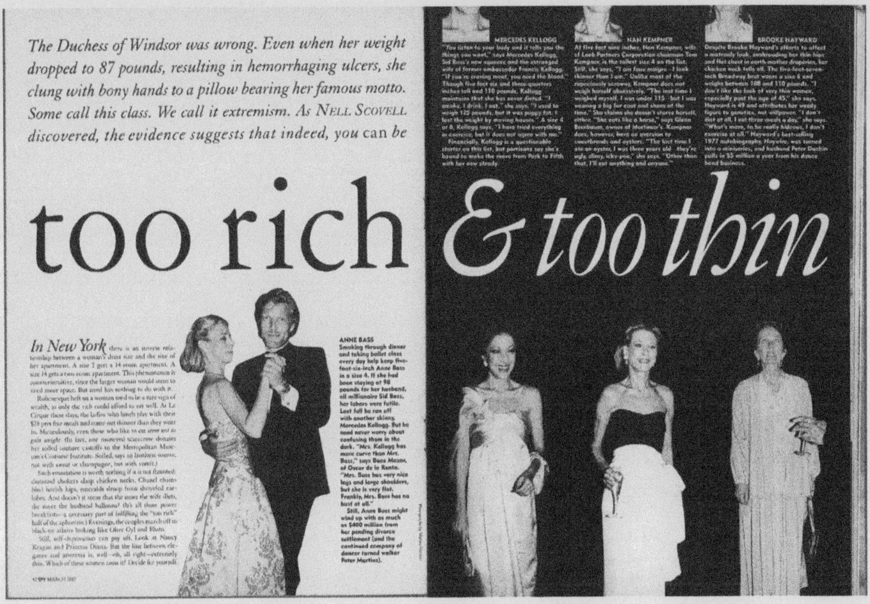

Dupla de abertura

Kurt e Graydon me usavam como repórter para todos os propósitos. Eu contribuía para qualquer seção da revista: matérias curtas para a frente, mapas no centro e a coluna, os infográficos e as tabelas para matérias de capa como "As faculdades dos ricos burros", "Os escroques de Wall Street" e "Homenzinhos". Acredito que parte do meu sucesso como repórter tenha sido por eu soar jovem. Ainda estou convencida de que o elusivo Edwin Schlossberg (marido de Caroline Kennedy) atendeu à minha ligação e me deu uma citação porque a assistente dele achou que eu era de um jornal de colégio e ele queria ser legal.

Conforme a *SPY* ficava mais popular, também ficava mais difícil conseguir entrevistas oficiais. No início, as pessoas atendiam ao telefone e falavam livremente. Depois de um ano, alvos em potencial se tornaram mais reservados. Eu estava ficando frustrada quando o telefone da minha casa tocou em março de 1987.

— Por favor, aguarde na linha para falar com Tina Brown — anunciou uma voz.

A editora-chefe britânica da *Vanity Fair* disse oi e, então, foi direto ao ponto.

— Vi o seu trabalho na *SPY*. Quero que venha trabalhar para mim.

Tina tinha ótimos argumentos, exibindo uma oferta de 40 mil por ano, que era mais dinheiro do que eu jamais tinha pensado em ganhar. Na *SPY*, eu comecei com um salário de cem dólares por semana e, para ganhar uma grana extra, trabalhava como babá dos filhos de Graydon. (Na verdade, ser babá era legal. Eu não tinha vida social na época, e os filhos dele eram uns fofos.)

Por vários motivos, a decisão de ir para a *Vanity Fair* foi simples, embora avisar a Graydon que eu estava saindo da *SPY* tenha sido difícil. Pelo menos, ele foi gracioso.

— Você está cometendo o maior erro da sua vida.

Cerca de cinco anos depois, Graydon virou editor-chefe da *Vanity Fair*. Rimos muito de tudo aquilo no novo escritório chique dele.

Minhas primeiras contribuições para Tina foram matérias curtas e divertidas que ela apelidou de "coisas da Nell". Aos poucos, eu estava começando a desenvolver um estilo próprio, basicamente coisas conceituais com um componente visual. A edição da *Vanity Fair* com uma Demi Moore nua e grávida na capa incluía uma "coisa da Nell" intitulada "Arte tropical". A matéria perguntava a colecionadores de arte notáveis: "Se você estivesse preso em uma ilha deserta, quais seriam os três quadros que levaria?" Madonna, Jackie Mason, Brooke Astor, David Salle, Mort Janklow e Robertson Davies — em resumo, os anos 1980 —, todos entraram na brincadeira.

Aos 27 anos, eu já não me sentia um fracasso sem futuro. Tinha construído uma boa carreira. Tinha ganhado um pouco de confiança. Tinha conseguido uma vida feliz. Então, num domingo, enquanto estava resolvendo algumas pendências na rua, encontrei a editora da *SPY*, Joanne Gruber. Foi ótimo vê-la e saber das notícias. Aí, no fim da conversa, ela parou e pensou no que ia dizer.

— Nell — falou, com hesitação —, não quero que isso pareça um insulto, mas acho que você poderia escrever para a TV.

Um alarme soou na minha cabeça.

CAPÍTULO 3

A preparação

```
                    RUTH
Imaginei que você poderia precisar de mais um
par de mãos.

                    GARRY
(para a câmera) Isso ia duplicar minha vida
sexual.
```

— Diálogo do meu roteiro para o
It's Garry Shandling's Show

TENTAR ALGO NOVO DEVIA SER A COISA MAIS FÁCIL DO mundo. Se você conseguir, ótimo. E, se falhar, tem a desculpa perfeita: "Ei, eu nunca tinha feito isso antes." Decidi aceitar o conselho de Joanne e dar uma chance para essa coisa de escrever para a TV.

Todo o meu conhecimento sobre roteiristas de televisão vinha de assistir ao *The Dick Van Dyke Show*. Rob Petrie, Buddy Sorrell e Sally Rogers se divertiam muito escrevendo para o personagem Alan Brady (interpretado por Carl Reiner). Ainda assim, o local de trabalho deles parecia tão realista quanto o programa espacial de *Jeannie é um gênio*. Nada na minha criação apontava para uma carreira na TV. Geograficamente, Boston e Hollywood eram tão longe quanto possível dentro da parte continental dos Estados Unidos. Filosoficamente, eram ainda mais distantes. Vários garotos de Boston conseguiram ficar famosos, no entanto. Ben Affleck, Matt Damon e Mark Wahlberg se tornaram três dos nossos maiores astros de cinema e dois dos nossos melhores atores. Porém, crescendo em Newton, era difícil achar uma ligação — mesmo que tênue — com o show business. Os pais de Leonard Nimoy moravam no mesmo complexo habitacional para judeus idosos que os meus avós maternos. Minha avó, Frances, contou que, certa vez, o astro de *Jornada nas estrelas* visitou o prédio, e eu quase surtei. Da próxima vez que entrei no hall do prédio, inalei profundamente, extasiada por estar respirando o mesmo ar que o Sr. Spock.

Quarenta anos depois, conheci Leonard no lançamento de um livro de memórias de Lynn Povich, *The Good Girls Revolt*. Conversamos sobre o endereço compartilhado pelos nossos ancestrais e, depois, falamos sobre arte. Quando mencionei que era coprodutora executiva de *Warehouse 13* no Syfy Channel, Leonard ergueu a sobrancelha.

— Sério? E como você se interessou por ficção científica?

— Eu gosto desde criança — contei. — Você não escolhe a ficção científica; ela que escolhe você.

— Muito bem colocado. Ela com certeza me escolheu.

E ele caiu na gargalhada.

Embora consumisse vorazmente filmes, séries e peças quando era mais jovem, eu tinha uma visão limitada sobre a indústria do entretenimento. Atuar parecia ser a única forma de entrar nela e, aos 12 anos, cheguei ao ápice da minha carreira como atriz. Durante os verões no fim dos anos 1960, fui escolhida para o elenco de três musicais no Barn Playhouse, em New London, New Hampshire. Meus papéis incluíam Bielke, a filha mais nova de Tevye, de *O violinista no telhado*, a filha número 3 de Snow em *Carousel* e a princesa Ying Yaowalak em *O rei e eu*. (É, eu era uma garota branca fazendo o papel de uma garota asiática bem antes de Emma Stone nascer.) A atriz que fazia Anna em *O rei e eu* era casada com o diretor musical do Barn, Stephen Schwartz. Ele acabou se tornando o compositor/letrista premiado de *Godspell, Pippin* e *Wicked.* Eu acabei me tornando uma espectadora de *Godspell, Pippin* e *Wicked.*

Escrever nunca tinha me ocorrido como uma forma de entrar para a indústria do entretenimento. Quando a editora da *SPY* levantou essa possibilidade, ela apontou para uma porta pela qual eu passava todo dia, sem nunca pensar em testar a maçaneta.

Eu, no canto inferior direito. Minha irmã Claire está sentada atrás de mim. Meu irmão Ted está sentado no canto inferior esquerdo. Minha irmã Alice está no canto superior esquerdo

Se o mantra imobiliário é "localização, localização, localização", o mantra do show business é "talento, talento, talento". Não, espera, isso é o que *deveria* ser. Na verdade, é "conexões, conexões, conexões". Embora eu tivesse ficado assustada demais para concorrer para a vaga da *The Lampoon* na faculdade, conhecia um antigo editor que se mudara para Los Angeles para trabalhar no programa *Not Necessarily the News*, da HBO. A velha rede de contatos trabalhou por mim. Rob LaZebnik se ofereceu para mandar algumas matérias minhas da *SPY* para o seu agente muito jovem e muito agressivo, Gavin Polone. A gentileza de Rob foi recompensada quando eu o apresentei à minha irmã mais nova, Claire, que é romancista. No começo, ela sacaneou o sobrenome engraçado de Rob e, dois anos mais tarde, o assumiu como seu em frente aos amigos, à família e a um juiz. Rob me arranjou o meu primeiro agente e eu arranjei a primeira esposa dele. Desde então, troquei de agente muitas vezes. Rob e Claire continuam firmes e fortes.

Gavin assinou comigo com base nos meus trabalhos em revistas. Ele explicou que a forma padrão de começar na TV era escrever um roteiro "spec" — abreviatura para "especulativo" —, sem garantia de pagamento ou contrato para uma série existente. Ele passaria a amostra do meu trabalho para executivos de estúdios e showrunners para tentar me conseguir um lugar em alguma equipe. Por volta dessa época, encontrei Tom Gammil e Max Pross, roteiristas do *SNL* que tinham sido colegas de minha irmã Alice na faculdade. Tom me deu uma dica:

— Olha, você deveria ir ver o filme *Real Life,* de Albert Brooks. Está passando no Village no fim de semana. Acho que vai gostar muito.

Real Life mudou a minha vida. Esse falso documentário de 1979 acompanha a vida de uma família, parodiando o primeiro reality show, *An American Family*. Albert Brooks faz o papel de "Albert Brooks", o diretor que fica se metendo na história. Ele começa a cantar. Fica com medo de engordar. Ele consegue ser ao mesmo tempo inseguro e arrogante.

Enquanto Groucho, Woody Allen e Mel Brooks piscavam para a câmera, Albert fazia o seu papel de forma séria. Ele dizia coisas hilárias, mas não as reconhecia dessa forma. Virei completamente devota depois do diálogo de duas linhas em *Real Life* onde a sra. Yeager, a mãe, fica agitada quando as câmeras tentam segui-la até o consultório do ginecologista.

— Quero ficar sozinha — diz a sra. Yeager.

— Ok — responde Albert. — Podemos ir com você?

Saí do filme com o corpo todo formigando. O tom de Albert era, ao mesmo tempo, absurdo e pé no chão. O senso de humor dele me inspirava. Eu queria escrever daquela maneira.

Para o meu spec, eu devia ter buscado uma das séries populares da época: *The Cosby Show*, *Caras & Caretas*, *Supergatas*, *Cheers*. Em vez disso, decidi escrever um episódio da série de comédia que mais me fazia rir: *It's Garry Shandling's Show*. Como *Real Life*, a premissa era absurdamente autorreferente. Garry fazia o papel de "Garry", que morava em um apartamento com três paredes, em frente a uma plateia com quem ele falava diretamente (por isso chamamos de "quebrar a quarta parede"). Esse clássico cult não é tão conhecido nem tão conceituado quanto a segunda série de Garry, *The Larry Sanders Show*, mas eu sou uma dessas pessoas esquisitas que gostavam mais da primeira.

Meu agente, Gavin, representava uma equipe de roteiristas no *Shandling* — Al Jean e Mike Reiss —, e os dois encaminharam alguns roteiros já produzidos para que eu analisasse. Depois que entendi a estrutura, trabalhei em uma história, testando as ideias com Alex Isley, que eu conhecia da *SPY*. Alex sugeria algumas piadas e me mostrou, desde o início, que um amigo que nos encoraja é ótimo, mas um amigo que ajuda de verdade é melhor ainda.

Quando se está escrevendo um spec, as regras não são claras: você precisa pensar sozinha em cada plot point? Precisa escrever todas as falas? É justo que amigos deem opinião? Que adicionem piadas? Com pouquíssimas exceções, roteiristas de comédia recebem ajuda. No livro de memórias de Steve Martin, *Born Standing Up*, ele conta uma história sobre a sua primeira piada transmitida na TV: "Já foi provado que os americanos assistem à televisão mais do que a qualquer outro aparelho." Hilária, não? É a *caaaaara* de Steve Martin. Exceto que Martin admite que não a criou. A piada surgiu da mente do comediante Gary Mule Deer, com quem ele dividia um apartamento. Com a permissão do amigo, Martin sugeriu a frase na *The Smothers Brothers Comedy Hour*, e as pessoas amaram. Martin admite, mais ainda, que dois colegas perguntaram abertamente se ele tinha escrito a piada, e ele aceitou o crédito total, adicionando que, se estivesse ligado a um detector de mentiras, "a máquina teria cuspido fumaça".

É maravilhoso que Martin tenha incluído essa confissão, porque ninguém jamais questionaria a habilidade cômica dele, mas até mesmo

Martin teve ajuda de um amigo. Obviamente, a maior parte de um spec tem que vir do seu cérebro, porque, se for contratado, você vai ter que escrever roteiros. Mas a TV é uma mídia colaborativa, e aprender a receber contribuições dos outros e separar as boas ideias das ruins é uma grande parte do trabalho.

Em algumas semanas, eu tinha produzido um spec completo. Muitas vezes o *It's Garry Shandling's Show* tinha participações especiais, e copiei esse formato. Escrevi uma cena que se passava na cozinha, onde Garry e seu rechonchudo amigo Leonard estão trocando dicas de dieta.

LEONARD
Eu tenho uma foto de Dom DeLuise na porta da minha geladeira. Ela me desencoraja a ir muitas vezes atrás do sorvete de chocolate.

GARRY SHANDLING
Esse truque é velho. Eu tenho algo bem melhor.

(GARRY ABRE A PORTA DA GELADEIRA E REVELA DOM DELUISE SENTADO LÁ DENTRO, LENDO UM LIVRO E COMENDO UM PEDAÇO DE PIZZA. DOM ESTICA O PEDAÇO PARA GARRY.)

DOM DELUISE
Está com fome?

GARRY SHANDLING
Não. Acabei de perder o apetite.

Adicionei até uma segunda participação. Durante a cena de uma festa, Garry volta à cozinha e abre a geladeira. O rotundo ator ainda está lá quando Garry pega uma garrafa de champanhe.

DOM DELUISE

O que é isso?

GARRY

É Pérignon, Dom.

Meu agente mandou o spec para os seus clientes Al e Mike, e pediu um feedback. Alguns dias depois, Gavin ligou para mim, e ouvi o meu primeiro alô de "agente feliz". Al e Mike tinham gostado do roteiro o suficiente para oferecê-lo ao showrunner e cocriador do programa, Alan Zweibel. Alan ligou a Gavin para dizer que a série queria comprar o meu roteiro. Eles iam até me levar de avião para Los Angeles, para Alan e Garry poderem me dar instruções para reescrevê-lo.

Comecei a pular como um novato que tivesse feito um golaço no seu primeiro jogo. Literal e figurativamente, eu estava a caminho de Hollywood. Uma semana depois, entrei, nervosa, nos escritórios do *Shandling* no Sunset Gower Studios. Parei na sala de Al e Mike para agradecer pela ajuda deles. Conversamos sobre a indústria e eles me deram três conselhos valiosos.

1. Nunca tenha medo de escrever um spec.
2. Não peça trabalho para amigos.
3. Aceite qualquer trabalho que aparecer. Nunca se sabe aonde ele pode levar.

O primeiro conselho é o melhor. Há muitas razões para escrever specs. Às vezes, você tem uma ideia estranha e sabe que não vai conseguir vendê-la em uma reunião, e sua única escolha é escrever sem garantias. Às vezes, você ama a sua ideia, mas não quer passar pelo processo dolorosamente lento de tentar vendê-la, então, escreve sem garantias. E, às vezes, quer testar um gênero novo, e a melhor forma de experimentar é escrevendo. Eu me torno uma escritora melhor toda vez que finalizo um roteiro, por isso nunca parece perda de tempo. Com o passar dos anos, escrevi seis specs de longas-metragens. Vendi dois, um foi produzido e ainda estou esperançosa quanto aos outros.

Al e Mike me tranquilizaram antes de a assistente de Alan me chamar ao escritório dele. Ficamos batendo papo enquanto esperávamos por Garry. Eu tinha visto todos os especiais de stand-up dele, o que me dava uma ideia do que esperar: uma estrela brilhante, perspicaz e neurótica. Dez minutos depois, Garry passou apressado pela sala, usando óculos escuros. Ele deu meia-volta e me lançou um olhar de escrutínio. Alan nos apresentou e lembrou a ele que eu tinha escrito o roteiro que fora comprado. Garry assentiu em aprovação.

— Você escreve como um cara — disse ele.

Sorri de orelha a orelha. Um dos meus comediantes favoritos tinha acabado de me enaltecer. Foi só depois, no carro alugado, que as palavras carinhosas dele me deram um pequeno frio na barriga. Eu sabia que Garry tinha comentado aquilo como elogio, mas falar do meu gênero também carregava um toque de negação. Será que eu tinha traído outras mulheres ao sorrir quando ele disse que eu "escrevia como um cara"? Tentei pensar no que teria sido uma reação melhor. Reencenei o momento na minha cabeça e cheguei a esses *mots d'escalier*:

— Você escreve como um cara — diz Garry na minha revanche.

— Ah — respondo, com um gesto de indiferença. — Foi só uma coisa que fiz na neve uma vez.

Escrever o próprio nome em um montinho de neve com xixi parece o único tipo de escrita em que os homens de fato têm uma vantagem clara sobre as mulheres. Não tive a perspicácia de pensar nessa réplica, na época. E ainda guardei com carinho o elogio de Garry. Por muitos anos depois disso, se eu estava tendo dificuldade num trabalho, lembrava a mim mesma: "Garry Shandling acha que sou engraçada", e isso me animava.

Garry se juntou a nós na sala de Alan e sentou-se no sofá por tempo suficiente para declarar que não estava a fim de dar opiniões. Pediu desculpas e perguntou se teria problema discutirmos o roteiro em outra hora. Eu ia voltar para Nova York no dia seguinte, então olhei de relance para Alan, que me salvou. Ele disse que podiam me dar as instruções por telefone. Garry aprovou o plano e, aí, falou que estava indo para o set.

— Quer fazer um tour? — perguntou.

Era a minha primeira vez em um set de comédia. Minha mente tentava entender o que eu tinha visto na TV e dentro de onde, agora, eu estava. Tudo parecia menor graças aos tetos altíssimos do palco. Fiquei hipnotizada com a "sala" de Garry, seu sofá, seu carrinho de golfe Mercedes! Notei uma mesa de pingue-pongue em um canto. Garry explicou que estavam gravando um episódio que parodiava o filme de Robert Redford, *The Natural*, substituindo o beisebol por pingue-pongue. Ri. Quando passamos pela mesa, me demorei.

— Você joga? — perguntou Garry.

— Tínhamos uma mesa na garagem quando eu era criança, e eu e o meu irmão costumávamos jogar depois do jantar na maioria das noites — respondi.

— Quer sacar?

— Claro — falei, pegando uma raquete.

— Eu sou bom — disse Garry, enquanto ia para o outro lado da mesa. Ele afirmou isso, mas não como se estivesse contando vantagem. Estava apenas me falando o que esperar.

Começamos o jogo. Eu me mantive firme. Quando dei uma raquetada que Garry não conseguiu rebater, ele inclinou a cabeça.

— Vamos jogar uma partida.

Jogamos, e eu o surpreendi. Ah, eu não venci. Mas consegui marcar dois dígitos. Largamos nossas raquetes. Garry apertou a minha mão e me agradeceu por ter ido.

Voltei a Nova York. Quando entrei na minha quitinete, já havia uma mensagem de Alan na secretária eletrônica. Ele e Garry tinham conversado um pouco mais e decidiram não seguir em frente com o meu spec. Em vez disso, tinham uma ideia nova de história para eu escrever. Se ligasse amanhã, ele me contaria tudo.

Foi decepcionante. O que eu achava que tinha sido um golaço acabou sendo uma tremenda bola fora. Mas ainda estava no jogo. No dia seguinte, liguei para Alan, que me deu a minha nova missão em duas palavras: "Condomínio assombrado".

Ri alto. A premissa era só um esqueleto: uma velha moradora de um condomínio chamada Lydia Cavanaugh morre e o fantasma dela se recusa a deixar o apartamento, o que irrita a associação de moradores. Expandi a história e escrevi um novo roteiro em uma semana. Foi mais rápido que o primeiro e pelo menos uma piada sobreviveu ao tempo:

```
GRANT
Tem quem diga que Lydia Cavanaugh era bruxa.

GARRY
Tem quem diga que Geraldo Rivera é jornalista.
```

Nos anos 1980, enviar um roteiro de Nova York para Los Angeles exigia precisão militar. Gavin pediria para alguém do setor de correspondências da agência em Nova York pegar um envelope de papel-manilha deixado em frente à porta do meu apartamento. Então, o envelope atravessaria o país por malote durante a noite e, aí, alguém no setor de correspondências da agência em Los Angeles o levaria para o estúdio no dia seguinte. Apertar "Enviar" é *tão* mais fácil.

Alguns dias depois de eu entregar a nova versão, Gavin ligou e ouvi o meu primeiro alô de "agente triste". É aquela velha história: garota consegue roteiro, garota perde roteiro, garota consegue outro roteiro, garota perde esse roteiro também. Alan disse a Gavin que, embora não fossem gravar o episódio do condomínio assombrado, iam me pagar o valor de 11 mil dólares pelo roteiro. Isso amenizou um pouco a rejeição. Em duas semanas, ganhei o salário de três meses de jornalismo.

Desliguei o telefone e tentei entender os meus sentimentos. Eu tinha ficado tão animada e depois tão decepcionada que, agora, aqueles sentimentos estavam se cancelando mutuamente. Isso me deixou entorpecida. Durante os últimos trinta anos, me senti entorpecida várias vezes. Aprendi a não ficar feliz demais com as boas notícias, nem chateada demais com as más. Não acontece só comigo. Certa vez, liguei para o meu amigo Chris Keyser após o roteiro do piloto dele ter sido escolhido para ser produzido.

— Parabéns! — falei.

— Obrigado — respondeu ele, alegre. — Só mais um passo no caminho para a decepção inevitável.

Ser realista sobre as suas chances não significa que você não liga para um projeto; significa que você reconhece que os outros controlam o que acontece com aquele projeto. Um amigo que tem uma prateleira cheia de Emmys resumiu muito bem: "Seja o mais feliz possível enquanto durar, mas a alegria contínua não faz parte do esquema."

Nesse sentido, minha experiência em *Shandling* foi a maneira perfeita de perder a minha virgindade televisiva. Os altos e baixos criam expectativas realistas, e a "decepção inevitável" é superada por todas as recompensas. Eu ganhei dinheiro. Joguei pingue-pongue com um dos meus ídolos da comédia. E, para provar que Al e Mike tinham razão ao dizer que "nunca se sabe onde um trabalho vai levar", acabei trabalhando de novo com eles em vários projetos, incluindo *Os Simpsons* e a animação incrível deles, *The Critic*.

Escrever aquele primeiro spec provou que a editora da *SPY* estava certa: eu *podia* escrever para a TV. Mais importante era que eu tinha gostado do processo de escrever um roteiro. É sempre melhor gostar de algo do que ser instantaneamente bom naquilo. Se você for muito ruim, mas o trabalho lhe instigar, vai continuar e melhorar.

Cinco meses depois da minha aventura com *Shandling*, fui contratada para um novo talk show noturno da FOX. Era outono de 1986, e aluguei um apartamento em Los Angeles com a minha irmã Claire no bairro de Fairfax, em West Hollywood.

The Wilton North Report (batizado segundo um cruzamento de ruas) combinava comédia com jornalismo e abria, toda noite, com uma rodada de notícias no estilo do "Weekend Update", do *SNL*. Uma equipe de correspondentes gravava reportagens e conduzia entrevistas no estúdio. Esse formato se parecia muito com o do *The Daily Show*, que estreou dez anos depois e tinha a vantagem da tecnologia digital, só meia hora para preencher e um apresentador carismático.

Depois de rejeitar Ellen DeGeneres, o produtor executivo se decidiu por dois apresentadores sem graça que vinham de programas matutinos de rádio. Na semana antes da estreia do *Wilton North*, fizemos ensaios gerais. Escrevi uma peça estilo *SPY*, onde fazia comentários engraçadinhos sobre anúncios de revista. Por exemplo, mostrava o famoso anúncio "Não me odeie porque sou linda" da modelo/atriz Kelly LeBrock e dizia:

— Não, Kelly, não odiamos você por ser linda. Odiamos você por não saber atuar.

A equipe gargalhou e, no fim daquele dia, o produtor executivo me chamou na sala dele e pediu para eu fazer o mesmo esquete na estreia, em dois dias. Fiquei chocada. A última vez que tinha atuado fora como Amaryllis em uma produção colegial de *Vendedor de ilusões*. (Você estava lá? Eu arrasei.) Se concordasse com aquilo, teria que me apresentar ao vivo em rede nacional em uma noite que seria resenhada por todos os jornais do país. Era um pedido insano e dei uma resposta insana:

— Sim.

Nunca teria me voluntariado para aquela missão, mas, quando convocada, eu servia. Houve muito caos e pouco tempo de ensaio. Tendo roído as unhas a vida inteira, estava muitíssimo preocupada em segurar o anúncio e a câmera flagrar o meu hábito nervoso. Não devia ter me preocupado. Minhas mãos tremiam tanto que mal dava para notar as unhas.

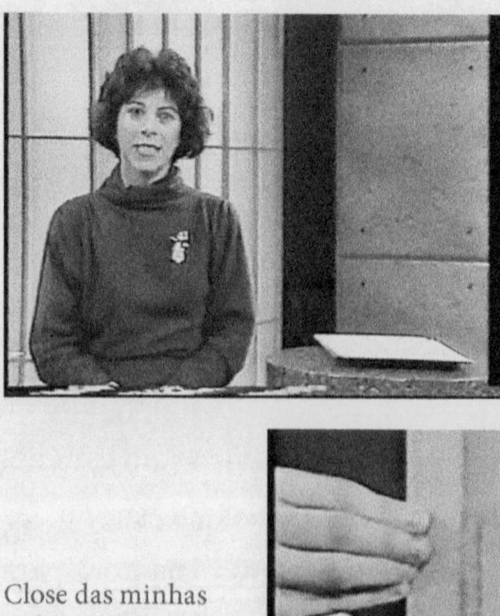

Ao vivo de Los Angeles: uma mulher atordoada

Close das minhas unhas roídas

Terminei o esquete logo — talvez um pouco rápido *demais*. A maioria das críticas ignorou o meu segmento curto e focou nos apresentadores. O *San Francisco Chronicle* foi uma exceção, incluindo este como um dos "destaques" do programa.

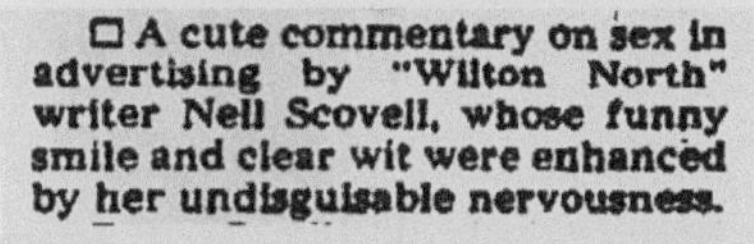
☐ A cute commentary on sex in advertising by "Wilton North" writer Nell Scovell, whose funny smile and clear wit were enhanced by her undisguisable nervousness.

Uma crítica divertida sobre sexo na publicidade pela roteirista de *Wilton North*, Nell Scovell, cujo sorriso engraçado e clara sagacidade foram destacados pelo seu nervosismo indisfarçável

Não quero ser cri-cri, mas, sinceramente, a palavra "indisfarçável" foi desnecessária.

Fiz outro segmento na câmera para o *Wilton North*, onde entrevistei um boneco do Pee-wee Herman. Minhas mãos tremeram menos, mas eu ainda não tinha sido contaminada pela vontade de aparecer na TV. Via a forma como Conan O'Brien, que também era roteirista do programa, curtia o seu tempo ao vivo e quanto ele adicionava ao roteiro. Para mim, fazia mais sentido escrever para Conan — como em um esquete do Ano-Novo de 1998, onde eu o mandei fazer um biquinho bem perto da câmera, para que todo mundo que estivesse sozinho em casa pudesse ganhar um beijinho de Réveillon.

No início de janeiro, houve boatos de que *Wilton North* seria cancelado. Conan, Greg Daniels e eu passamos horas nas nossas salas tentando adivinhar se continuaríamos empregados dali a um mês. A certo ponto, Conan pegou uma caneta e disse:

— É assim que os executivos vão decidir o nosso futuro.

Desenho de Conan O'Brien, 1988

Perdemos aquele cara ou coroa. *The Wilton North Report* foi cancelado duas semanas depois.

Tanto o meu primeiro quanto o meu segundo emprego na TV acabaram em fracasso completo. Mas, como todos os repórteres esportivos sabem, a terceira vez é a que vale.

CAPÍTULO 4

A grande reviravolta

Um homem entra em um elevador e vê uma mulher linda lá dentro. Quando as portas se fecham, ele se vira para ela e diz:

— Perdão, seria possível cheirar a sua boceta?

Ela fica horrorizada e com nojo.

— É claro que não!

— Ah — disse ele —, então devem ser os seus pés.

— Piada que Eddie Gorodetsky contou para mim

EU AMO ESSA PIADA. ELA COMEÇA COM UMA ESPÉCIE DE AMEAÇA que, então, se transforma em pés fedidos — e até bebês riem de pés fedidos. Quando estou dirigindo um filme ou um programa, é uma das minhas piadas favoritas para quebrar o gelo com a equipe. É curta, um pouco chocante e, no fim, inofensiva. Mostra para os membros da equipe (na sua maioria homens) que eles podem falar palavrão perto de mim. Além do mais, contrarregras e supervisores passam o resto da gravação me puxando de lado para contar a sua piada suja favorita.

A comédia surpreende você. Muitas vezes, a surpresa vem de uma mudança de percepção e revela uma motivação inesperada. É a reviravolta que você nunca previu, mas que, quando chega, faz todo o sentido. Como a maior parte das ótimas piadas, este capítulo tem uma grande reviravolta no final. Você nunca vai adivinhar o que vai acontecer. Mesmo comigo dizendo que nunca vai adivinhar, você nunca vai adivinhar. Mas, quando chegar lá, vai fazer todo o sentido.

Tendo acabado de passar pelo cancelamento do *Wilton North*, voltei à costa Leste no início de 1988, ansiosa para encontrar outro emprego na TV. Meu sonho era o *Late Night with David Letterman*, e perguntei ao meu agente sobre o processo de contratação. Ele disse que eu precisaria escrever uma apresentação que incluísse ideias para peças de mesa (ou seja, esquetes que Dave apresentaria na mesa de entrevistas) e remotas (esquetes gravados fora do estúdio). Dentro de algumas semanas, juntei material suficiente para o que, hoje, é conhecido como "pacote". O truque era usar o tom provocador do *Late Night*. Incluí uma piada onde Dave fica com uma música grudada na cabeça e, durante a hora do programa, a música interrompe em momentos aleatórios pelos alto-falantes do set, distraindo Dave, a plateia e os convidados.

Gavin encaminhou o pacote para o roteirista-chefe do programa. Algumas semanas depois, ele me ligou com um alô de "agente feliz". Meu material para o Letterman tinha me rendido uma reunião... mas não com Letterman. O *Smothers Brothers Comedy Hour*, um relançamento de uma série de variedades popular do horário nobre nos anos 1960, estava atrás de roteiristas. Gavin tinha dado o meu material para o produtor (e ex-roteirista do *Dick Van Dyke Show*), Ernie Chambers. Ernie estava em Nova York por um dia e queria se encontrar comigo. Será que eu poderia tomar café da manhã com ele na manhã seguinte? Claro! Então, ele me perguntou se eu conhecia os Smothers Brothers. Cara, com quem ele achava que estava falando?

Na verdade, eu não sabia quase nada sobre eles. O programa original dos Smothers Brothers passou na TV de 1967 a 1969, e eu não era muito fã de humor político aos 7 anos. Sabia que os irmãos se chamavam Tom e Dick e que um deles tocava baixo, e o outro, guitarra, mas não seria capaz de dizer qual tocava o quê. Hoje em dia, o Google seria capaz de me atualizar, mas Sergey Brin e Larry Page ainda estavam na escola. Corri para o único lugar onde poderia assistir a episódios de TV antigos: um museu.

Sentada em um cubículo do Museum of Broadcasting and Radio, assisti a três episódios de *The Smothers Brothers Comedy Hour*, rindo alto o bastante para atrapalhar os outros. Dick tocava baixo e fazia papel de homem sério. Tom tocava guitarra e fazia papel de bobo. O esquema desses esquetes era engenhoso: os irmãos começavam a cantar uma música até Tom interromper. Dick reagia com irritação enquanto Tom começava uma piada sobre um tópico atual. Essa piada seguia até chegar ao clímax e, aí, os irmãos voltavam a cantar. É muito comum esquetes de comédia não saberem como terminar, então, voltar para uma música criava um fim natural e satisfatório.

Tom e Dick começaram as suas carreiras como cantores bem-apessoados e tipicamente americanos de música folk, e a série de variedades deles era promovida como uma alternativa descolada ao *Ed Sullivan Show*. O tom do programa mudou conforme o país se dividiu no fim dos anos 1960. Tom começou a colocar no ar vozes "radicais" que se opunham à Guerra do Vietnã e promoviam os direitos civis.

Apesar dos avisos da emissora, os Smothers Brothers continuaram sendo políticos, promovendo a paz abertamente. Na segunda temporada, os irmãos cometeram um pecado ainda maior: deixaram a barba crescer. Na terceira, os patrocinadores reclamaram e, em abril de 1969, a CBS cancelou a série. Meses depois, a equipe de roteiristas — que incluía Steve Martin, Lorenzo Music, de *Carlton Your Doorman*, Mason Williams, de "Classical Gas", e Carl Gottlieb, de *Tubarão* — ganhou um Emmy por Melhor Roteiro para um Programa de Comédia, Variedades ou Música.

Aos poucos, o país evoluiu e passou a pensar como Tom. O escândalo de Watergate derrubou Nixon e todo mundo hoje em dia concorda que a Guerra do Vietnã foi uma cagada colossal. Duas décadas depois de a série original ser cancelada, a CBS convidou os Smothers Brothers de volta para um especial de uma hora. A velha equipe de roteiristas voltou e a audiência foi às alturas. Os programas de variedade tinham sido declarados mortos, mas a CBS sentiu uma pulsação fraca. Eles encomendaram outros cinco episódios. O único problema era que o canal não poderia contratar a equipe de roteiristas estrelados para além do episódio especial. Era aí que eu entrava.

Fui para minha reunião de café da manhã com Ernie e, na mesma hora, um mal-entendido veio à tona. Com base no meu material, Ernie pensou que eu estava, na época, trabalhando no *Letterman*. Tive que explicar que ele tinha lido a minha apresentação, mas que eu nunca tinha trabalhado lá. Era estranho, mas, em segredo, fiquei feliz de alguém pensar que as minhas sugestões pareciam algo que *poderia* ter passado no *Letterman*. Ernie manteve a mente aberta e me contratou. Duas semanas depois, eu estava em um avião indo para Los Angeles para trabalhar por alguns meses. Não tinha planos de onde dormir nem como me locomover. Eu tinha 27 anos e não me importava com logística. Além do mais, alugar um carro resolveria os dois problemas.

Na minha primeira noite em Los Angeles, fui jantar com o meu novo chefe. Tom Smothers faz um idiota na TV, mas, na vida real, é brilhante, atencioso e despretensioso. Conversamos sobre parcerias de comédia e a admiração dele pelo Gordo e o Magro. Ao fim do jantar, Tom me perguntou onde eu estava hospedada.

— Por enquanto, num hotel — falei. — Ainda estou tentando achar um apartamento.

— Se quiser, pode ficar na minha casa — sugeriu ele. — A CBS aluga um lugar enorme para mim. Tem um quarto de empregada onde você pode dormir.

Tom descreveu o apartamento em West Hollywood: um prédio de tijolos elegante na mesma rua do Chateau Marmont, sala enorme, lareira gigante. Estrelas do cinema como Clark Gable e Myrna Loy já tinham morado ali. Bette Davis e Christopher Guest ainda moravam.

— E podemos ir de carro para o trabalho juntos — concluiu Tom.

Fui pega de surpresa. Como se responde a uma oferta como aquela? Aparentemente dizendo "sim".

Talvez não fosse apropriado eu me mudar para o apartamento do meu chefe. Mas fazia algum sentido. Eu era ajudante, então por que não morar no quarto de empregada? Não me preocupava com Tom ultrapassar nenhum limite. Ele era famoso. Saía com as pessoas mais legais do planeta e fumava maconha com Harry Nilsson e John Lennon. Tinha estado numa jacuzzi com Tuesday Weld. E era vinte anos mais velho.

Sabe, eu era nova em West Hollywood.

Na minha primeira noite no quarto de empregada, estava na cama vestindo só uma camiseta e lendo um livro quando ouvi uma batida na porta.

— Nell, você está acordada?

Meu coração começou a bater mais rápido. Talvez eu estivesse errada e a situação fosse ficar desconfortável. Coloquei uma calça e abri a porta. Tom estava segurando um livro.

— Queria dar isso a você — disse ele.

Era um exemplar de *Shadow Dancing in the USA*, um livro de ensaios do jornalista Michael Ventura. Então, Tom disse boa-noite e foi embora. Que reviravolta! Deitei de novo e abri na primeira página. Ele tinha escrito uma mensagem simples na primeira página: "Espero que goste."

Tom acabou sendo uma pessoa ótima com quem dividir apartamento. A cada manhã, dirigíamos para o escritório na Mercedes branca dele, conversando sobre livros e política. O transporte até o trabalho virou a minha parte favorita do dia — a única vez em que isso aconteceu comigo em Los Angeles. Talvez tenha sido a única vez em que isso aconteceu com *qualquer pessoa* em Los Angeles.

No primeiro dia de trabalho, conheci o restante da equipe de roteiristas, todos com vinte anos a mais que eu. O roteirista-chefe, Mason Williams, era inteligente e tinha uma voz suave, do tipo que podia citar George Bernard Shaw a qualquer hora. Desprezava Hollywood, mas tinha três Grammys e um Emmy. Mason não gostava do show business, mas o show business com certeza gostava dele. A sala também incluía Jim Stafford, cantor de músicas engraçadas que conseguiu criar um sucesso em meados dos anos 1970 com uma canção escrita em parceria com David Bellamy. "Spiders & Snakes" chegou ao número três das paradas quando eu tinha 14 anos. A premissa era que um garoto e uma garota saem para caminhar e ele tenta provocá-la, balançando sapos na cara dela e procurando criaturas para colocar por baixo da sua camiseta. Mas a garota está interessada em um relacionamento mais maduro, e o informa: "Eu não gosto de aranhas e cobras."

Stafford apostou no seu apelo folk e na sua beleza jovial para conseguir uma série de variedades que substituía outra durante o verão, em 1976. Não durou muito. Nem o casamento dele com a lenda da música country Bobbie Gentry, que compôs e cantava o megassucesso "Ode to Billie Joe". A música de Gentry nos conta a história gótica de um casal adolescente do Mississippi que é visto jogando algo misterioso de uma ponte. A letra nunca deixa claro o que o casal jogou da ponte nem por que Billie Joe McAllister foi até lá depois e pulou ele mesmo nas águas lamacentas. O motivo do suicídio era um mistério da cultura pop e, quando alguém perguntava a Stafford como era viver com a sua ex-esposa famosa, ele respondia, com malícia:

— Digamos que eu sei por que Billie Joe McAllister pulou da ponte Tallahatchie.

Era uma ótima piada. Infelizmente, a visão limitada de Stafford sobre mulheres ia além de sua ex. Ele preferia a companhia dos caras, fumando e tocando violão. Na opinião dele, eu não me encaixava ali. De certa forma, ele tinha razão. Se estivéssemos no quadro "Uma dessas coisas não é igual às outras", da Vila Sésamo, eu seria a resposta óbvia. E também era a única jovem o bastante ali para ter assistido ao programa e entender essa referência.

Na *SPY* e no *Wilton North*, nosso humor era mordaz e nada era sagrado. Um dia, no *Smothers*, estávamos indo para o palco quando alguém mencionou a falecida cantora do The Mamas & The Papas, Mama Cass Elliot. O boato, à época — já desbancado —, era que Mama Cass tinha morrido engasgada com um sanduíche de presunto. Eu estava caminhando atrás de Tom e fiz um comentário engraçadinho, tipo:

— Ela devia ter pedido sopa.

Da esquerda para a direita: Jim Stafford, eu, John Hadley, Mason Williams e Bob Arnott. Só porque os caras eram velhos não significa que eram maduros. Note Bob Arnott ainda na fase de fazer "chifrinhos" nas fotos

Tom se virou com um olhar sério.

— Cass era uma pessoa incrível — disse ele. — E eu a amava.

A reprimenda ficou comigo desde então. Eu me senti cruel e pequena. Ele tinha razão de ralhar comigo e me lembrar de uma das regras importantes da comédia: conheça o seu público. Eu devia saber que eles eram amigos. Um dos clipes mais fofos da internet é Mama Cass cantando "Dream a Little Dream of Me" em 1968. Pedi desculpas à época, mas o momento ainda me assombra, igual a... *(Nell, pare!)*.

Toda semana, os cinco roteiristas tinham que criar uma abertura chamativa antes dos créditos iniciais, dois números musicais para os irmãos e apresentações para os convidados. Eu ficava responsável pela maioria das apresentações, o que muitas vezes significava me encontrar com os artistas. Certa vez, Tom me mandou entrevistar o cantor e compositor John Hartford, que escreveu "Gentle on My Mind", a única música que sei tocar no violão. John recusou um camarim, preferindo relaxar no seu ônibus de turnê, que estava no estacionamento do estúdio. Quando subi, meia dúzia de membros da banda jogavam cartas e viraram a cabeça na minha direção.

— Oi — falei. — Tom quer que eu fale com John.

Sem dizer uma palavra, os membros da banda abandonaram as cartas e saíram às pressas do ônibus. Achei estranho, até, mais tarde, alguém me explicar que uma das "regras da estrada" é que, quando uma mulher entra no ônibus querendo falar com o chefe, a equipe desaparece. Rápido.

As apresentações tendem a ser mais espertas que engraçadas e eu estava desesperada para criar um bom número para Tom e Dick. Sentei na minha sala minúscula e criei vários esquetes. Em um deles, Tom contava a Dick que tinha tido uma ideia para um filme. Dick pergunta de que tipo.

> TOM: É um triângulo amoroso.
> DICK: Um triângulo amoroso parece bom. Quem faria parte dele?
> TOM: Eu e você.
> DICK: Eu, você e...?
> TOM: ... um triângulo.

Em outro esquete que devia terminar em "I Can't Help Falling in Love with You", eu fazia Tom confessar a Dick que estava saindo com uma mulher bem mais jovem.

> DICK: (*para a plateia*) Agora, eu sei o que vocês estão pensando, e discordo. Meu irmão estar saindo com alguém mais jovem não é um problema fundamental.
> TOM: É médio. Ela está no ensino médio.

Tom meio que gostou dessa última e a editou pessoalmente, fazendo anotações na sua bonita letra cursiva. Os comentários dele incluíam muito "Ainda não está certo" e "Isso me dá a impressão errada". Era difícil capturar a complicada relação entre os irmãos no palco e dar a Tom o verniz certo de idiotice. Também era importante que os números apresentados fossem socialmente relevantes. Todos os meus esquetes deixaram a desejar.

Para o segundo episódio, os irmãos estavam buscando algo que casasse com a música "Give Me That Old Time Religion". Comecei a trabalhar em uma ideia sobre Caim e Abel.

"Eles eram irmãos que nem a gente", dizia Dick, "mas se davam bem melhor."

Entreguei o esquete. Tom gostou das linhas gerais e também do clímax. Ele e Mason fizeram uma leitura e "Caim e Abel" entrou no roteiro. O mais impressionante é que ficou lá.

Observando a gravação, me senti como Steve Martin em *O panaca*, quando ele descobre o próprio nome na lista telefônica. Tom e Dick começaram a cantar e, aí, Tom interrompeu para falar das suas histórias favoritas da Bíblia, como "José e a sua túnica de vários odores". As piadas estavam dando certo. A plateia ria. Com o esquete chegando ao fim, Tom saiu do roteiro. Ele muitas vezes improvisava para tornar a atuação mais ousada, e não tinha problema, desde que ele terminasse com: "E foi por isso que Abel foi morto." Ele precisava usar *exatamente* aquelas palavras para preparar a tirada final de Dick. Mas Tom não estava chegando perto da fala. Dick tentou guiá-lo para a frase, mas Tom continuava a tagarelar. A energia de todo mundo caiu e o meu sorriso murchou. Tom tinha esquecido a fala. Comecei a entrar em pânico. Aí, de repente, ele deu a volta:

— E foi por isso que Abel foi morto.

— Não — respondeu Dick. — Abel foi morto por interromper o irmão.

A plateia gargalhou enquanto os irmãos voltavam a cantar "Give Me That Old Time Religion". As pessoas aplaudiram no final. Meu coração se acalmou. Quando Tom saiu do palco, me viu na lateral e se aproximou. Inclinou-se para mim com um brilho no olhar.

— Eu precisava fazer Dickie suar um pouco — confidenciou.

Uma reviravolta! Tom não tinha esquecido a fala. Ele sabia o que estava fazendo. E, naquele momento, percebi que não era só Dick; todos nós fazíamos o papel de homem sério para Tom Smothers.

Perto do terceiro e quarto episódios, o clima mudou. Tínhamos queimado o material acumulado durante a pré-produção e já não havia tempo para aperfeiçoar novos esquetes. Meus dias de carona com Tom também chegaram ao fim. Antes de a produção começar, me mudei do quarto de empregada dele para o sofá de Marcy Carriker, produtora associada do programa. Tanto Marcy quanto eu éramos baixinhas, morenas e tínhamos vinte e poucos anos, e ela virou o bote salva-vidas que me impedia de me afogar em um oceano de homens de meia-idade. Muitas vezes, um laço natural entre as funcionárias de programas com equipes predominantemente masculinas é criado. Mesmo que as duas mulheres sejam os seres humanos mais diferentes do planeta, há momentos em que elas vão se reunir e sussurrar:

— O que acabou de acontecer?

Já trabalhei em um lugar em que toda hora eu ia até a mesa de outra mulher só para perguntar:

— Eu sou um ser corpóreo? Você consegue me ver e ouvir, não é?

Morar com Marcy era ótimo: ela era gentil, generosa e uma contadora de histórias impressionante. À época, estava obcecada com histórias de crimes verdadeiros, e recontava os detalhes horrendos dos seus homicídios favoritos. Às vezes, um assassinato seguido de suicídio era exatamente o que eu precisava para me distrair daquela sala de roteiristas cada vez mais tensa.

Entrando no quarto de seis episódios, a emissora ainda analisava a contratação da série. Tom estava ansioso. Uma forma de aumentar a possibilidade de mais episódios é fazer mudanças na equipe criativa, o que sinaliza à emissora que a produção ainda está tentando achar a fórmula certa. Em uma reviravolta triste, Mason foi demitido de repente, e Jim Stafford foi promovido a roteirista-chefe. Aquilo me deixou nervosa. Stafford preferia esquetes que terminavam com Tom chamando o irmão de "retardado". Ele também não parecia valorizar, ou querer, a minha opinião. Na primeira sexta-feira depois da reformulação, Tom mandou os roteiristas criarem ideias para o esquete de abertura durante o fim de semana. Cheguei na segunda-feira de manhã com uma página de sugestões. Fui ao escritório de Stafford para entregá-las.

— Obrigado, Nell — disse ele. — Mas, sabe, alguns dos meninos e eu nos reunimos na piscina ontem e resolvemos tudo.

Meus medos estavam virando realidade. Não dá para ter sucesso quando nem permitem a sua participação.

Quanto mais poderoso Stafford se tornava, mais abusado ficava. O grande mestre do violão Chet Atkins foi convidado para o programa, e eu saí das salas para o palco e me sentei na plateia vazia para assistir ao ensaio dele. Stafford também estava esperando para ensaiar — ele agora aparecia em todos os episódios — e se sentou ao meu lado. Ouvimos Atkins cantar uma linda homenagem ao pai falecido.

Quando a canção terminou, elogiei muito Atkins, o que deu uma ideia a Stafford.

— Se gosta dele, Nell, sabe o que deveria fazer? — perguntou, e sugeriu que eu oferecesse "um boquete" a Atkins.

O comentário veio do nada. Em um segundo, minha mente estava em Atkins cantando sobre o pai e, no outro, Stafford sugeria algo que não se associava a nenhuma dessas coisas. Que reviravolta!

Decidi que era melhor tratar aquilo como uma piada e ri. Toda mulher conhece aquela risada forçada. Ainda assim, algo no comentário de Stafford me desconcertou. Não foi a vulgaridade. Talvez tenha sido o momento. Stafford e eu estávamos sozinhos, e isso tornou aquele instante repulsivo. Por coincidência, um fotógrafo estava no set no mesmo dia e pediu para tirar uma foto nossa. O resultado capturou a nossa dinâmica para todo o sempre. Stafford passou o braço por cima dos meus ombros e apoiou a cabeça na minha, invadindo o meu espaço pessoal. Eu reagi de maneira educada a essa familiaridade excessiva, como todos esperam que as mulheres façam no local de trabalho, mas o meu sorriso não é aberto como sempre. É fechado e contido. Meu corpo está encolhido e minha mão direita está visivelmente fechada.

Com Jim Stafford

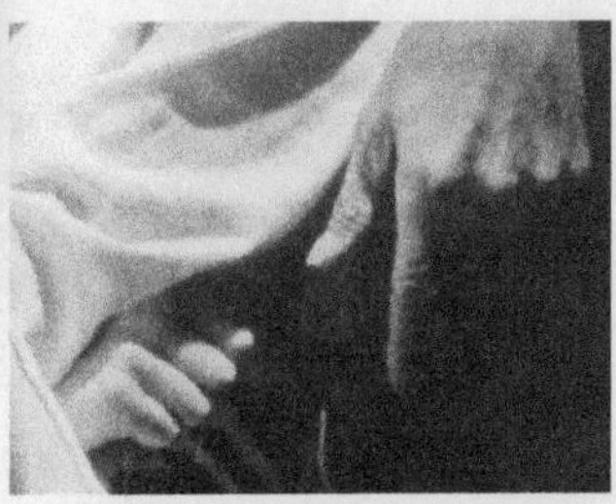

Detalhe da minha mão fechada

O sentimento de desespero era crescente quando começamos a nossa semana final de produção. Será que aquele episódio seria o último? Enfim, a notícia chegou: a CBS queria produzir mais seis episódios. Todos comemoramos, embora o meu status não estivesse claro. O contrato que assinei era só para a encomenda inicial e, agora, Stafford estava no comando. Pedi para o meu agente rever a minha situação. Stafford disse a Gavin que ainda não havia decisões sobre os roteiristas. Ele ia pensar naquilo durante a pausa.

Eu teria ficado mais desesperada se algo não tivesse me distraído. Um dia antes de gravarmos o último episódio, outro roteirista sugeriu um esquete de abertura de última hora, que parodiava uma moda recente de livros de memória confessionais. O número envolvia três funcionários do *Smothers* apregoando os seus livros. O elenco foi escolhido no último minuto. Tom escolheu Ken Kragen, seu empresário de verdade, para fazer o papel do seu empresário fictício. Contratou o antigo colega de apartamento de Steve Martin, Gary Mule Deer, para fazer um apicultor fofoqueiro. O terceiro funcionário estava descrito no roteiro da seguinte forma:

```
(NELL, COM UNIFORME DE EMPREGADA
FRANCESA, ENTRA E PARA AO LADO DE
KEN. ELA TAMBÉM TEM UM LIVRO NAS
MÃOS.)
```

Fazia parte do DNA do programa que os roteiristas também atuassem, então, quando Tom me pediu para participar, fiquei feliz. Mas o uniforme me deixou um pouco hesitante. Depois de meses usando calça jeans larga e camisetas listradas da marca agnès b., eu agora precisava me vestir como uma fantasia sexual dos anos 1950. Além do mais, tinha passado dois meses sentada no escritório comendo bobagens, e fiquei preocupada de as minhas coxas não estarem exatamente "prontas para a câmera". O figurinista tirou as minhas medidas naquela manhã e, horas depois, me enfiei em uma meia-calça arrastão, escarpins de couro envernizado, um corpete preto com decote ombro a ombro e uma saia preta curta com anáguas. Um cabeleireiro arrumou meu cabelo num coque e colocou um chapéu de renda idiota na minha cabeça. Cílios postiços. Batom. E *voilà*.

Meus colegas da sala de roteiristas aprovaram o visual.

— Ah, agora, sim!

Não fiquei nervosa demais porque a minha única fala era dita em uníssono com Gary e Ken, então havia pouca chance de estragar tudo. O número acabou num piscar de olhos. O diretor nos gravou da cintura para cima, de modo que a meia-calça arrastão e a saia eram completamente desnecessárias. Coloquei as minhas roupas de sempre antes de Harry Belafonte cantar a última música da temporada.

A festa de encerramento foi no palco. Eu não sabia se estava me despedindo das pessoas por um mês ou para sempre. No final, tive outra chance de ver alguns dos escritores quando Stafford decidiu dar uma pequena festa na piscina naquele fim de semana. Parte de mim não queria ver a piscina onde ele e "os garotos" trabalhavam, mas fiquei achando que, se eu não fosse, pareceria que não queria ser membro da equipe. Criei a solução perfeita: chegar tarde e ir embora cedo.

Era perto do fim da tarde quando passei lá. Tinha pouca gente — nada de Marcy, nem Tom, nem Mason. Stafford me recebeu com entusiasmo. Tentei ser a mais animada possível. (Últimas impressões e tudo o mais.) Joguei conversa fora com alguns convidados e, aí, segundo o meu plano:

— Puxa, olha a hora!

Achei o anfitrião para me despedir.

— Eu a acompanho até a porta — disse Stafford.

Estávamos seguindo até a porta da frente quando ele se ofereceu para me mostrar a casa. A última parada foi no quarto. Ele fez um gesto para eu entrar na frente, fechou a porta e, na mesma hora, começou a me beijar contra a parede. Foi *tão* esquisito. Por que ele estava me beijando e, ainda mais estranho, por que eu não tentava afastá-lo? Meu cérebro estava fervendo, mas o meu corpo parecia paralisado, em choque. Durante semanas, eu tinha ficado muito desesperada pela aprovação de Stafford. Bem, agora estava conseguindo! Mas o que aquilo significava? Será que eu estava errada? Ele, na verdade, gostava de mim? Ninguém beija uma pessoa de quem não gosta, certo? Talvez fosse por isso que eu não o estivesse afastando. Se a gente se beijar significava que ele gostava de mim, e eu não queria fazer nada para que ele *deixasse* de gostar. Meu futuro estava nas mãos dele. E aí, meudeusdocéu.

Ele começou a nos empurrar para a cama. Caímos em cima dos lençóis, vestidos, e continuamos a nos beijar. A certo ponto, passei os dedos pelo cabelo dele.

— Cuidado! — falou ele, exasperado. — Eu uso peruca.

Olhei mais de perto e vi um pedaço de plástico fino e moldado colado à frente do couro cabeludo dele, com cabelos falsos saindo. Eu nunca tinha notado.

"Uau", pensei. "É uma peruca ótima." Mas, antes que eu pudesse continuar contemplando o cabelo dele, Stafford avançou. Ele abriu o zíper das calças e usou a mão para guiar a minha cabeça para baixo. É muito, muito difícil admitir isso, mas...

Eu fiz um boquete nele.

Que reviravolta! Você não estava esperando por isso, né? Eu, com certeza, não estava.

E, aí, acabou — uma vez e mais nada. Talvez tudo tenha levado menos de dez minutos. Não houve reciprocidade. Minhas roupas nunca foram tiradas. Ele precisava voltar à festa, e eu, bem, tinha que estar em *qualquer outro lugar do planeta*.

Ao correr para o meu carro, pensei: "Que reviravolta interessante acabou de acontecer na vida de alguém que se parece muito comigo."

A realidade me acertou antes de eu chegar em casa. Eu sabia o que tinha acontecido e o meu coração se partiu. Durante o ato, senti uma falsa sensação de orgulho que muitas mulheres sentem, aquele sentimento arrogante de que Stafford queria algo de mim — o que significava que eu estava no controle. A verdade não era tão boa. Eu fui manipulada.

A Oscar Wilde, credita-se a citação: "Tudo no mundo tem a ver com sexo, menos o sexo. O sexo tem a ver com poder." Stafford tinha acabado de me lembrar do verdadeiro propósito de uma mulher, e não era escrever piadas. Ele conseguiu o que queria ou, talvez, até o que achava que merecia — a mesma homenagem que sugeriu que eu oferecesse a Atkins.

Quando Stafford começou a me beijar, fiquei preocupada que, se o rejeitasse, ele se vingaria não me contratando. Mais tarde, me dei conta de que o resultado contrário era tão indesejável quanto. Se ele não me levava a sério como roteirista antes, aquilo não ia melhorar as coisas. E, se eu voltasse à sala de roteiristas, não sentiria que tinha conseguido o emprego por habilidades que não a da escrita? Ele esperaria mais?

Nunca tive chance de descobrir. Estava de volta a Nova York quando Gavin me ligou com um alô de "agente triste". Stafford não ia me querer de volta na equipe. Imagino que ele nunca tivesse pretendido me contratar.

Depois que desliguei, repassei os passos na minha cabeça: eu tinha medo de Stafford me penalizar... então, me submeti a ele... e, mesmo assim, ele me penalizou. De certa forma, era engraçado. Essa "piada" promoveu uma mudança clássica na minha percepção, revelando uma motivação surpreendente: eu me via como uma roteirista determinada e trabalhadora; Stafford me via como um meio para gozar.

E foi aí que percebi: eu *realmente* não gosto de aranhas e cobras.

Stafford e eu nunca mais nos falamos ou nos encontramos. É improvável que aconteça, já que não vou muito a Branson, Missouri. Se nos encontrássemos, não sei o que diria a ele. Mas sei o que diria a mim mesma quando mais jovem: não confunda poder sexual com poder real. Se pensa que satisfazer um colega ou chefe vai ajudar a sua carreira, pense de novo. Gloria Steinem resumiu muito bem: "Se fosse possível as mulheres avançarem na carreira transando, teríamos muito mais mulheres no topo."

Há uma tendência de mulheres que acabam nessas situações a se culpabilizarem e declararem: "Fui uma idiota" ou "Meu Deus, como pude ter sido tão burra?". Fico feliz de nunca ter feito isso. Não acho que agi de forma idiota. Vulnerável e em choque, tomei uma decisão motivada pelo medo e pela confusão.

Nunca considerei fazer uma denúncia, em parte porque queria superar aquilo. Além do mais, para quem eu denunciaria? Se o programa ou a emissora tinham um departamento de recursos humanos, eu não conhecia. Não havia manuais sobre políticas da empresa ou workshops de sensibilidade para conscientizar os empregados. Levaria mais três anos para Anita Hill testemunhar contra o juiz da Suprema Corte, Clarence Thomas, em frente ao Comitê Judiciário do Senado. Como muitas outras, prestei atenção a cada palavra da corajosa declaração de Hill. Assisti à ascensão de uma heroína.

Depois de 25 anos, Hollywood ainda tem muito o que fazer para mudar a sua aceitação casual de comportamentos que vão do inapropriado ao criminoso. Aliás, o assédio sexual está tão incutido no show business que a indústria tem até um nome fofinho para isso: afinal, "teste do sofá" soa melhor que "estupro no sofá".

O comportamento predatório, muitas vezes, vira um segredo de conhecimento geral. Nos anos 1990, assistentes mulheres na agência de talentos William Morris avisavam umas às outras para não entrarem em um elevador com Bill Cosby, cliente da empresa. Em 2005, pediram para Courtney Love dar um conselho para "qualquer mulher jovem" que planejava se mudar para Hollywood. Ela respondeu corajosamente: "Se você for convidada por Harvey Weinstein para uma festa privativa no Four Seasons, não vá." Colegas, agentes, advogados e empresários demais fizeram vista grossa enquanto os abusos continuavam. E tantos desses mesmos caras se comportaram de forma inapropriada. Minha preocupação é que Weinstein tenha mudado o que pode se considerar um mau comportamento. Contanto que um produtor não entre pelado em um quarto de hotel segurando um potinho de hidratante, já pode ser considerado um cavalheiro.

Entendo que não há amor maior no mundo que o de um produtor executivo por uma estagiária, assistente ou atriz vulnerável. No entanto, se você é um homem poderoso, controle os seus impulsos. Excluir sexo com funcionárias e contatos profissionais ainda o deixaria com um leque de possibilidades de três bilhões de parceiras no planeta, com exceção de, talvez, duzentas mulheres. E, claro, é possível reverter os gêneros e isso ainda ser verdade.

Na segunda temporada, Stafford também se livrou de Mason e um outro roteirista. Novos escritores foram contratados para nos substituir — todos homens. A festa do pênis estava à toda. O *Smothers Brothers Comedy Hour* durou mais dez episódios antes de ser cancelado.

Desde então, mantive contato com Tom, que acabou se casando com Marcy — que reviravolta! Marcy continua sendo uma das minhas melhores amigas. Ela e Tom têm dois filhos maravilhosos e minha família passou muitos dias felizes na vinícola deles. Ainda me lembro com carinho da época do programa e as coisas boas superam, em muito, as más. Tom e Mason foram mentores pacientes. Assisti a músicos de primeira linha se apresentando ao vivo. E pude trabalhar com um dos meus ídolos.

Martin Mull não era o maior nome do programa, mas foi o que me deixou mais animada. Aos 16 anos, eu era obcecada por *Fernwood 2 Night*, uma série de Norman Lear que teve vida curta e trazia Martin como Barth Gimble, um apresentador de um talk show brega que era bajulador e usava ternos coloridos. Fred Willard fazia o seu ajudante risonho. *Fernwood* foi minha apresentação ao anti-humor. Em parte, o programa me fascinava porque eu nem sempre entendia as piadas, como quando Barth falava, em tom indiferente, coisas como: "Para nós, que vimos a tragédia do Vietnã em primeira mão, na TV..."

Todos os roteiristas se reuniram quando Martin entrou para nos sugerir um possível esquete de abertura. Ele passou pela preparação e por alguns diálogos e, então, atacou com o clímax:

> É hora de acabar com essa história toda de "irmãos". Eles não são irmãos. Foi tudo uma grande mentira. Então, juntem-se a mim, por favor, para receber e aceitar o senhor Dick Smothers e sua adorável esposa, Tommy.

Tom morreu de rir. Mandou Martin para uma sala vazia para escrever o monólogo. Martin já estava saindo quando Tom, de repente, teve uma ideia:

— Nell — falou —, por que não vai ajudá-lo?

Pulei da cadeira como um cachorrinho e fui saltitando até Martin. Ele se sentou a uma mesa e eu me sentei de frente para ele, sorrindo enquanto o via trabalhar, os *beats*.* De vez em quando, Martin me perguntava sobre uma escolha de palavras, e eu oferecia uma opinião. Na maior parte do tempo, ouvi, assenti e ri. Cerca de vinte anos depois, me dei conta: Martin Mull não precisava da minha ajuda. Tom só queria me dar a oportunidade de observar um gênio polindo uma piada.

E essa, sim, é que é uma reviravolta.

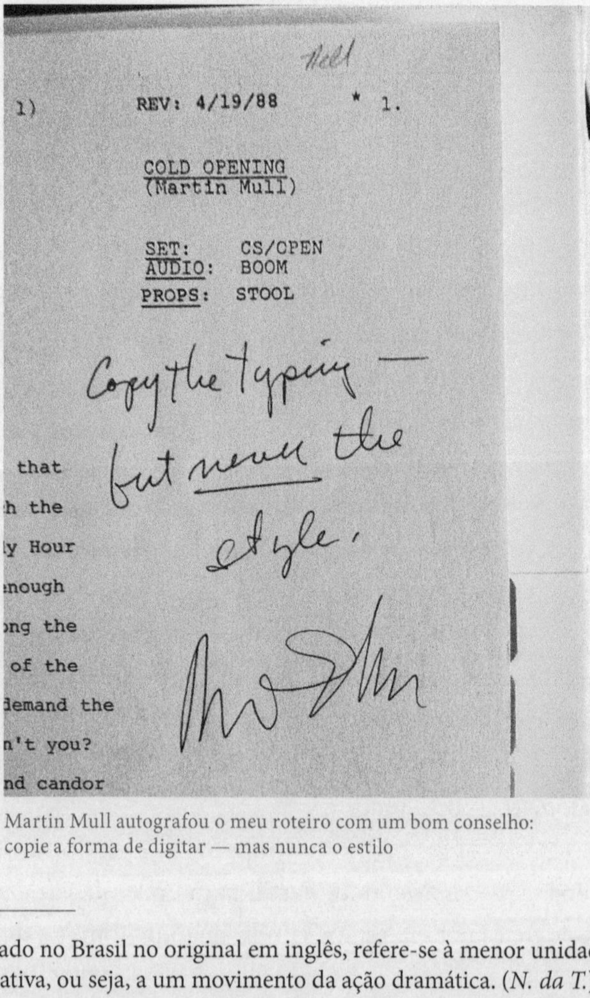

Martin Mull autografou o meu roteiro com um bom conselho: copie a forma de digitar — mas nunca o estilo

---

* Termo usado no Brasil no original em inglês, refere-se à menor unidade de divisão da narrativa, ou seja, a um movimento da ação dramática. (*N. da T.*)

CAPÍTULO 5

A recompensa

```
INT. VERMONT INN - DIA

                    LARRY
      Aquilo caiu como uma tonelada de paus.

                    DICK
      Você quer dizer "pedras".

                    LARRY
      Uma tonelada de qualquer coisa ainda é uma
      tonelada, Dick.
```

— *Newhart*, "Get Dick", primeiro rascunho de roteiro, 1989

O TRABALHO DE UM ROTEIRISTA DE COMÉDIA PROFISSIONAL é fazer os outros rirem. Às vezes, escrevemos piadas e pensamos: "Sim, vai funcionar." E, às vezes, escrevemos piadas que fazem nós mesmos cairmos na risada. Quando a piada dos "paus/pedras" veio na minha cabeça, ela me fez rir. Ao relê-la 28 anos depois, ainda rio.

Em junho de 1989, eu não fazia ideia para onde a minha carreira na TV estava indo. Em doze meses, tinha sido contratada por três séries diferentes, o que parecia um sinal positivo. Mas, afinal, nenhum desses empregos durou mais de três meses, o que parecia um sinal negativo. Apesar de todo o encorajamento que recebi, houve o mesmo quinhão de decepções. Para colocar em termos de relacionamento: o cara parecia estar muito a fim de mim, mas eu suspeitava que ele fosse gay. Mesmo assim, queria fazer essa nova carreira funcionar. Escrever para a TV me dava muito mais gosto do que escrever para revistas. E por "gosto", eu quero dizer dinheiro.

Depois de meses sendo vinte anos mais jovem que os meus colegas do *Smothers Brothers*, era ótimo estar de volta a Nova York e me encontrar com pessoas da minha idade. Na maioria das sextas-feiras, eu ia ao Movie Night, um evento criado pelo mágico Penn Jillette e alguns amigos. Todos nos reuníamos no Howard Johnson, na Times Square, para comer sundaes com brownie antes de entrarmos na sessão de meia-noite de algum filme.

As regras do Movie Night incluíam sentar na primeira fila e aplaudir sempre que o nome do filme era mencionado. Qualquer tomada inicial do horizonte de uma cidade disparava um coro de "Chicago!". Mesmo se a torre Eiffel ou o monumento a Washington aparecessem na tomada, ainda gritávamos "Chicago!".

Conheci Penn e o seu parceiro, Teller, pela primeira vez em uma matéria para a revista *Rolling Stone* para cobrir o lançamento do filme deles, *Penn & Teller Get Killed*. A entrevista aconteceu no escritório dos dois, em um prédio residencial suspeito na Times Square. Depois de eu fazer todas as minhas perguntas, Penn me acompanhou até o elevador para se certificar de que eu estava indo embora em segurança. Se o elevador tivesse chegado rápido, minha vida teria sido bem diferente. Em vez disso, esperamos e esperamos até esgotarmos todos os assuntos. Comecei a ficar constrangida com a diferença entre a presença física de Penn e a minha. Com 1,98 metro de altura e quase cem quilos, ele tinha 31 centímetros a mais que eu e o dobro do meu peso.

— Sabe — soltei. — Se um vulcão entrasse em erupção agora e nos cobrisse de lava, arqueólogos escavariam os nossos ossos daqui a um milhão de anos e achariam que eu era o seu almoço.

Penn abriu a boca de forma teatral. Ele me olhou durante um minuto.

— Você quer ir com a gente ver o RUN-DMC no Nassau Coliseum no fim de semana? Vou com vários amigos e temos um ingresso sobrando.

E foi assim que entrei para o bando de desajustados de Penn. Os amigos dele eram uma mescla de mágicos, artistas, cientistas da computação e roteiristas de comédia. Vínhamos de áreas diversas, mas tínhamos certas coisas em comum. Éramos todos ateus abstêmios, amantes da ciência e sexualmente abertos. Comecei a passar o que Penn chamaria de "uma quantidade estúpida de tempo" com ele e os seus amigos. Nada me deixava mais feliz que um recado de Penn na caixa-postal, com o seu timbre grave inconfundível:

— Eddie e eu vamos jantar. Quer vir?

Penn era um amigo bastante generoso e me incluía em todas as atividades. Quando o grupo decidiu ver um show de sexo ao vivo, ele me convidou para ir junto. Eu não tinha ideia do que esperar quando entrei no decadente Show World, o último *peep show* da Times Square. Passamos por fileiras de mulheres quase nuas em cabines e notei que o lugar fedia a água sanitária.

— Isso não é água sanitária — falou Penn. — É cheiro de porra. As pessoas acham que esses lugares são limpos com água sanitária. Mas não são.

Na principal sala de shows, uma multidão de homens fazia uma roda ao redor de duas mulheres que pareciam estar curtindo *muito* a companhia uma da outra. O ato seguinte foi uma artista solo que começava a apresentação colocando uma camisinha em um consolo.

— Tomara que ela esteja usando um diafragma para o caso de a camisinha estourar — sussurrei para Penn.

Quando a próxima atração começou, disse a ele que ia embora. Penn assentiu e outra pessoa do grupo, que também já tinha visto o suficiente, me acompanhou até a saída. Gostei do meu vislumbre daquela subcultura totalmente alienígena. E amei que Penn tivesse me deixado entrar naquela excursão estereotipadamente masculina e nunca insinuado que a minha presença estragaria a diversão de alguém. Penn confiava que as pessoas eram capazes de tomar as próprias decisões.

Penn também me convidou para uma missão de reconhecimento de fim de semana no deserto, quando ele e Teller começaram a pensar sobre se apresentar em Vegas. A dupla fazia sucesso na Broadway e colecionava dezenas de aparições memoráveis no *SNL*. No *Late Night with David Letterman*, eles ficaram famosos por jogar uma cartola cheia de baratas em cima da mesa de Dave, fazendo o apresentador voar da cadeira. Foi um momento raro ver Dave perdendo a linha no ar. Mudar para Vegas era uma boa decisão profissional para mágicos. De fato, em relação a essa cidade, acho que só dá para dizer isso sobre essa classe de profissionais. Em abril de 1987, cerca de dez de nós acompanhamos Penn ao que ele chamava de uma "cidade construída com base em fracassos matemáticos". O grupo incluía Billy West — futura voz de Fry em *Futurama* — e Spike Feresten, que, depois, escreveria o episódio do "Soup Nazi" do *Seinfeld*.

O grupo foi assistir a "Jubilee", clássico de teatro de revista de Vegas, onde aprendemos que o *Titanic* afundou não por ter batido em um iceberg, mas porque o capitão estava distraído com dançarinas fazendo *topless*. Isso explicaria por que a banda continuou a tocar enquanto o navio afundava: as garotas tinham que ter *alguma música* para dançar. Ri demais durante aquela viagem, e sempre serei grata a Penn por me ajudar a me sentir segura e engraçada depois de um ano de altos e baixos.

Em torno da mesa, da esquerda para a direita: John Fortenberry, eu, Tim Jenison, Marc Garland, Spike Feresten (de óculos escuros), Eddie Gorodetsky, Billy West, Penn Jillette, Brad Carvey, abril de 1987

Para trabalhar, peguei matérias de revistas e fui aceita no Programa de Novos Roteiristas da Disney, que pagou para que eu escrevesse o meu primeiro piloto. Inspirada nas minhas próprias experiências, escrevi *Funny Girls*, que era sobre uma equipe de roteiristas feminina em um talk show noturno. Ao contrário de Liz Lemon, minhas protagonistas eram roteiristas em início de carreira trabalhando para um apresentador fútil e um roteirista-chefe cuja descrição de personagem dizia:

> "ROTEIRISTA-CHEFE: Machista e autoritário, ele faz da vida um inferno."

Ok, talvez eu ainda estivesse lidando com os meus problemas com Stafford.

Funny Girls não deu em nada. Depois, escrevi um spec para o *The Ellen Burstyn Show*, uma das raras séries de comédia gravadas em Nova York. Secretamente, eu esperava outra venda rápida como a de *Shandling*. Meu roteiro chegou até o showrunner, que gentilmente dedicou um tempo para fazer marcações, escrevendo comentários nas margens. Não eram positivos. A palavra "pesada" aparece ao lado de várias piadas. Uma frase chegou até a receber um "Você não sabe disso ainda, mas nunca poderia fazer uma piada dessas na TV". Faltando cerca de um quarto para o fim, os comentários pararam. Fui até o final buscando uma palavra de encorajamento, como: "Você se esforçou!" ou "Continue tentando!"

Nada.

Ainda que o showrunner tivesse créditos impressionantes, e eu fosse uma novata, lembro-me de pensar: "Ele está errado." Talvez o meu humor não fosse pesado demais; talvez o humor *dele* que fosse suave demais. A subjetividade funciona para os dois lados. Só porque você se permite ser julgada não quer dizer que tem que aceitar o julgamento.

Em junho, Gavin ligou para dizer que a série de comédia *Newhart* estava buscando alguns editores de histórias (o nível mais baixo que um roteirista pode ocupar em uma equipe). Bob Bendetson, supervisor de produção, tinha gostado do meu roteiro do *Shandling* e queria uma reunião. Convenientemente, ele e a esposa, Heidi, estavam a caminho da Itália com uma conexão no aeroporto JFK. Se eu conseguisse ir até o portão de embarque, ele podia me entrevistar para a vaga enquanto esperava pelo voo.

Fiquei animada. Tinha assistido à primeira série de Bob Newhart nos anos 1970, onde o lendário comediante interpretava um psicólogo que se mantinha calmo mesmo quando cercado de lunáticos. Newhart é o mestre de pequenos momentos, arrancando risadas nas pausas, no não dito e no olhar. Como alguém disse certa vez: Newhart pisca engraçado. Quando adolescente, fiquei cativada pela forma como Bob e a sua esposa na TV, interpretada por Suzanne Pleshette, interagiam no seu casamento descolado e moderno. Ela trabalhava, ele trabalhava. Ela revirava os olhos quando ele esperava que o jantar estivesse na mesa. Podíamos até vê-los no quarto deles com decoração dos anos 1950, com a estante de livros sofisticada atrás da cabeceira.

Então, quando eu estava na faculdade, *The Bob Newhart Show* voltou ao ar com reprises, dando vida ao primeiro jogo de bebida da TV. Os telespectadores tinham que dar um gole toda vez que um personagem dissesse: "Oi, Bob."

A segunda série de Newhart — aquela para a qual eu estava me candidatando — se passava na rústica Vermont, onde ele fazia um dono de pousada chamado "Dick", que se mantinha calmo mesmo quando cercado de lunáticos. Criada por Barry Kemp, a série tinha momentos de humor absurdo. Toda semana, três irmãos caipiras usando camisas de flanela entravam na pousada de Dick. Só um deles falava e sempre apresentava os irmãos:

— Este é o meu irmão Darryl e este é o meu outro irmão Darryl.

Na última temporada, a plateia irrompia em aplausos assim que os irmãos entravam.

A caminho do aeroporto, tentei criar piadas com assuntos atuais para ter algo a dizer se a entrevista estivesse indo mal. Eu me dera bem e fora contratada nas duas entrevistas que fiz e me lembro de estar confiante quando Bob B. e eu nos sentamos em frente ao portão. Bob B. se lembra da nossa reunião de forma diferente.

— Você estava desesperada — disse ele para mim em 2017. — Eu tentei acalmá-la, mas você ficava sugerindo piadas o tempo todo. Eu dizia: "Gostamos do seu jeito de escrever. Não precisa continuar sugerindo piadas." Mas mesmo assim você ficava tentando me impressionar.

Eu me lembro, sim, de que, após a reunião, virei em um corredor e meio que surtei. Mas, pelo menos, ninguém tinha me visto.

— Sabe, depois de ir embora, Heidi passou por você — disse Bob B. — Ela voltou e falou: "A menina está hiperventilando."

Apesar do meu nervosismo, Bob B. me deu uma chance. *Newhart* tinha uma encomenda de 24 episódios e eu estava garantida como roteirista nos primeiros treze. Se os produtores gostassem de meu trabalho, tinham a opção de me escolher para os onze restantes. Mais uma vez, cruzei o país. Assumi o aluguel do apartamento de Marcy em West Hollywood e comprei o meu primeiro carro, um Honda Civic azul-escuro.

Newhart era gravado nos estúdios da MTM na Studio City. Toda manhã, eu passava de carro pelo set de *Roseanne* e estacionava em frente à casa de *thirtysomething*. Depois do almoço, às vezes, os roteiristas caminhavam até o canto noroeste, desciam uma ladeira e chegavam à lagoa de *A ilha dos birutas*. Um dos principais sets da popular série de comédia dos anos 1960, a lagoa era só uma banheira suja, destruída e enorme. O show business é assim.

Pela primeira vez, eu fazia parte de uma tradicional sala de roteiristas de um seriado de humor. Éramos sete: dois produtores executivos, o supervisor de produção Bob B., um produtor de nível médio e uma equipe de duas mulheres que eram editoras de histórias como eu. Os dois chefes se chamavam Mark, e nos sentávamos na sala de "Mark e Mark" para "quebrar" histórias (isto é, planejar tramas).

De imediato, descobri que, se eu sugerisse uma piada ou trama que não era aceita, não devia focar na rejeição. Alguns roteiristas se culpam: "Por que eu disse aquilo? Não devia ter sugerido nada." Mas, se todo mundo na sala está trabalhando na próxima sugestão, ao se concentrar na anterior, você fica para trás. Essa abordagem também pode ser aplicada a qualquer carreira, onde é melhor mirar na próxima oportunidade que ruminar sobre chances perdidas e obstáculos.

Também aprendi a não perder tempo com desfechos. Há uma tendência, sobretudo em mulheres, de começar sugestões com algum tipo de aviso, como:

— Ainda não sei bem, mas estava pensando que podia ser engraçado se talvez ele dissesse algo assim, nem precisam ser *exatamente* essas palavras, mas a ideia é...

E, então, ninguém mais está prestando atenção.

Tenho a tendência de falar as minhas piadas o mais rápido possível. Se colarem, ótimo. Se falharem, não levo para o lado pessoal. Novamente, Bob B. se lembra disso de maneira diferente.

— Toda vez que Mark e Mark não gostavam do que você sugeria, você parecia um pouco destruída — falou Bob. — Achei você muito insegura.

Claro que eu era insegura. E não se esqueça de que eu também ficava paralisada de medo! Sentia uma pressão enorme para ser bem-sucedida. Depois de tantos inícios ruins, eu precisava durar uma temporada inteira e não ser cortada após treze episódios.

Meu primeiro trabalho de roteiro tinha uma trama bobinha envolvendo Dick incendiando por acidente o seu restaurante francês favorito depois de entrar com um charuto no banheiro masculino. Sentindo-se culpado, ele convida o chef para se hospedar na pousada. Monsieur Hubert fica agradecido até descobrir que Dick causou o incêndio e jura vingança. O episódio era cheio de piadas sobre omeletes envenenadas e Dick sendo atropelado por queijo brie. Ele precisava de um título, e acabamos nos decidindo por "Get Dick", então, sim, meu primeiro episódio tinha um título que, no original, era uma piada de duplo sentindo com pintos.

Tive uma semana para acabar o meu "primeiro esboço do roteirista" e passei a maior parte do tempo escrevendo na cafeteria Du-par perto do estúdio. Jack Kerouac abastecia a sua obra com benzedrina. Truman Capote confiava no gin. Minha droga preferida era um brownie cremoso grande com uma camada grossa de cobertura de chocolate. Estimo que sejam necessárias cem calorias para que eu gere uma página de roteiro. Me dê um prazo e vários carboidratos que eu finalizo qualquer trabalho.

As vozes dos personagens em *Newhart* eram bem definidas, e logo descobri que, para mim, escrever para uma série de comédia era mais gostoso que escrever esquetes. Entreguei o roteiro no fim de uma tarde, diretamente nas mãos de um dos Marks. Ele o segurou perto do nariz.

— Está com um cheiro engraçado — disse.

Sorri, mas com frio na barriga. As noites depois da entrega de um roteiro são longas e cheias de ansiedade. Há uma fantasia comum sobre entregar um esboço tão brilhante que o chefe liga para a sua casa naquela mesma noite para falar isso. Essa fantasia só se realizou comigo uma vez, e não foi naquela noite.

Na manhã seguinte, fui cedo para o escritório e deixei a porta aberta, caso um produtor executivo quisesse parar e me dar um joinha. Bob B. foi o primeiro a aparecer.

— Ei, Nell — disse ele, em um tom gentil. — Ótimo trabalho. Roteiro muito engraçado.

— Sério mesmo?

— Por quê? Não acredita em mim? Você leu?

Sorri. Bob B. elogiou algumas piadas específicas, incluindo a de Larry dizendo a Dick que "uma tonelada de paus" pesa o mesmo que "uma tonelada de pedras". Ele tinha algumas sugestões, mas falaríamos disso depois. Bob B. foi para o escritório dele no prédio ao lado.

Meia hora depois, ele voltou, parecendo nervoso. Estava atrapalhado, tentando achar as palavras certas, mas não havia palavras certas. Mark e Mark não compartilhavam do entusiasmo dele pelo meu esboço. Mais precisamente, eles odiaram.

— Estou com as anotações deles — disse Bob B. — E são muitas.

Bob B. puxou uma cadeira ao meu lado, atrás da minha mesa. Abrimos os nossos roteiros.

— O primeiro comentário é que eles não acham que você criou piadas suficientes.

De forma patética, tentei buscar um pingo de feedback positivo.

— Eles gostaram da piada dos paus e das pedras? — perguntei, baixinho.

— Não — disse ele, direto. — Acharam que precisava de muita preparação. É isso que você precisa fazer...

Bob B. avançou pela primeira página, apontando cada diálogo e dizendo:

— Piada. Piada. Piada. Piada. Piada.

Passamos por cada página. Bob B. foi profissional e preciso e fez daquilo o mais indolor que uma cirurgia retal pode ser. Guardei o esboço cheio de anotações. Praticamente todas as páginas estavam assim:

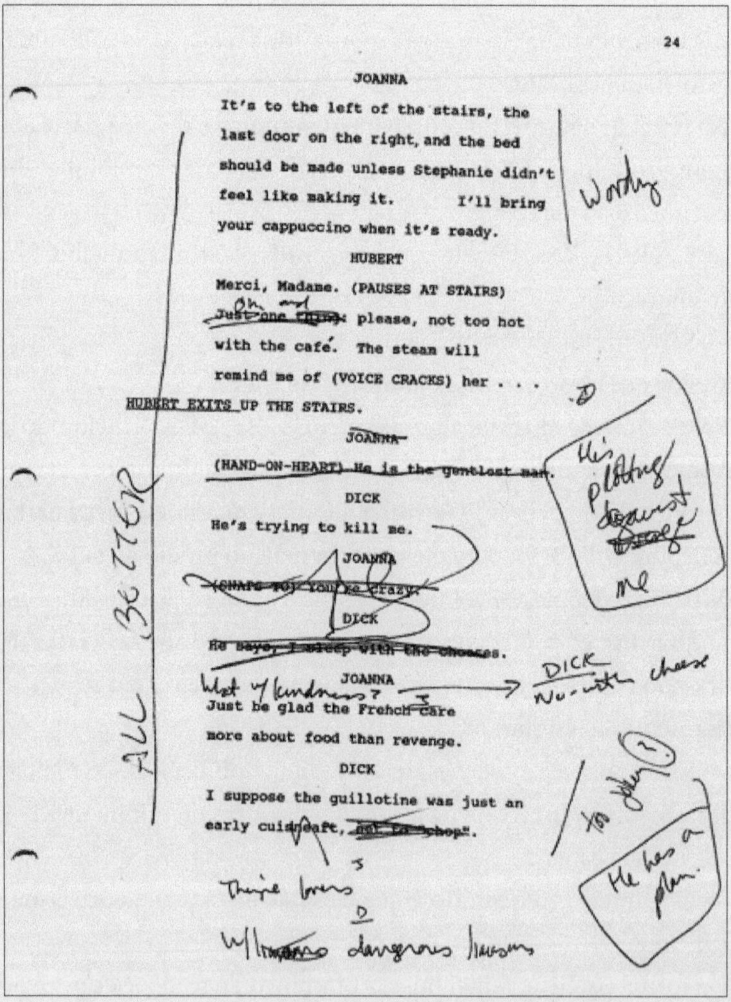

24

JOANNA

It's to the left of the stairs, the last door on the right, and the bed should be made unless Stephanie didn't feel like making it. I'll bring your cappuccino when it's ready.

HUBERT

Merci, Madame. (PAUSES AT STAIRS) Just one thing: please, not too hot with the café. The steam will remind me of (VOICE CRACKS) her . . .

HUBERT EXITS UP THE STAIRS.

JOANNA

(HAND-ON-HEART) He is the gentlest man.

DICK

He's trying to kill me.

JOANNA

(CHAPS TO) You're crazy.

DICK

He says, I sleep with the cheeses.

JOANNA

Just be glad the French care more about food than revenge.

DICK

I suppose the guillotine was just an early cuisinart, not to chop.

Essa página me diverte porque, depois de fazer críticas específicas como "palavras demais" e "piada sem graça", Bob B. claramente desistiu e entregou um comentário geral: "MELHORAR TUDO". Até hoje, quando estou editando roteiros, escrevo "FM" na margem ao lado de uma piada. É a minha sigla para "fazer melhor".

Meu amigo Rob Bragin tem a melhor descrição de como um roteirista deve aceitar críticas. Ele se formou em Berkeley e adota o conselho de ativistas que são levados pela polícia:

— Relaxe— diz ele. — Não contraia os músculos e não lute.

Aceitei os comentários dos Marks sem ficar muito na defensiva. Duas coisas ajudaram a me sustentar. Em primeiro lugar, era legal receber comentários sobre um roteiro de sitcom. Eu não tinha chegado tão longe em *It's Garry Shandling's Show*, então, de certa forma, era um progresso. E, em segundo, eu estava muito agradecida por Bob B. ter passado pelo meu escritório naquela manhã me elogiando. Foi um lembrete perfeito de que o "ótimo trabalho" de uma pessoa é o "reescrever tudo" de outra.

A estrutura do roteiro não mudou, embora a maior parte dos diálogos tenha sido modificada. Meu segundo esboço foi melhor recebido. A sala fez uma leitura e o episódio foi para produção.

O cronograma de gravação de *Newhart* começava com uma mesa de leitura com todo o elenco na segunda de manhã. ("Mesa de leitura" é um termo bastante técnico que indica que os atores se sentam ao redor de uma *mesa* e fazem a *leitura* de um roteiro.) Isso dá aos roteiristas a noção de se a trama funciona, se as piadas funcionam e se o ritmo funciona. Mais importante, dá aos roteiristas lanches de graça.

Em *Newhart*, o elenco, o diretor, os executivos da emissora e do estúdio e os roteiristas/produtores se sentam a mesas colocadas uma ao lado da outra no palco. Uma fileira extra de cadeiras para membros da equipe, agentes e assistentes faz um círculo em volta do perímetro. Na manhã da leitura de "Get Dick", subi no palco, peguei uma rosquinha e um roteiro recém-impresso, fui direto para as cadeiras no perímetro e me sentei. Meu nome estava no roteiro, mas queria ser o menos intrusiva possível.

Estava assustada demais para sentar à mesa principal. Também estava assustada de me apresentar a Bob Newhart. Além disso, ninguém se deu ao trabalho de nos apresentar.

A leitura correu tranquila. Depois de todo o foco dos Marks em "piada, piada, piada", a maior risada do roteiro veio após Newhart dizer estas quatro palavras:

```
                DICK
  Eu me sinto... mal.
```

A frase não parece uma piada na página, mas tinha sido criada especificamente para a enunciação fria de Newhart e fez a leitura parar enquanto recuperávamos o fôlego. Um ator de comédia habilidoso dá a impressão de estar arrancando risadas do nada, mas, na verdade, ele está trabalhando com um entendimento profundo da natureza humana. Essa é a vantagem de escrever para um Bob Newhart — e, especialmente, para *o* Bob Newhart.

Depois da leitura, os produtores se reúnem com a emissora para tecer os comentários. Se os atores tiverem algum problema, o ideal é que falem naquele momento. Os roteiristas voltam ao escritório para começar a reescrever, enquanto o diretor cria os blocos de cenas. Há ensaios na terça e na quarta, levando a mais ajustes. Quinta-feira é dia dos blocos de câmera e sexta-feira é noite de gravação. Newhart costumava aquecer a plateia com um dos seus stand-ups de telefonemas. Meu favorito era o senhor inglês ouvindo Sir Walter Raleigh ligando da Virgínia para convencê-lo das maravilhas de fumar tabaco. O ouvinte responde, afetuosamente:

— Acho que vamos ter dificuldade de convencer as pessoas a colocar folhas em chamas na boca.

"Get Dick" (a piada de pinto continua) se saiu bem, e eu recebi mais um roteiro. As outras editoras de histórias receberam um roteiro também, mas com uma trama péssima. George, o faz-tudo, conhece uma mulher que considera perfeita, exceto por uma coisa: ela tem uma bunda grande demais e ele simplesmente não consegue superar isso. Elas protestaram contra a trama, com razão, e sugeriram possibilidades menos ofensivas. Mas Mark e Mark fincaram o pé. Bob B. foi até as duas e tentou chegar a um meio-termo.

— Eu dizia: "É só fazer a história ser sobre como George é superficial" — lembrou ele. — Falei a elas: "Entendo o que estão dizendo, mas o nosso negócio é idiota, e aqueles dois estão no comando."

As editoras suavizaram os insultos físicos o máximo que conseguiram antes da gravação do episódio. A tensão continuou alta enquanto nos aproximávamos do marco de treze episódios, quando os produtores diriam à equipe se os contratos seriam renovados. Uma semana antes, o coprodutor foi informado de que o seu emprego estava seguro. Todas as três editoras de histórias tiveram que esperar até o último dia da notificação contratual.

Bob B. foi despachado para dar os vereditos. Parou primeiro no escritório da equipe. Mark e Mark usaram o machado. Aí, parou no meu escritório. Meu pescoço foi poupado.

Iei! Hum... será mesmo? Eu me senti bem mal pelas outras editoras, e não estava animada de trabalhar sem elas. Também suspeitava que Mark e Mark não me quisessem ali, mas Bob B. tivesse me defendido. Depois de 26 anos, perguntei a ele se as minhas suspeitas estavam corretas.

— Sim — respondeu Bob B., sem graça.

Mark e Mark contrataram uma nova equipe de editores de histórias — só de homens — para os últimos onze episódios. Mais uma vez, eu era a única roteirista mulher na sala. Ter ficado na equipe significa que participei do episódio final da série, que Matt Roush, da revista *TV Guide*, escolheu como número 1 da lista de Dez melhores finais de séries. Após um episódio maluco em que Dick vende a Vermont Inn para investidores japoneses, ele acorda na cama e cutuca a pessoa embaixo das cobertas ao lado dele. A pessoa se vira, revelando não ser a mulher que faz a esposa dele em *Newhart*. Em vez disso, ele está com Suzanne Pleshette, que fazia a esposa dele em *The Bob Newhart Show*.

— Você não vai acreditar no sonho que acabei de ter — diz ele.

A audiência ficou louca com a versão metalinguística de "e aí, eu acordei". Não é sempre que você tem oito temporadas para preparar um clímax.

Mark e Mark e Bob B. coescreveram o final, que foi indicado ao Emmy. Eu tive uma piada naquele episódio. Durante uma cena de abertura em uma reunião da cidade, um cidadão local declara, com orgulho:

— Escolhemos o esquilo-voador como ave da cidade.

Na véspera do último episódio ir ao ar, cerca de uma hora antes de a plateia chegar, entrei no estúdio. A equipe estava jantando, então eu tinha o set só para mim. Queria ficar no quarto do velho *Bob Newhart Show* que fora retirado do depósito e reconstruído. Foi a sensação mais estranha ficar no quarto ao qual eu tinha visto tantas vezes na TV quando criança. Passei um dedo pela sofisticada estante de livros atrás da cabeceira. Eu me sentia como a Alice através do espelho.

Apesar de todos os altos e baixos, eu sobrevivera à temporada e, agora, tinha um crédito de "Escrito por" em cinco episódios televisivos. Eu fazia parte da história de *Newhart* — embora ainda não tivesse conhecido formalmente o astro. Inúmeras vezes, fiquei no set assistindo à lenda ensaiar e, se ele por acaso olhasse na minha direção, eu desviava o olhar. Se eu estivesse na mesa do bufê e ele se aproximasse para pegar um pouco de pipoca, eu ia para outro lugar. Ele interpretava os personagens mais tranquilos da televisão e, mesmo assim, por algum motivo, eu tinha pânico dele.

Scott Buck, eu, Bob Bendetson, no escritório de *Newhart*

Depois de alguns minutos no set do quarto, decidi ir jantar. Caminhei pelo palco, abri a porta e fiquei atordoada de me ver cara a cara com o astro da série. Não tinha como evitá-lo nem como fugir dali. Só havia uma coisa que eu podia fazer:

— Oi, Bob.

Por incrível que pareça, ele respondeu:

— Oi, Nell.

Ele entrou e a porta pesada do estúdio se fechou atrás dele. Parei do lado de fora, piscando para os meus olhos se ajustarem à luz. Toda a nossa troca tinha consistido em quatro palavras, mas parecia muito significativa. Na piada sobre os quatro estágios da carreira de roteirista, o primeiro é a pergunta: quem é essa tal de Nell Scovell?

Agora, eu tinha uma resposta: Nell Scovell era uma roteirista de TV que tinha acabado de brincar da versão profissional do jogo "Oi, Bob".

Estágio 2

ME TRAGAM NELL SCOVELL AGORA!

CAPÍTULO 6

Os Simpsons: *fugu pra mim!*

INT. CONSULTÓRIO MÉDICO

O MÉDICO SE DIRIGE A HOMER SIMPSON, QUE ACABA DE SABER QUE COMEU BAIACU VENENOSO.

MÉDICO

O senhor tem 24 horas de vida, sr. Simpson.

HOMER

(NERVOSO) Vinte e quatro horas?!

MÉDICO

Bem, vinte e duas. Lamento tê-lo feito esperar tanto.

— Primeiro esboço do episódio "Todo mundo morre um dia".

ONDE VOCÊ ESTAVA NA NOITE DE DOMINGO, 14 DE JANEIRO de 1990? Eu estava sozinha no meu apartamento em West Hollywood assistindo a uma animação na TV. Em geral, isso não seria memorável, mas, quando os créditos começaram a rolar, fiz algo que nunca tinha feito antes e nunca mais fiz de novo: liguei para o meu agente na casa dele.

— Gavin, é Nell. (*pausa*) Sua cliente. Quero escrever para *Os Simpsons*.

Hoje uma instituição cultural, *Os Simpsons* não foram universalmente aceitos na sua estreia. Muitos desprezaram a família amarela, dizendo que era excêntrica e maldosa demais, exatamente o motivo pelo qual eu gostava deles. Em um dos primeiros episódios, "Problemas em casa", os Simpsons tentam fazer terapia de família e recebem bastões envoltos em espuma para bater uns nos outros e extravasar a raiva. Após alguns golpes, Homer pergunta: "Esses porretes não funcionariam melhor se tirássemos a espuma?" A sessão de terapia termina com os cinco membros da família sentados em cadeiras que lhes permitem dar choques elétricos uns nos outros. Os choques continuam até, no fundo, as luzes da cidade começarem a se apagar.

Os personagens, desenhados pelo cartunista Matt Groening, apareceram pela primeira vez em pequenos curtas no *The Tracy Ullman Show*. Sam Simon e James L. (Jim) Brooks ajudaram a desenvolver e expandir os desenhos. A FOX só existia há poucos anos, então, quando Jim vendeu a série, ele já tinha lançado pessoalmente mais comédias de sucesso que a emissora inteira.

Meses antes, eu tinha feito uma entrevista na produtora de Jim para um emprego no *Tracy Ullman*. A reunião foi ótima — ou foi o que pensei. Eles não me ofereceram o emprego. Mas quando o meu agente propôs que eu escrevesse um episódio dos *Simpsons* como freelancer, eles se lembraram de mim. Al Jean e Mike Reiss, que tinham me ajudado em *Shandling*, trabalhavam na série e recomendaram o meu nome. Como não tinha muitos roteiristas implorando para trabalhar em um desenho animado esquisitaço, *Os Simpsons* me encomendou um roteiro. Decidimos uma data para eu ir ao escritório e dar algumas ideias de histórias.

"De onde você tira suas ideias?" é uma pergunta que me deixa atordoada. É como perguntar: "Como você faz o seu cabelo crescer?" A resposta é basicamente a mesma: meio que acontece. As coisas saem da sua cabeça.

Desenvolver uma ideia até virar um roteiro pode parecer algo misterioso também, mas o meu chefe de *Coach*, Barry Kemp, certa vez resumiu o complicado processo em doze palavras:

— Escrever — disse Barry — não é um ato de criação, é um ato de escolha.

Um episódio, artigo ou livro não flui da caneta ou do teclado totalmente formado. Cada trabalho é construído conceito a conceito, *beat* a *beat*, palavra a palavra. É um processo de descoberta. Você segue por um caminho que leva a outro, e outro, e outro, até chegar em um beco sem saída. Aí você volta até o ponto onde fez a curva errada e procura uma direção melhor.

Quando escrevo, me sinto como uma optometrista, o tempo todo trocando de lentes e perguntando:

— Assim está melhor? E assim?

Aos poucos, o trabalho entra em foco. Vou mostrar como escolhas, sejam grandes ou pequenas, se juntam para formar um episódio usando a minha experiência nos *Simpsons* como estudo de caso.

A apresentação da história

A apresentação cria uma situação — a "sit" de sitcom — e dá uma ideia de como a história pode se desenrolar. É o "E se?" com um toque de "O que vem depois?". A maioria das histórias das sitcoms se resumem em três *beats* básicos:

1. Personagem está com um problema (por exemplo, Brad tem duas garotas para levar ao baile da escola).
2. Personagem tenta resolver o problema, mas as coisas acabam piorando (por exemplo, Brad tenta manter as duas meninas felizes indo de uma para a outra, até elas descobrirem).
3. O problema se resolve de forma surpreendente (por exemplo, as duas meninas se apaixonam uma pela outra. Quando dispensam Brad, ele grita: "Meg! Jenny!… Pelo menos me deixem assistir!" Claque — o "com" da sitcom).

Em uma festa: (da esquerda para a direita) eu, Sam Simon, sua então esposa Jennifer Tilly, Mike Reiss, Denise Reiss

Os Simpsons, hoje, emprega cerca de 28 roteiristas, mas, quando entrei no escritório de Sam Simon na primavera de 1990, tinha menos de dez. Reconheci Al e Mike e fui apresentada a Jon Vitti, Wally Wolodarsky, Jay Kogen e George Meyer. Sam Simon sentava-se a uma escrivaninha, enquanto o restante se acomodava em sofás. Me acomodei em uma cadeira trazida de outro escritório. A sala, só de homens, era receptiva, mas intimidadora.

— Então — perguntou Sam. — O que você trouxe?

Muitos roteiristas, sobretudo os que começam no stand-up, gostam de apresentar de improviso. Eu prefiro escrever as minhas apresentações em um bloco de folhas amarelas e, então, lê-las o mais rápido possível. É menos espontâneo, mas há duas vantagens: (1) ler significa que não preciso fazer contato visual com ninguém; e (2) 26 anos depois, ainda sei *exatamente* o que apresentei.

Inspirei fundo... pela última vez até sair da sala.

Proposta nº 1: Bart está na linha de lance livre em uma quadra de basquete. Falta um segundo para o fim do jogo. O time de Bart está perdendo por um ponto. O garoto faz uma negociação com Deus: se Ele ajudar Bart a conseguir duas cestas, ele nunca mais vai ser cruel com a irmã, Lisa. Bart consegue as duas. O time dele ganha. Ele é o herói!

Bart chega em casa felicíssimo e imediatamente pergunta a Lisa se a cara dela está doendo.

"Não. Por quê?", ela responde.

Bart começa a piada:

"Porque está me..." Então, se lembra da promessa: "...está meio vermelha nas bochechas, talvez você esteja com alguma alergia".

Lisa corre para o espelho. Bart nota um papel escrito "me chute" nas costas dela. Ele se prepara... e, aí, se lembra da promessa. Lisa, notando que o seu cadarço está desamarrado, se dobra para amarrar e isso, junto com o papel, é demais para Bart. Ele corre para pedir conselho a Homer:

"Se você faz uma promessa para alguém, tem que cumprir a sua parte?"

"Sim", diz Homer, "mas só até dar certo."

"E se a promessa for para Deus?", pergunta Bart.

"Aí você tem um problema", responde Homer. "Como Deus é onisciente, é difícil sumir de vista."

Bart fica deprimido. De que vale ser um herói do basquete se ele não pode provocar a irmã mais nova? A vida não tem sentido, pois ele percebe que atormentá-la era o seu maior prazer. O episódio termina no campeonato estadual, com o time de Bart perdendo por um ponto e faltando um segundo no cronômetro. Bart está de volta à linha de lance livre.

"Vamos lá, Bart, faz de novo!", gritam os colegas de time.

Bart tem uma ideia:

"Deus, vamos combinar que eu erro a cesta e ficamos quites, ok?" Bart erra a cesta. O time vai para cima dele. Bart sussurra para Deus: "Mais uma para esquecer a coisa toda." Bart erra outra cesta. O time perde. Todo mundo odeia Bart, que vai para casa feliz e provoca Lisa.

Proposta nº 2: É aniversário de Lisa, e ela pode escolher o restaurante em que vão comemorar. Ela quer comer sushi. A família vai para o Frank's Raw Fish Emporium. Bart pede um hambúrguer. Homer diz: "Ninguém vai para um restaurante japonês e pede um hambúrguer." Para a garçonete: "Vou comer a bandeja de frango".

Marge tenta fazer Homer provar a enguia, mas ele se recusa.

"Bem, então que tal um baiacu? É uma iguaria."

Ele experimenta. Nesse momento, o chef entra gritando: "Não comam o baiacu! É uma iguaria venenosa!"

Todos olham para Homer. O que fazer agora? O chef diz para irem para um hospital naquele instante.

"Nesse caso", diz Marge, "é melhor pedirmos a conta."

O garçom fala: "Não vamos cobrar nada... pelo baiacu." Mas a família ainda tem que pagar pelo resto da refeição. Todos se sentem mal por Homer, mas pior por Lisa. Afinal, aquilo acabou com o aniversário dela.

O pronto-socorro no hospital tem uma fila enorme. Um residente vem dizer que eles não podem tratar envenenamento por baiacu. Homer só tem 24 horas de vida e precisa descobrir o que fazer antes de morrer.

"Tente se divertir, é aniversário da Lisa!"

O telefone toca. O restaurante cometeu um erro terrível. A conta devia ter sido 36 dólares, não 42. Eles podem pegar os seis dólares amanhã. Isso dá a Homer um motivo para viver. Ele decide combater o veneno, muda de cor, vomita, mas consegue sobreviver.

Os fãs do programa sabem que Sam preferiu a proposta nº 2. Durante a hora seguinte, a sala explorou as possibilidades cômicas de Homer comendo *fugu* e pensando que ia morrer. Alguém propôs que, logo que o garçom descobre que um cliente foi envenenado, devia dizer ao chef: "Chef, você nos desgraçou! Faça a coisa honrosa". Aí, cortamos para o chefe pegando uma espada ornamental da parede e a levantando para cometer *hara-kiri*.

Mas aí alguém palpitou:

— Então, o chef de repente solta a espada e sai correndo, enquanto o garçom grita atrás dele: "Ei, volte aqui! Faça a coisa honrosa! Faça a coisa honrosa!"

Minhas anotações não dizem quem pensou nessa piada, mas, se tivesse que chutar, eu diria que foi George Meyer, pois, certa vez, ele me disse que achava que a coisa mais engraçada do mundo era um sujeito frustrado balançando os punhos fechados no ar. Consigo ver o garçom, aqui, fazendo isso.

Desconstruir quem contribuiu com que parte de um roteiro pode ser um negócio complicado. Piadas muitas vezes são esforços conjuntos e é difícil dizer quem merece o crédito. A pessoa que apresentou o conceito? A que aperfeiçoou as palavras exatas? A que adicionou um detalhe engraçado a mais no fim? Há uma história de um roteirista de TV que, enquanto estava no set, viu uma fala receber uma grande risada e, aí, sussurrou para a pessoa ao lado: "Eu ajudei no caminho para chegar a essa piada."

Parece idiotice, mas todo roteirista de TV já pensou isso.

Quando a sala concordou com a trama geral, passamos para "o que vem depois?".

— E se Homer disser "Acho que vou deitar e morrer"? — sugeriu alguém. Mas Marge tem outros planos: "Homer, você tem 24 horas. Faça tudo o que quer fazer. Vamos!", diz ela.

Homer continua parado. "Estou pensando", responde, incorporando a famosa fala de Jack Benny para "O dinheiro ou a vida".

Rimos da ideia de manter Homer no sofá por todo o episódio, mas parecia pouco original. Fomos em frente e discutimos que perspectiva Homer podia ganhar com uma experiência de quase morte.

— Talvez ele aprenda: "Sou um homem unidimensional e superficial" — sugeriu uma pessoa.

— Ou talvez ele fique determinado a viver a vida ao máximo... para só então descobrir que não tem pensamentos, interesses nem desejos — disse Sam. — Suas últimas 24 horas na Terra são ele tentando desesperadamente encontrar um significado na sua vida... logo antes de ela acabar.

Essa sugestão nos colocou no caminho de Homer buscando um hobby. Alguém propôs que ele fosse à casa de Ned Flanders.

— Eu sei que Flanders é o vizinho — interrompi —, mas não sei bem qual é a personalidade dele.

A série estava tão no começo que Flanders só tinha aparecido algumas vezes.

— Flanders é o cara bonzinho tipicamente americano — explicaram. — Muito encorajador. Então, claro, Homer não gosta muito dele.

Sam jogou a ideia de que Homer se recuperasse do envenenamento por baiacu no fim do primeiro ato e, então, se juntasse a um grupo de teatro que estava montando uma versão amadora de *Um bonde chamado Desejo*, de Tennessee William. Todos nós rimos. Mike Reiss sugeriu que Homer aparecesse para fazer um teste para o papel de "Stanley" e o diretor exclamasse: "Em geral, não gosto quando alguém se veste para o personagem, mas você é um relaxado perfeito." (Não tenho certeza se foi sugestão de Mike, mas, com certeza, é a cara dele.)

O terceiro ato começaria com Homer espiando detrás da cortina. "Uh, casa cheia", diz ele. "Vinte e cinco pessoas!"

Na festa depois da peça, o elenco se reúne para ler a crítica. Em uma reviravolta, os críticos amaram a produção, classificando-a como "uma hora e meia de teatro organizado".

Homer fica com lágrimas nos olhos: "E pensar que quase não vivi para ver isso."

Sam amou a ideia, mas algo naquilo não me caiu bem. Sam notou a minha expressão.

— O que foi? — perguntou ele. — Não gosta da ideia de Homer numa peça?

Eu *realmente* preciso melhorar a minha poker face.

— É divertida — falei. — Mas, se este virar um episódio sobre teatro comunitário, vamos perder a exploração de personagem levantada pela questão: se Homer só tivesse 24 horas para viver, como as passaria?

Sam inclinou a cabeça de uma forma que me fez pensar que eu não devia ter dito nada. No entanto, a escolha mais importante a se fazer em qualquer episódio é a área da história. Todas as outras escolhas saem daí. Sam disse que falaria com Jim Brooks sobre as duas opções para ver qual ele preferia. Quando tivesse uma direção clara, eles me trariam de volta para completar a história.

Alguns dias depois, Sam telefonou:

— Pelo jeito, você é genial — disse. — Jim gostou bem mais da sua opção.

Sam não abandonou a ideia do Tennessee Williams engraçado. No episódio "Um bonde chamado Marge", da quarta temporada, escrito por Jeff Martin, Marge aparece entrando em uma versão musical amadora de *Um bonde chamado Desejo*. Esse episódio entra em todas as listas de "Melhores dos *Simpsons*", então, talvez eu não seja tão genial assim.

Quebrando a história

Com as linhas gerais de um começo, meio e fim, a sala pode começar a colocar os pontos que, depois se ligam e formam uma história. Escritores, frequentemente, têm pontos fortes diferentes: alguns são melhores com trama, ou piadas, ou gags visuais, ou momentos emotivos. Usar todas as vozes em uma sala de roteiristas permite que você una essas forças. É escrever como uma equipe esportiva.

Mapeamos uma estrutura solta: o Ato Um focaria na família saindo para comer sushi e terminaria com Homer sendo envenenado. Alguém sugeriu que um médico dissesse: "Há um exame, mas, ironicamente, os resultados levam 24 quatro horas para ficar prontos. Ainda recomendo que você o faça, para me proteger." Outra sugestão foi o médico dizer: "Homer, como está a sua visão? Você deveria doar os órgãos... com exceção do estômago."

O Ato Dois começaria com Homer escrevendo uma lista de coisas para fazer no seu último dia na terra. Levantamos possibilidades baseadas nas relações já existentes de Homer: fazer as pazes com o pai, falar o que pensa para o chefe, tomar uma cerveja com os amigos, ouvir Lisa tocando saxofone, ensinar Bart a se barbear. Homer ainda adiciona "Intimidades com Marge".

Embora nunca seja mencionado em diálogo, o número onze da lista é "Plantar uma árvore". Coloquei isso no roteiro como uma alusão à minha vó, Frances, que gostava do ditado: "Na vida, todos têm que plantar uma árvore, escrever um livro e ter um filho." (Como Homer, estou adiando plantar a árvore até o último segundo possível.)

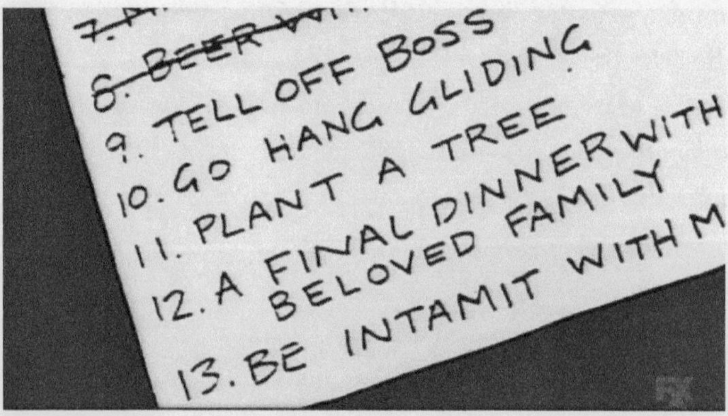

Detalhe da animação

A forma mais fácil de construir uma história não é usar a imaginação, mas, sim, a lógica. Maggie é bebê, então, *logicamente*, Homer iria querer fazer um vídeo para ela assistir quando fosse mais velha. Para isso, ele *logicamente* precisaria de uma câmera. Como não tem uma, *logicamente* precisaria pegar emprestada a câmera do vizinho. Essa linha de raciocínio levou a uma cena onde Homer sai pela porta e encontra a família Flanders fazendo puxa-puxa. Enquanto se despedem, Flanders convida todos os Simpsons para um churrasco no dia seguinte. Homer se oferece para levar as maiores e mais suculentas costeletas. Logo que a porta fecha, Homer ri: "Eu acho graça da cara ele. Amanhã, eu estou morto."

Além de explorar as coisas que Homer logicamente *ia querer* fazer nessa situação, discutimos as coisas que ele *precisaria* fazer. Alguém propôs uma cena onde Homer vai verificar o seu seguro de vida.

> "Infelizmente, seu seguro de vida expirou", diz o agente da seguradora, verificando a apólice. "Ah, desculpe! Vai expirar amanhã."
>
> "Hehehe", diz Homer. "Quanto é?"
>
> "Quinze mil dólares."
>
> "Aumente para quinze milhões."
>
> "Não é muito?", pergunta o agente.
>
> "Ei, estou me sentindo com sorte", responde Homer.

Outra cena — sugerida por Jim Brooks através de Sam — mostrava Homer indo à igreja buscar conforto com o reverendo Lovejoy. Em vez disso, Lovejoy comenta sobre como Homer sempre dormia durante os seus sermões.

"Sinto muito, sr. Simpson, isso provavelmente é um pouco mesquinho da minha parte, mas aposto que agora está desejando que tivesse sido um cristão melhor."

Algumas piadas eram maldosas, como a do vovô Simpson dizendo a Homer: "Eu sei que a maior tragédia é viver mais que os seus filhos... Mas não é tão ruim." As piadas mais cruéis quase nunca entram no roteiro, embora muitas vezes causem as maiores risadas dentro da sala.

Seguindo o padrão tradicional da narrativa, o dilema de Homer deve piorar no fim do Ato Dois.

— E se ele estivesse correndo para casa e ficasse preso no trânsito? — sugeriu alguém.

Ouvi a palavra "correndo" e percebi que podíamos melhorar.

— E se ele for parado por um policial e colocado na cadeia? — falei.

Parecia cruel — e engraçado — demais, então, decidimos que uma cela se fechando seria o fim do Ato Dois.

O Ato Três começa como uma corrida contra o tempo. Homer precisa sair da cadeia, parar no bar para ver Moe e chegar em casa a tempo das "intimidades com Marge". Alguém sugeriu um fragmento de diálogo pós-coito: "Sabe, Marge, não me importo de você se casar com alguém com dinheiro para cuidar das crianças", diz ele. "Tipo Jackie Onassis."

"Me lembre de qual dos nossos amigos é um magnata grego", diz Marge. (Bônus se você sabia que o nome de solteira de Marge é Bouvier.)

Para concluir a história, pensamos que Marge podia adormecer depois do sexo, enquanto Homer vai de fininho lá para baixo a fim de curtir cada segundo. Ele folheia o guia da TV. Não tem nada de bom passando. A Bíblia na estante chama a sua atenção. Ciente das suas faltas, ele a abre e há duas fitas-cassetes.

"Uh, o bom livro em fita-cassete. Phil Collins lê o Gênesis." (Bônus se você sabia que Collins era baterista da banda Genesis.)

Homer pega no sono e seguimos para a manhã seguinte. Marge o encontra curvado numa poltrona. Ele ronca e Marge percebe que o marido está vivo. Os dois comemoram.

Enquanto estávamos quebrando a história na sala, anotei as sugestões o mais rápido que consegui. Sempre aconselho os roteiristas a fazerem as próprias anotações. Várias vezes, essa tarefa cabe a um assistente que vai capturar a essência das piadas, mas que acaba perdendo as palavras exatas. Termos específicos em uma ordem específica são importantes. Tomar notas também permite que o roteirista faça comentários. Eu coloco uma estrela ao lado de uma fala que seja recebida com muitas risadas, sobretudo se for do showrunner. Isso não só me lembra de incluir aquela piada; também me dá uma noção do humor do showrunner.

Saí da sala dos *Simpsons* com mais de trinta páginas escritas a mão. O próximo passo era transformar aqueles rabiscos em uma escaleta organizada.

A escaleta

Uma escaleta traça os atos e as cenas ao mesmo tempo que esclarece e acompanha as atitudes dos personagens. Em algumas séries, você não recebe muito para trabalhar e precisa preencher um monte de buracos na trama. No entanto, a sala dos *Simpsons* gerava tanto material que fazer a escaleta se tornava mais um exercício de escolha que de criação. Eu tinha quatro explicações possíveis diferentes para por que os Simpsons decidiam ir comer sushi:

1. Marge ouviu falar de sushi no salão de beleza ou na loja de animais de estimação.
2. Lisa está cansada de bolo de carne e quer experimentar algo novo. Homer defende o bolo de carne: "Toda vez, eu encontro alguma coisa diferente. Um dente de alho. Um toque de pimenta".
3. Marge diz que a irmã dela gosta de sushi "e ela tem bom gosto". "Marge", diz Homer, "aquela mulher pensa que eu sou um imbecil estúpido."
4. A família vai para a lanchonete favorita de Homer e descobre que ela foi fechada pela vigilância sanitária. O restaurante de sushi fica ao lado.

Escolhi a número 2 por conter o componente emocional de Lisa estar entediada. Uma personagem com uma atitude forte gera mais comédia. Uma piada é só uma piada, mas uma emoção pode ser explorada. Em segundo lugar, ficou a número 4, onde Homer fica chateado pela sua lanchonete ter sido fechada. ("Ah, não! A estação giratória de tortas!")

A escaleta foi feita rapidamente, já que Homer fazendo a sua lista de atividades fornecia uma estrutura interna. Na sala, as sugestões pulam de cena em cena, mas uma escaleta exige que o roteirista entenda as transições. O episódio do *fugu* acontecia dentro de 24 horas — a maioria das histórias de sitcoms funciona melhor em um tempo comprimido — e não tínhamos discutido uma transição da noite em que Homer é envenenado para o dia seguinte. Tentei isso:

INT. QUARTO – NOITE

HOMER

(AJUSTANDO O ALARME) Vou acordar à sete para aproveitar o meu último dia ao máximo.

INT. QUARTO – 7 DA MANHÃ

O alarme toca. Homer se vira e o desliga sem acordar.

INT. QUARTO – 11:30

Homer se vira, abre os olhos e vê o relógio.

HOMER

Onze e meia!

INT. SALA – MINUTOS DEPOIS

HOMER

(IRRITADO) Marge, por que você me deixou dormir tanto?

MARGE

Você parecia tão bem deitado lá.

HOMER

Ah, mas para isso eu vou ter tempo demais!

Outra transição que precisava ser pensada era o momento depois de Marge descobrir que Homer não está morto. O episódio nunca explica por que ele sobreviveu ao veneno. Pensei que Homer podia voltar ao restaurante no dia seguinte.

CHEF

Ah, sr. Simpson, então, está vivo. Nosso baiacu é tão fraco que não mata nem um gato. Preciso achar um novo fornecedor. Enfim, o senhor nos

```
deve 56,80 dólares. Temos uma política de não
cobrar clientes que morrem depois de comer
aqui. Mas como o senhor sobreviveu…
```

Uma escaleta de sitcom típica tem de dez a doze páginas com espaçamento simples. A minha escaleta dos *Simpsons* tinha dezessete, e isso depois de eu cortar falas engraçadas como "Amanhã é o último dia do resto da minha vida". Por fim, eu precisava dar um título ao episódio. Como fã de Dr. Seuss, escolhi "One Fish, Two Fish, Blowfish, Blue Fish" [no Brasil, "Todo mundo morre um dia"]. E o título pegou.

Comentários sobre a escaleta

Alguns dias depois de eu entregar a escaleta, voltei ao escritório dos *Simpsons* para receber comentários. Matt Groening e alguns outros roteiristas (todos homens) se juntaram ao grupo, e fomos para uma sala de reuniões ao lado do escritório de Sam. As cadeiras estavam dispostas em círculo. Sentei-me à esquerda de Sam, e Matt se acomodou bem na minha frente. Jim Brooks não estava lá, mas tinha lido e entregue os seus comentários a Sam.

A sessão não começou bem. Sam achou que estava demorando muito para a família chegar ao restaurante. Risquei com um traço enorme as duas primeiras páginas. Uma das melhores regras da escrita de roteiros é "Comece tarde, termine cedo". Na vida real, tocamos a campainha e perguntamos: "Como vai?" Na TV e nos filmes, você pode simplesmente pular para a cena do crime.

Os comentários ficaram mais escassos na página três (ainda bem). Detalhes foram adicionados. Na escaleta, o chef não está disponível para fatiar o *fugu* porque está se pegando com uma mulher no banco de trás de um carro. Alguém sugeriu que devia ser a professora de Bart, a srta. Krabappel. Tiveram que soletrar o nome dela lentamente para mim. Este diálogo não entrou no roteiro, mas ainda me faz morrer de rir.

```
                    CHEF
Ah, srta. Krabappel, seu cabelo cheira tão
limpo.

                SRTA. KRABAPPEL
Ah, sr. Hirohito, realmente consegue me
arranjar um rolinho futomaki?
```

A sessão de comentários se arrastou. A certo ponto, vi que Matt tinha decidido descansar os olhos um pouco, com os braços cruzados em frente ao tronco. Olhei para Sam. Eu não sabia na época, mas havia uma tensão entre os dois produtores executivos. Nossos olhos se encontraram e os de Sam assumiram um brilho conspiratório.

"Não o acorde", gesticulou ele com a boca.

Tragicamente, Sam morreu em 2014, com apenas 59 anos. Quando ficou sabendo que o seu câncer não tinha tratamento, ele se dedicou a trabalhos beneficentes para salvar e proteger animais. É difícil não pensar na escolha dele à luz do tema desse episódio. Sam fez muitas coisas boas no tempo que teve.

Nas últimas duas páginas da escaleta, Homer sai da prisão e corre para casa para fazer amor com Marge. Achei que seria engraçado Homer agarrar Marge, levá-la para o quarto e depois cortar para os dois deitados na cama, olhando para o teto.

"Isso acontece, Homer. Especialmente considerando todo o estresse que você está passando", diz Marge.

Na minha cópia da escaleta, a palavra "carinhoso" está escrita em cima desse diálogo. Sam me instruiu a não fazer a cena para arrancar risadas. Alguém sugeriu que talvez Marge pudesse ler um poema que tinha escrito para Homer enquanto eles estavam deitados na cama. Amei a ideia.

A próxima cena era Homer se despedindo dos filhos e descendo as escadas. Quando chegamos à penúltima cena, onde Marge encontra o corpo curvado de Homer, Sam olhou as suas anotações.

— Espere, Jim tem uma ideia.

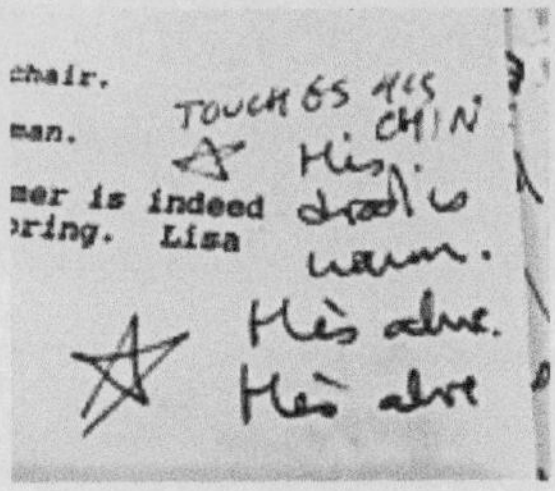

Transcrevi a sugestão exatamente como Sam a leu. Marge toca no queixo dele. "A baba dele está quente. Ele está vivo. Ele está vivo."

Essa é, de verdade, minha fala favorita no episódio inteiro. Hilária e pungente, é a cara de Jim Brooks.

Sam rejeitou a cena que eu tinha adicionado para explicar por que o *fugu* venenoso não tinha matado Homer. Disse que ninguém questionaria a sobrevivência dele. (Isso ainda me incomoda um pouco.) Também adicionei um final que unia todos os fios da história. Sam achou que funcionava bem e aprovou.

Esboço de roteirista

Armada com uma escaleta detalhada, costurei um roteiro. Sempre há descobertas pelo caminho. Adicionei: "voar de asa-delta" na lista de Homer.

> "Ah, Homer", diz Marge, "isso é perigoso demais."
>
> "Talvez eu deixe para o fim do dia", concorda ele.

Aceitei a sugestão de Sam para deixar o texto mais carinhoso. Além de escrever um poema para Marge, coloquei três *beats* rápidos de Homer parando no quarto de cada filho para um último olhar.

```
                    HOMER
Adeus, Maggie. Continue doce como você é.
                   (então)
Adeus, Lisa. Sei que me deixará orgulhoso.
                   (então)
Adeus, Bart. Gosto dos seus lençóis.
```

Mesa de leitura do esboço

Por ser freelancer, não participei do estágio seguinte, onde a equipe faz uma "mesa do roteiro". Isso significa passar página por página antes da mesa de leitura. Às vezes, os roteiros são completamente reformulados e os roteiristas terminam com um crédito de "Escrito por" em um episódio que mal reconhecem. Fiquei sabendo que "Todo mundo morre um dia" teve mais ou menos as mesmas alterações que um roteiro escrito por alguém da equipe.

As mudanças tornaram as cenas mais enérgicas. Bart e Lisa cantando "Mockingbird" virou Bart e Lisa cantando "Shaft", uma das sequências mais memoráveis do episódio. No começo, os censores da FOX não aprovaram a música por causa da letra, que diz: "Ele é um filho da — olha a boca!" Os produtores insistiram. Sam enviou uma fita de Isaac Hayes cantando "Shaft" no Oscar, e os censores cederam.

Apenas uma alteração me incomodou. A certo ponto, Homer oferece a Bart três frases que vão tornar a vida dele mais fácil. O roteiro final dizia: "Número um: 'Segura isso pra mim.' Número dois: 'Ah, boa ideia, patrão.' Número três: 'Já estava assim quando eu cheguei.'" Os fãs amam essa fala, mas ainda prefiro os três conselhos originais: "Número um, você vai acabar em um emprego horrível, mas, se puxar bastante o saco, pode tirar um dia de folga de vez em quando. Número dois, encontre uma mulher que o ame, mas pense duas vezes antes de ter filhos. Número três, não coma baiacu."

Esboço de produção (ou gravação)

George Takei foi escolhido como Akira Kurosawa, o garçom, e Larry King leu a passagem da Bíblia, adicionando algumas opiniões sobre esportes no fim. Al e Mike cuidaram do roteiro durante esse processo. Em desenhos animados, isso inclui gravar a dublagem, aprovar a animação (os esboços preliminares) e ajustar o roteiro e os desenhos a cada passo. "Todo mundo morre um dia" ficou longo e precisou ser cortado. Às vezes, faz mais sentido omitir uma cena inteira em vez de fazer cortes menores em tudo, pois isso pode levar a um roteiro picotado. Infelizmente, Homer procurando consolo com o reverendo Lovejoy não foi ao ar.

Episódio produzido

"Todo mundo morre um dia" estreou nos Estados Unidos em 24 de janeiro de 1991. Eu assisti ao episódio com a minha irmã Claire e o meu cunhado Rob e fiquei feliz de ver o produto finalizado. A maior surpresa veio bem no fim. Eu estava esperando o final que ia amarrar todas as ações de Homer, mas ele foi cortado por causa do tempo. Em vez disso, Homer declara: "Deste dia em diante, eu prometo viver tudo plenamente!" Esse anúncio é seguido por um corte para Homer sentado na poltrona, comendo e assistindo a boliche na TV. Não há diálogo. Só o som de um comentarista de boliche e da comida crocante. A nova última cena — criada por Al e Mike — foi um soco no estômago. Homer tinha encarado a morte... e não aprendera absolutamente nada. Naquele momento, todos nós nos tornamos Homer, olhando para um personagem de desenho animado que, por sua vez, está olhando para o boliche enquanto as nossas vidas passam.

A qualidade e a quantidade de material gerado pelos roteiristas dos *Simpsons* era impressionante. Eu podia ter escrito três versões diferentes da mesma história. E, ainda que Homer não tenha tirado lições da experiência dele, eu tirei uma da minha. No *Newhart*, tinham me dito para escrever "piada, piada, piada, piada". Trabalhar com Jim e Sam me ensinou que havia outra escolha: fazer uma cena pela emoção verdadeira. Aqui está uma comparação do poema de Marge no meu esboço de roteirista (à esquerda) e o diálogo que foi ao ar.

```
MARGE
As nuvens negras se
aproximam
Logo a chuva cairá
Meu bem-amado partirá
Mas, primeiro, ouve
este lamento
Este pranto repleto
encantador
Lá-lá-lá-lá-lá-lá-lá
Desculpe, não tive
tempo
de terminar o soneto
```

```
MARGE
As nuvens negras se
aproximam
Logo a chuva cairá
Meu bem-amado partirá
Mas, primeiro, ouve este
lamento
Este pranto repleto
encantador
Meu único eterno e
verdadeiro amor
```

Às vezes, carinhoso e sincero é melhor que sarcástico. Não compreendi isso até ouvir a voz solene de Julie Kavner lendo o poema de Marge. Quando ela chegou à última frase, eu não ri, mas fiquei com os olhos marejados. De repente, era profundamente importante para mim se um personagem de desenho animado ia viver ou morrer. E essa reação é bem mais complexa e interessante.

Com a permissão de *Os Simpsons*, aqui está o final perdido de "Todo mundo morre um dia":

INT. CASA DOS SIMPSONS – SALA – NAQUELA TARDE

HOMER ESTÁ NO SOFÁ, BEBENDO UMA DUFF E ASSISTINDO A UMA QUEDA DE BRAÇO NA TV. PARECE BASTANTE SATISFEITO. MARGE SE APROXIMA CARREGANDO MAGGIE E VÁRIOS PEDAÇOS DE PAPEL COR-DE-ROSA COM RECADOS.

MARGE

Homer, o telefone está tocando sem parar. (ENTREGA OS RECADOS A ELE) A polícia mudou a data do seu julgamento…

HOMER

Ahhh.

MARGE

A empresa de reboque está com seu carro…

HOMER

Barney!

MARGE

Seu pai diz que quer empinar pipas com você…

HOMER

Ah, sim.

MARGE

E o seu chefe quer ver você amanhã de manhã bem cedo.

HOMER

Ah, não.

BART COLOCA A CABEÇA PELA PORTA.

BART

Ei, pai, o sr. Flanders me pediu para perguntar: "Onde estão as costeletazinhas?"

HOMER

(ENTREDENTES) Ainda é muito bom estar vivo.

FIM

CAPÍTULO 7

Encontro com a grandeza: trabalhando com Letterman

Os dez acampamentos de férias menos populares

10. Acampamento Carrapato na linda cidade de Lyme, Connecticut

— Minha primeira piada no quadro Top 10, que foi ao ar no dia 12 de julho de 1990

EM JUNHO DE 1990, EU ESTAVA COMEÇANDO A SENTIR QUE O meu lugar era Hollywood. Sabia dirigir nas rodovias e já tinha feito o *ménage à trois* obrigatório com Warren Beatty. Tudo bem, estou exagerando. Mas de fato jantei com Warren e mais um cara. Infelizmente, não posso confirmar que Warren seja um amante nota dez, mas posso confirmar que ele é um parceiro nota dez.

Conheci um cara que fazia pesquisas de intenção de voto, Pat Caddell, em uma festa onde tivemos uma conversa agradável, e ele pediu meu telefone usando a cantada mais esquisita que já tinha ouvido:

— A gente podia jantar uma noite dessas. Eu levo o Warren Beatty.

Esquisita, mas eficaz. Combinamos de jantar em um restaurante escuro em Brentwood. Pat chegou sozinho e explicou que Warren estava preso na pós-produção de *Dick Tracy*. Ah, o velho truque da propaganda enganosa. Não tinha problema. Eu sempre podia conversar sobre política com Pat, que ficara famoso por ajudar Jimmy Carter a se tornar presidente. Pat e eu estávamos no meio do jantar quando, de repente… *ele* chegou ao restaurante como se estivesse entrando em um iate.

Warren Beatty, em carne e osso, caminhou até a nossa mesa e se sentou. Pediu desculpas por estar atrasado e fez algo que me surpreendeu. Em vez de começar um monólogo sobre a própria vida, passou a fazer perguntas sobre a minha. Queria saber tudo sobre a revista *SPY*. Kurt e Graydon eram legais? Ele inclusive fazia mais perguntas depois das minhas respostas, o que significava que estava escutando. Não era à toa que as mulheres ficavam caidinhas por ele.

No dia seguinte, liguei para a minha mãe.

— Adivinha com quem jantei ontem? — perguntei, fazendo uma pausa de efeito. — Com Warren Beatty.

— Não vá transar com ele! — ralhou minha mãe em um tom que eu nunca tinha ouvido antes.

— Não se preocupe, mãe. Não vai rolar. — Meu raciocínio era menos moral e mais realista. — Ele está namorando a Madonna.

Naquela época, não tinha muita coisa acontecendo na minha vida pessoal. Um relacionamento a distância com um cara legal em Nova York desmoronou durante o meu tempo no *Newhart*. Pensei em voltar para a costa Leste e retomar o romance. Impulsivamente, mandei mais material para Steve O'Donnell, roteirista-chefe do *Late Night with David Letterman*. Cheguei a incluir um pequeno brinquedo japonês no envelope, usando o mesmo truque das instituições beneficentes que mandam uma moeda para você abrir as cartas delas.

Não tive notícias, então aceitei um emprego em uma série de comédia nova chamada *Married People*. Criada por Robert Sternin e Prudence Fraser, a série girava ao redor de três casais (recém-casados, pais recentes e avós) que moravam em andares diferentes de uma casa. Eu ainda estava me ambientando quando, no início da segunda semana, Steve O'Donnell me ligou. Tinha recebido o meu material e havia uma vaga. Será que eu podia ir conversar com Dave?

Fiquei em choque. O *Late Night* era conhecido por ter apenas roteiristas homens — ao estilo da revista *Harvard Lampoon*, mas mesmo assim. Nesse ponto, Merrill Markoe era a única mulher que já tinha trabalhado na equipe de roteiristas. Brilhantemente sarcástica e criativa, Merrill atuou como roteirista-chefe nos primeiros anos e é creditada como cocriadora do programa.

— Sabe qual é a diferença entre Johnny Carson e David Letterman? — perguntou Merrill certa vez, brincando. — Eu.

Merrill e Dave também eram um casal, mas após sete anos e quatro Emmys, ela se afastou tanto do trabalho quanto do relacionamento. Nenhuma outra roteirista fora contratada desde então. Liguei para Gavin, animada por ter uma chance de entrar na equipe do *Late Night*. Ele não conseguia compreender por que eu contemplaria sair de uma série de comédia de horário nobre para um talk show noturno.

— Todo mundo quer fazer o caminho inverso — explicou.

— Eu sei. Mas quero escrever para o homem mais engraçado da televisão.

Tirei folga do *Married People* na sexta-feira e voei para a costa Leste. Minha primeira reunião foi com Steve, em cujo escritório havia papel empilhado em todas as superfícies e até caindo no chão. Eu mesma não sou organizada, e a bagunça me tranquilizou. Além disso, Steve é uma das pessoas mais afáveis e inteligentes do mundo. Falei com carinho do seu irmão gêmeo tão esperto quanto ele, Mark, que desenhava quadrinhos para a *SPY* (e escrevia romances e peças, incluindo o livreto de *Hairspray*, que ganhou um Tony). Steve me acompanhou até o escritório de Dave no fim do corredor e me deixou nas mãos de uma assistente. Foi aí que percebi que faria uma reunião só com Dave.

Eu tinha visto fotos do escritório em revistas, e a primeira coisa que fiz foi olhar para cima procurando os lápis que ele notoriamente jogava no teto de espuma acústica. Durante o resto da entrevista, os lápis pairaram sobre mim como pequenas espadas de Dâmocles. Dave estava sentado atrás da sua escrivaninha, vestindo moletom e segurando uma bola de futebol americano. Eu tinha preparado algumas piadas, mas o meu trabalho principal era transmitir que eu podia me adaptar ali. Mencionei a minha experiência como repórter esportiva. Falamos sobre os nossos times favoritos enquanto Dave jogava a bola no ar. Quando uma funcionária entrou, ele atirou a bola nela sem aviso. Ela pegou.

Depois de pouco tempo, Dave sinalizou que a entrevista tinha acabado.

— Obrigado por vir — disse, levantando-se.

A entrevista parecia ter ido bem. Eu não tinha assustado Dave com nenhum movimento brusco. No fim daquele dia, Gavin ligou. Ele parecia bravo.

— Parabéns. Você conseguiu o emprego. Agora, recuse.

Gritei de alegria.

Gavin falou que eu estava louca. Nesse emprego, meu salário sofreria uma redução de 75 por cento e, por extensão, o salário dele também. Respondi que era o emprego dos meus sonhos. Ele me lembrou de que eu já tinha um emprego e um contrato de dois anos que os meus chefes podiam não me deixar quebrar. Voltei a Los Angeles e conversei com os showrunners do *Married People*. Disse que tinha uma oportunidade de escrever para Letterman, e eles tiveram a reação que o meu agente não teve.

— Você tem que aceitar!

Mudei de volta para a minha quitinete alugada na esquina da rua 57 com a Oitava Avenida, a uma curta distância a pé dos escritórios do *Late Night*, no prédio 30 Rock. Na véspera do meu primeiro dia, abri o armário para encontrar algo para vestir. Depois de experimentar uma dezena de roupas, decidi por uma Levi's, uma camisa monocromática e sapatos Oxford de verniz brilhante da Fiorucci. As pessoas dizem "Vista-se para o emprego que você quer ter" e, como eu queria um emprego que era para homens, me vesti como um.

Caminhando para o trabalho na manhã seguinte, senti uma mescla de animação e orgulho. Só mais tarde eu aprenderia o que a jornalista Alexandra Petri expressou perfeitamente neste tuíte: "Queria poder chacoalhar minha eu mais nova e falar: 'Se você é a única mulher na sala, não é porque você é melhor. É porque tem algo errado.'"

Hoje, compreendo alguns fatores que me ajudaram a passar pelos portões. Estudos mostram que os homens são promovidos com base no potencial, e as mulheres, na experiência. O *Late Night* era o primeiro emprego na TV para a maioria dos roteiristas homens. Eu já tinha acumulado créditos em cinco seriados, incluindo *Os Simpsons*. Tinha provado o meu valor a ponto de o *Late Night* estar disposto a "apostar" em mim. Em segundo lugar, eu "me encaixava na cultura" — uma estratégia de contratação popular e falha que considera o histórico de um candidato, além das suas habilidades. Alguém que se encaixe na cultura pode entrar com facilidade em uma equipe existente. Também é uma ótima forma de manter esquisitões de fora. A sala de roteiristas do *Late Night* estava cheia de homens cisgênero, brancos, com diplomas universitários, que gostavam de esportes e sempre estavam a fim de pizza. Vasculhei as minhas credenciais. Diploma de Harvard? Sim. Hétero? Sim. Fã de esportes? Sim. A fim de pizza? Sim. Pênis? Bom, eu já tinha tido muitos.

Não há dúvidas de que o meu histórico de privilégios e a cor da minha pele me ajudaram a conseguir o emprego. Anos depois, trabalhei em uma série de comédia que teve vida curta, com o incrivelmente talentoso Larry Wilmore. Um dia, Larry e eu discutimos de maneira amigável sobre quem tinha mais dificuldades em salas de roteiristas de TV: mulheres ou negros. Você provavelmente pode adivinhar quem defendeu qual lado. Larry e eu argumentamos até chegar a um impasse. Concordamos, porém, em uma coisa: mulheres negras são as que mais sofrem.

Hoje, eu concordaria com Larry que, pelo menos no *Letterman*, era preferível ser uma mulher branca. O programa durou de 1982 a 2015, e a sala dos roteiristas nunca teve uma pessoa negra.

Naquela primeira manhã, cheguei cedo ao trabalho e me acomodei no meu escritório, que ficava localizado no corredor principal, em frente à sala de xerox. Havia uma pilha de jornais na escrivaninha — *The New York Times, Daily News, New York Post* —, as ferramentas de um roteirista de piadas sobre atualidades. Outros escritores começaram a passar em frente à minha porta. A maioria acenava e seguia em frente. Um deles parou para se apresentar e conversar sobre amigos em comum. Pareceu tudo amigável até um pouco antes de ele ir embora, quando fez uma previsão incomum:

— Antes de você ir embora — disse ele, enfaticamente —, vou ver um absorvente cair da sua bolsa.

Senti-me estranhamente abalada enquanto ele ia embora. Durante anos, quando repeti essa história, amigos em geral regiram com confusão:

— Por que ele disse isso?

Eu não fazia ideia... até mais ou menos vinte anos depois, quando eu estava trabalhando no livro *Faça acontecer* e aprendi sobre "ameaça do estereótipo". Acontece que, quando membros de um grupo ficam conscientes de um estereótipo negativo, têm mais probabilidade de se conformar a esse estereótipo. Por exemplo, nossa cultura perpetua o mito de que garotas não são boas em matemática, então, quando precisam marcar um quadradinho de M ou F antes de uma prova de matemática, as garotas vão se sair pior. O simples fato de lembrá-las de que são garotas cria uma ansiedade que atrapalha o processo cognitivo. Nossa cultura também perpetua o mito de que as mulheres não são engraçadas. Talvez isso explique por que aquele roteirista fez questão de me lembrar do meu gênero no primeiro dia. Se estivesse simplesmente tentando me chocar, ele podia ter dito: "Antes de você ir embora, vou ouvir você peidar". É a mesma construção de piada (ou seja, no futuro, alguma função corporal vai me causar vergonha), mas sem especificação de gênero. Não acho que ele agiu de forma consciente, mas, ao mencionar um absorvente, me destacou pelo que eu tinha de diferente.

Em um gesto mais hospitaleiro, alguém da equipe de produção passou no meu escritório para me dar um presente de boas-vindas: uma camisa de beisebol do *Late Night*, listrada e com aparência vintage, feita de flanela de lã áspera. A camisa tinha um "8" na frente e atrás, comemorando a oitava temporada. Experimentei e ela chegou até o meio das minhas coxas. A maioria das jaquetas e camisetas de programas ficam largas em mim. Sempre me dão o tamanho P, mas em geral é P masculino.

Camisa de beisebol da oitava temporada do *Late Night*

Dave também parou na minha porta para me cumprimentar. Na verdade, eu conseguia ver o chefe de relance quase todos os dias quando ele passava em frente ao meu escritório mais ou menos às 10h50. Caminhava com agilidade, como alguém que estivesse tentando correr para dentro de casa em uma tempestade. Naqueles dias, Dave quase nunca pisava na sala dos roteiristas, preferindo ouvir sugestões pelo telefone enquanto voltava de carro para casa. Os roteiristas geravam ideias durante o dia e, depois, de noite, havia uma pausa para a gravação. Após o programa, Dave voltava ao escritório para uma análise retrospectiva. Esperávamos até vê-lo passar rapidamente em frente à sala dos redatores, olhando para a frente para evitar contato visual. Cerca de sete minutos depois, Steve juntava os papéis e dizia:

— Bom, acho que vou ligar para Dave.

Mesmo essa interação mínima foi reduzida quando o programa mudou de emissora em 1993 e foi relocado para o Ed Sullivan Theater. Nos novos escritórios, Dave e os roteiristas não ficavam mais no mesmo andar. No início, uma porta de vidro de segurança no conjunto de salas dos executivos exigia um cartão de acesso, mas, como supostamente Dave vivia esquecendo o seu, eles trocaram para um sistema de reconhecimento de digital. Na CBS, as relações entre o apresentador e os roteiristas ficaram ainda mais distantes. Um estagiário das antigas me disse que, certa vez, Dave o despachou para devolver aos roteiristas sugestões para a lista de "Top 10" com a mensagem: "Tipo isso. Só que engraçado."

Apesar das táticas de bullying, todos no escritório ansiavam por agradá-lo. Isso estava praticamente na descrição da vaga, que se resumia a "fazer Dave feliz". Quando se está trabalhando tão duro para agradar uma única pessoa, aquilo começa a parecer uma paixão, e as mulheres — e os homens — que trabalhavam no programa se apaixonavam rotineiramente pelo chefe.

Desde que se aposentou, Dave deixou crescer uma longa barba branca e está com a aparência de que mora em uma ilha deserta. Porém, naquela época, ele fazia o ar de desprezo parecer sexy. Dave era uma mistura de um antigo cavalheiro do Meio-Oeste com um sujeito desbocado de Nova York, e o resultado era irresistível. Estrelas de cinema se jogavam em cima dele. Julia Roberts e Drew Barrymore flertavam abertamente com ele ao vivo. Nos bastidores, uma atriz loira lindíssima, vencedora de um Emmy, certa vez reclamou para uma produtora do *Late Night*:

— Por que o Dave não quer me comer?

Ele também atraía mulheres desconhecidas e intelectuais. Uma amiga que trabalhava em uma editora de livros me implorou para conseguir um encontro com o meu então chefe.

— Ele parece tão infeliz no programa — disse ela. — Mas eu acho que poderia fazê-lo feliz. A gente ia se divertir!

A total confiança da minha amiga de que seria capaz de acalmar as ansiedades de Dave me levou a cunhar um provérbio: "Uma mulher que acha que seria divertido namorar Letterman é uma mulher que não sabe nada sobre o show business."

Essa indústria atrai artistas movidos pela necessidade de atenção, pela necessidade de elogios, pela necessidade de aprovação... pela necessidade... pela necessidade... Está vendo o padrão? O processo criativo muitas vezes ocorre em meio a uma ansiedade sem fim e, quando o mundo aplaude o resultado, isso alivia a ansiedade. Por um tempinho. Mas aí, a necessidade volta; às vezes, até maior. O superpoder de Letterman era conseguir manter a sua insegurança neurótica frente ao sucesso descomunal. Aquilo não fazia o menor sentido para mim. Ele era consistentemente engraçado e o melhor entrevistador dos talk shows da madrugada. No entanto, a percepção dele parecia ser de que todas as piadas iam mal e que todos os programas eram fracos. Em uma sexta-feira, Dave terminou de gravar o que achei ser uma hora de televisão ótima e divertida — um começo perfeito para um fim de semana. Alguns minutos depois, ouvi Dave irromper do elevador para o escritório.

— Você sabe o que vou fazer? — gritou ele. — Vou para Connecticut, trancar todas as portas e janelas e encher a minha casa de meleca de nariz!

Outra vez, ficou tão abalado que, durante a análise do show, enfileirou um grupo de produtores e membros da equipe. Colocou-se na frente da fila e anunciou que queria que cada um batesse nele. Ninguém queria bater no chefe, mas, aparentemente, ele insistiu. Foi andando pela fila, parando em frente a cada membro da equipe e os encorajando enquanto davam socos incertos no ombro dele:

— Mais forte. Não, *mais forte*!

Essa história captura com perfeição a reviravolta particular de Dave na dinâmica de poder: ele é o valentão que *obriga* você a socá-lo.

Muitas vezes, a verdade é a melhor base da comédia, por isso adotei o conceito "Dave é um bully" em vários esquetes que escrevi. Em uma peça do segmento Viewer Mail, em que o apresentador lia as correspondências dos telespectadores, fiz Dave segurar uma lupa em cima de uma pessoa minúscula tomando sol em um cenário em miniatura da cidade de Nova York até a pessoa explodir em chamas. Outra carta perguntava: "Quantos pares de óculos Paul Shaffer tem?" Dave responde que Paul, na verdade, usa um par de óculos novo toda noite. Ele atormenta Paul para explicar o motivo disso para a plateia, mas Paul está relutante. Dave então pede para

Hal Gurnee (o diretor) rodar um vídeo "falso" de explicação. Cortamos para um segmento pré-gravado de Paul saindo para um corredor onde Dave está esperando, com a jaqueta pendurada no ombro.

"Ora, ora, ora, veja só quem está aqui. Se não é Paul Shaffer", diz ele, ameaçador.

Dave começa a ameaçar Paul para arrancar dinheiro dele. Paul jura que não tem nada, então Letterman o agride, enfiando a cara dele na parede. Quando Paul se vira, seus óculos estão destroçados. Dave olha e ri enquanto Paul balança a cabeça e murmura: "Parece que isso acontece todo dia."

Embora convencesse como atormentador na TV, ele sempre foi legal comigo. Às vezes, enquanto corria para o escritório pela manhã, ele diminuía o ritmo e parava em frente à minha porta.

— E aí? Precisa de alguma coisa? Quer um pouco de sopa?

Uma vez, Dave passou lá para me avisar que uma das minhas sugestões para o Top 10 o surpreendera. Eu ansiava pelas ocasiões em que ele passava lá, até que, um dia, na sala dos roteiristas, encontramos uma ideia oportuna para o momento. Alguns roteiristas queriam que Steve a sugerisse para Letterman naquele momento, para podemos seguir com a premissa na mesma noite. Steve pareceu relutante. Preferia esperar e ligar quando Dave estivesse no carro.

— Ou — disse ele — talvez Nell pudesse sugerir a ideia na próxima vez que Dave passar no escritório dela.

Fiquei envergonhada por ter sido exposta. Foi apenas um comentário espontâneo, mas entendi como uma insinuação de que estava criando uma relação nada profissional com o chefe. Minha reação foi começar a fechar a porta do escritório às 10h30, para que, quando Dave passasse, não tivesse motivo para parar.

Minha hipersensibilidade provavelmente vinha da experiência que passei com Stafford. Eu tinha um desgosto profundo por colegas que borravam os limites entre o pessoal e o profissional, e os limites estavam sendo borrados a torto e a direito no *Late Night*. Para mim, o escritório lembrava Versalhes. Era uma mistura de intriga palaciana com fofocas, alianças em constante mudança e casos sexuais. Dave reinava supremo, desfrutando dos direitos e privilégios de um monarca. Foi admirável da minha parte fechar a porta do escritório para remover qualquer aparência de indecência... e também incrivelmente estúpido. Eu impedi a mim mesma de ter acesso direto ao rei.

Como muitos, tentei ignorar a intriga e focar no trabalho. Isso trazia frustrações próprias. Os roteiristas submetiam esquetes colocando-os por baixo da porta de Steve, o que explicava os papéis que vi no chão do escritório dele. Meses se passavam sem uma reação. Entrei no programa em julho e, na minha primeira semana, escrevi um roteiro para um trailer pré-gravado de um blockbuster de verão: *Late Night: The Movie.* O esquete trazia Dave como astro de ação sendo perseguido por bolas de fogo pelos corredores do 30 Rock enquanto falava o seu bordão: "Ah, cara, dá para acreditar nisso?" O trailer também estrelava Michael Douglas como "Morty", Denzel Washington como "líder da banda Paul Shaffer" e Glenn Close como "a adorável assistente Rose que trairia todos eles". Nunca recebi resposta, nem sim, nem não. O verão virou outono e um trailer de filme de ação não fazia mais sentido.

Eu contribuía de todas as formas possíveis. Para gratificação imediata, sempre havia a lista "Top 10". Uma emoção maior era quando Dave incluía piadas escritas por mim no seu monólogo. Uma delas começava com Dave reclamando que a mãe dele tinha limpado o sótão e jogado um monte de coisas fora, mas que havia "umas coisas valiosas lá". A plateia imaginava Dave sentindo falta dos seus quadrinhos da Era de Ouro ou dos seus cartões de beisebol e aí ele terminava com: "Eu falei: 'Mãe, você precisava ter jogado fora a minha coleção de Krugerrands?"

Objeto cênico do Viewer Mail

Eu adorava as quintas-feiras, porque fazíamos o Viewer Mail. Em uma semana, um telespectador notou que Dave parecia ter "um ar extra de alegria". Criei uma nova colônia para ele anunciar: "Tire a rolha da garrafa e liberte a colegial sorridente que existe em você! 'Giddiness', de Dave Letterman, disponível nas melhores perfumarias. Da Prince Matchabelli."

Um esquete mais elaborado envolvia uma pré-gravação de Paul ganhando um People's Choice Awards na categoria "Celebridade com quem você menos gostaria de jantar". Pude sentar atrás de Paul na minha única aparição durante o *Late Night*.

Em outubro, Steve me avisou que o show ia renovar o meu contrato. Ao contrário de em *Newhart*, eu não estava preocupada. A maior estabilidade no trabalho significava que eu podia sair da quitinete em que estava morando desde o meu divórcio. Encontrei um aluguel de um quarto nos fundos de um prédio art déco no Central Park West e assinei um contrato de dois anos.

Eu, no canto superior esquerdo, aparecendo em um esquete do Viewer Mail, com Paul Shaffer

Naquela noite, não consegui dormir. A ideia de passar mais tempo no *Late Night* me deixava desconfortável. Eu não conseguia identificar exatamente o problema, mas o processo criativo do programa era bastante ineficaz e o clima geral era de infelicidade. Não era uma percepção só minha. Anos depois, Dave cumprimentou um novo roteirista dizendo:

— Este trabalho é horrível, mas vai ser bom para o seu currículo.

Eu estivera tão preocupada em me adaptar ao *Late Night* que não tinha parado para pensar se o *Late Night* se adaptava a mim. Muita gente talentosa — homens e mulheres — conseguiu se tornar cidadã permanente do que um produtor chamava de "Loucolândia", mas eu não me via prosperando ali. Cerca de cinco meses depois de conseguir o meu emprego dos sonhos, decidi pedir demissão. Só queria ter chegado a essa conclusão antes de assinar o contrato do novo apartamento.

Depois de dar o meu aviso prévio, fui chamada no escritório de Dave.

— Ouvi dizer que está saindo — disse Dave. — Parece que acabou de chegar, então, queria saber por quê.

Considerei desabafar, mas não vi vantagem nisso. Só uma idiota reclamaria para o dono de uma loja de rosquinhas que as rosquinhas dele não são saudáveis. Além do mais, a porta do escritório de Dave estava aberta e a assistente dele, uma das suas supostas amantes, podia ouvir.

Amostras de dois envios para a lista dos Top 10

Top 10 maneiras de saber que o seu médico é ruim (25/10/1990)

- Ele aposta cinco pratas com você de que são dois fígados e um rim
- O diploma dele também é uma permissão para ser motorista de táxi
- Enquanto escreve receitas, ele diz: "Uma para você e outra para mim..."
- Ele usa uma luva de borracha na cabeça (ah, não, é assim que se reconhece um comediante ruim)
- Quando você pronuncia errado o nome dele, ele avisa que "Mengele" tem um g com som de guê
- Ele obriga você a fazer o seu próprio exame pélvico enquanto ele assiste
- Ela conta com uma risadinha que era aeromoça até conhecer o marido, o reitor da Faculdade de Medicina de Yale
- Ele insiste em segurar o copo de coleta

Top 10 maneiras pelas quais o McDonald's está ficando mais saudável (25/07/1990)

- Saladas mais frescas, menos franco-atiradores
- Reduziu a radiação emitida pelos Arcos Dourados
- Demitiu todos os leprosos da equipe
- Menos sebo de cavalo no sebo de carne bovina
- Acabou a promoção combinada com *Henry: retrato de um assassino*
- O molho especial agora é usado para o seu propósito original de matar insetos
- Clientes são instruídos a remover o papelão da torta de maçã *antes* de comer
- Funcionários são encorajados a usar Kleenex em vez de pão de hambúrguer

Imaginei que quaisquer reclamações que eu fizesse seriam repetidas e usadas contra mim.

— Sinto falta de Los Angeles. — Dei de ombros.

— Pode voltar quando quiser — garantiu Dave.

Fiquei radiante. Como todo mundo, eu queria a aprovação do rei.

E eu nem tenho o recorde de roteirista que se demitiu mais rápido do programa. Outro roteirista ficou tão frustrado que saiu antes do fim do seu primeiro ciclo. Ao contrário de mim, em teoria ele não se segurou e falou um monte para Dave antes de ir embora. Depois, os dois fizeram as pazes e Louis C.K. retornou ao programa.

A cultura do *Late Night* me caía tão bem quanto aquela camisa de beisebol áspera e grande demais que me deram no primeiro dia. Certa vez, eu a levei a um alfaiate para ver se era possível fazer uma barra. Ele balançou a cabeça e me informou que "o tecido grosso não se prestava a alterações". Agora, ela está pendurada no meu armário, uma metáfora perfeita.

No meu último dia no *Late Night*, escrevi as minhas últimas piadas do Top 10 e guardei todo o escritório em uma caixinha. Só havia uma última questão para fechar o ciclo: enquanto eu me despedia de alguns roteiristas, um absorvente caiu do meu bolso. O roteirista que tinha previsto que isso ia acontecer no meu primeiro dia estava lá para testemunhar aquilo. Olhamos um para o outro embasbacados. É, ele tinha acertado. Nós rimos.

Talvez porque eu já estivesse de saída, não senti vergonha. Não havia como negar que eu era uma mulher. E, na verdade, ser mulher significava que eu tinha que trabalhar mais e ser mais dura. Como diz o ditado: Ginger Rogers fazia tudo que Fred Astaire fazia, só que de costas e salto alto… e enquanto sangrava pela vagina cinco dias por mês.

CAPÍTULO 8

O encontro fofo

Às vezes, eu entro no meu mundinho. Não tem problema, as pessoas de lá me conhecem.

— Joel Hodgson

A MAIORIA DAS COMÉDIAS ROMÂNTICAS COMEÇA COM UM "encontro fofo". Em um café, um homem e uma mulher pegam o mesmo *latte* escrito "Alex"... e os olhares deles se encontram. Na sala de espera de um veterinário, um cachorro late para um gato, forçando os donos a apartar a briga... e os olhares deles se encontram. Encontros fofos são bregas, mas, às vezes, a vida imita a arte brega.

Depois de pedir demissão do *Late Night*, voltei de vez para Los Angeles. Gavin achou que podia demorar um tempo para eu voltar às sitcoms, mas a gênia da comédia Robin Schiff (que mais tarde escreveu o roteiro de *Romy e Michele*) surgiu em um cavalo branco. Robin tinha lido o que escrevi para *Os Simpsons* e me contratou para adaptar o roteiro, valorizando as piadas (algo chamado no meio de *punch up*), durante a gravação, em janeiro de 1991, de *Princesses*, um piloto que ela coescreveu com Barry Kemp e Mark Ganzel. Três semanas de trabalho viraram dois anos depois de Barry me oferecer um emprego de coprodutora na sitcom de sucesso *Coach*, que ele criou sozinho e que estrelava Craig T. Nelson como um técnico de futebol universitário cheio de problemas. A série passava depois de *Roseanne*, e regularmente terminava entre as dez mais vistas. *Married People*, o seriado em que eu trabalhava antes de voltar para Nova York, só durou dezoito episódios. Sem ter a intenção, meu desvio para os programas noturnos tinha me colocado em um caminho mais bem-sucedido.

O protagonista de *Coach*, Craig T. Nelson, em torno de 1991

Durante o meu segundo ano em *Coach*, meu amigo Pat Whitney me convidou para uma "festa divertida". Veja bem, para mim, uma "festa divertida" é uma contradição em termos. Sei que muita gente compartilha do meu medo de interação social, mas a diferença é que, quando os outros dizem: "Sou horrível em festas", os amigos dessas pessoas respondem: "O quê? Não! Você é ótimo." Quando eu digo: "Sou terrível em festas", meus amigos respondem: "E aí, que séries você anda assistindo na TV ultimamente?"

Sou um fracasso no quesito diversão. Não bebo. Não fumo. Não gosto de conversinha. Também não gosto da música alta que abafa a conversinha. Fico preocupada de esquecer nomes ou cometer uma gafe. Quando cometo, fico arrependida por dias. Assim, acabo sozinha nas festas e como muita batata frita, o que também me deixa arrependida por dias. Mesmo assim, eu queria muito ver Pat, e ele queria ir naquela festa, então fui junto.

Logo que entramos no loft em Hollywood, percebi que aquela reunião estava muito acima do meu nível de diversão. Reconheci um monte de atores descolados e engraçados, como Janeane Garofalo e o anfitrião Mark Fite. Pat se enturmou na mesma hora, enquanto eu fiquei de lado, comendo batata frita. Depois de consumir uma quantidade lastimável, fui procurar algo para beber.

Não tinha ninguém na cozinha minúscula. A geladeira estava cheia de cerveja e a revirei em busca de um refrigerante. Encontrei um lá no fundo e estava prestes a fechar a porta quando...

— Ei, você está vendo alguma cerveja por aí? — falou uma voz masculina arrastada, atrás de mim.

— Praticamente *só* tem cerveja aqui — respondi.

Dei um passo para o lado e o cara manobrou ao meu redor. Ele pegou uma cerveja, fechou a geladeira, virou-se... e os nossos olhos se encontraram. Senti uma descarga de energia. Meu Deus do céu, eu estava tendo um encontro fofo! Não era dramático como Sandra Bullock salvando Peter Gallagher de ser atropelado por um trem em *Enquanto você dormia*. Mas, por outro lado, o cara não estava em coma.

Ficamos de conversinha, o que, de repente, não me pareceu tão ruim. Seu sotaque do Meio-Oeste parecia familiar, mas eu não conseguia saber exatamente de onde.

— Meu nome é Joel — disse ele, esticando a mão.

A ficha caiu. Eu estava conversando com Joel Hodgson, criador e protagonista de *Mystery Science Theater 3000*, uma série hilária vencedora do Peabody Award. A premissa de *MST3K* é: dois cientistas malucos sequestram um cara comum (vestindo um macacão vermelho) e o enviam ao espaço, onde o forçam a assistir filmes B. Para aplacar a solidão, Joel constrói um monte de robôs falantes a partir de peças sobressalentes. A maior parte de um episódio era composta por Joel e dois robôs em silhueta assistindo a filmes ruins enquanto faziam piadas. O resultado era um dos programas mais originais e baratos, com a maior taxa de piadas por minuto da TV.

Eu esperava que Joel voltasse logo para o pessoal descolado na sala, mas, em vez disso, ele continuou ali, bebericando a cerveja. Ele disse que tinha se mudado de Mineápolis há pouco tempo. Vasculhei o meu cérebro em busca de qualquer conexão pessoal que eu tivesse com o Meio-Oeste e falei que estava trabalhando em uma série de TV que *se passava* em Minnesota. Ridículo. Mas, por acaso, Joel era fã de *Coach*. Antes de ele voltar à festa, trocamos telefones.

No dia seguinte, Joel ligou. *Antes do meio-dia*. Eu já amava aquele cara por não me fazer sofrer. Marcamos de nos encontrar para um café em um restaurante Du-par mais tarde naquele dia. Nós dois morávamos em Studio City e, como a geografia é o maior fator determinante de se uma amizade vai durar em Los Angeles, pulamos com facilidade esse primeiro obstáculo.

Passar tempo com Joel era bem fácil. Embora os nossos históricos fossem muito diferentes, tínhamos interesses em comum. Sentávamos lado a lado no sofá dele, folheando os cadernos de rascunho e falando sobre ideias para séries e filmes. Íamos a The Magic Castle, o clube exclusivo para membros da Academy of Magical Arts onde Joel às vezes se apresentava. (Eu não sei o que me atrai em mágicos, mas admito: sou uma "maria-magia".) Íamos ao Silent Movie Theatre, em Fairfax, e depois jantávamos no Canter's Deli. Nossas noites pareciam encontros, mas não havia nada acontecendo fisicamente entre nós, nem um leve roçar de mãos ao pegar o balde de pipoca. Joel nunca mencionou uma namorada, mas, algumas vezes, falava de uma ex-namorada. Não me lembro do que ele dizia porque o meu cérebro estava ocupado demais gritando: "Ele é hétero! Ele é hétero!"

Tentei agir com naturalidade. Não queria pressionar porque talvez Joel quisesse ir com calma. Por fim, certa noite, tarde, depois de um show de comédia, Joel me levou de carro para casa. Eu estava alugando uma casinha no fim de uma rua sem saída, então ele se ofereceu para andar comigo até a porta. Subimos os degraus da entrada e conversamos na porta com a tensão crescendo. Alguma coisa ia acontecer. Alguma coisa física. Nós dois sentíamos que era o momento.

— Bem, boa noite — disse ele. E esticou a mão para eu apertar.

Fiquei paralisada. Não sabia o que fazer, então apertei a mão.

— Foi um prazer conhecer você — falei.

Minha naturalidade limitada foi embora. Comecei a tagarelar sobre como eu esperava que aquilo fosse mais que uma amizade, mas que não parecia estar indo naquela direção e será que essa possibilidade existia, porque eu achava que ele era um cara incrível. Em uma comédia romântica, essa seria a deixa de Joel para calar a minha boca me beijando.

Em vez disso, ele declarou:

— Preciso conversar com você sobre isso.

Nada de bom vem depois dessas palavras. Nunca é: "Preciso conversar com você sobre isso... porque quero passar o resto da minha vida com você!"

Aquela noite não foi exceção. Joel explicou que estava saindo com uma comediante/atriz britânica e, por diversos motivos, os dois estavam mantendo o relacionamento em segredo. Por causa da distância, ele não sabia como as coisas iam ficar, mas estavam comprometidos a tentar.

— Quero que vocês se conheçam. Acho que iam gostar muito uma da outra.

Assenti. Como já tínhamos apertado as mãos, dei um tchau rápido e entrei em casa. Ser rejeitada doeu. Voltei à adolescência, soluçando com a minha amiga Lisa Cetlin e dizendo:

— Mas eu gostava *de verdade* dele.

Também fiquei preocupada que a minha declaração descarada de desejo acabasse com a amizade que havia entre nós. Será que agora seria esquisito passar tempo junto com ele? Fui dormir me sentindo sozinha e infeliz.

Na manhã seguinte, o telefone tocou e ouvi uma melodia familiar do Meio-Oeste.

— Oi, Nell. É Joel.

Fiquei *tão* feliz de ouvir a voz dele! Ele perguntou se podia passar lá em casa. Eu respondi: "Claro." Pouco tempo depois, Joel entrou pela minha porta e me entregou um envelope de papel-pardo.

— Aqui — falou. — Fiz isso para você.

Abri o envelope e tirei uma obra de arte de dentro dele.

Arte de Joel Hodgson

Meu coração derreteu. As cores desbotaram nos últimos 25 anos, mas o gesto doce e colorido de amizade de Joel ainda está emoldurado no meu escritório.

Joel perguntou se eu queria almoçar. Estava cedo, mas claro. (Joel nasceu em Wisconsin e ainda insiste em almoçar ao meio-dia que nem um fazendeiro.) Depois de doze horas me sentindo rejeitada, estávamos de volta ao normal. Logo converti a minha queda por ele em devoção fraternal e almejei um tipo diferente de parceria. Desde o início, parecia que seria divertido colaborar com Joel. Temos senso de humor parecido, mas habilidades diferentes. Joel pensa visualmente — é tanto artista quanto escritor — e os seus anos fazendo mágica e stand-up lhe deram uma noção de *timing* incrível.

No fim de 1991, a Disney me contratou para fazer uma reescrita de última hora para o clássico de Emilio Estevez, *The Mighty Ducks — Nós somos os campeões*. (Sim, esse filme *foi* reescrito.)

Quando a Disney falou comigo sobre outro trabalho, puxei Joel. Nossa primeira colaboração foi *Querida, encolhi a gente*, o terceiro filme da franquia. O incrivelmente talentoso Karey Kirkpatrick tinha escrito um primeiro esboço, mas o estúdio queria revisões e Karey já estava comprometido com um novo projeto. Joel e eu ficamos com essa incumbência.

Querida, encolhi a gente era perfeito para o senso de humor visual de Joel e para o meu amor por pessoas minúsculas e encolhidas. Compramos bonequinhos em miniatura e os colocamos por todos os móveis da sala para gerar ideias. Eu tinha duas cadeiras de vime e percebemos que era possível escalar aquele vime como uma escada. Usamos esse mecanismo para fazer Wayne (interpretado por Rick Moranis), a esposa e os amigos Patti e Gordon chegarem a um parapeito de janela, onde se viram com poeira até o joelho. Do nosso roteiro:

INT. PARAPEITO – DIA

ELES COMEÇAM A CHUTAR E BRINCAR NA POEIRA. É COMO UM CAMPO NEVADO ENQUANTO GORDON PEGA UM MONTE DE POEIRA NAS MÃOS E JOGA EM PATTI.

PATTI

(rindo; olhando para a poeira) Que negócio é esse, afinal?

WAYNE

Coisas se decompondo: pele, cabelo, partes de insetos.

PATTI TREME E RAPIDAMENTE CHACOALHA A POEIRA DO CABELO.

Storyboard com o desenho da cena dos adultos encolhidos brincando na poeira. A ponte curvada no primeiro plano é um pedaço de vime quebrado da cadeira.

A excursão pela cadeira de vime entrou no filme, mas a cena da brincadeira na poeira foi cortada pelo produtor. Ele disse que a poeira exigiria muito tempo de maquiagem e limpeza de cabelo entre uma tomada e outra. Dirigido por Dean Cundey, *Querida, encolhi a gente* foi lançado direto em vídeo em 1997 e se tornou o terceiro filme mais lucrativo do ano na Disney.

Mais tarde, Joel e eu fomos chamados para fazer uma revisão de *George, o rei da floresta*, uma adaptação em live-action do antigo desenho. Nossas adições incluíram a sequência animada da abertura e uma briga para fazer o personagem Ape (um macaco) falar. No início, o estúdio mostrou relutância com o conceito do animal falante, mas Joel e eu os convencemos de que era essencial para os fãs do desenho. Escrevemos a primeira versão do diálogo de Ape, que John Cleese, do Monty Python, dublou com perfeição.

George, o rei da floresta foi um enorme sucesso, graças, em grande parte, à brilhante Leslie Mann no seu primeiro papel de protagonista. O crédito de roteiro do filme entrou em arbitragem, o que significa que um

Interpretação de Joel da montanha dos Gorilas

júri de membros da Associação de Roteiristas leu cada versão do roteiro e determinou quem contribuiu com qual porcentagem do material. Os primeiros e últimos roteiristas — Josh Olsen e Audrey Wells — receberam créditos na tela. Joel e eu não conseguimos.

Depois, decidimos escrever um spec. Ele tinha uma ideia sobre sacos de lixo que ganham vida e sufocam as pessoas, que funcionava muito bem como alegoria de como estamos todos nos afogando no nosso próprio lixo. Joel chamou o projeto de "The Bags", e o escrevemos em pouquíssimo tempo. O tom tentava capturar o diálogo exaltado dos filmes B que Joel tanto satirizara no *MST3K*. Durante o clímax, um saco de lixo de seis metros desenhado pelo escultor Claes Oldenburg ganha "vida" e aterroriza a cidade. Demos até um papel com fala para Claes.

Joel desenhou uma capa incrível e mandamos o spec para os nossos agentes. Eu estava convencida de que haveria uma guerra de lances.

Ele nunca foi vendido. Hollywood não estava nem aí.

Joel e eu tivemos mais sorte escrevendo um episódio de *Space Ghost costa a costa*, um talk show animado da TBS apresentado pelo super-he-

Capa do roteiro por Joel Hodgson

rói intergaláctico Space Ghost e seu arqui-inimigo/líder da banda, Zorak. Apresentamos aos produtores uma história que parodiava "Tempo de loucura", episódio de *Jornada nas estrelas* em que Spock é atraído de volta ao seu planeta natal, Vulcano, para um brutal ritual de acasalamento. Na nossa versão, Zorak (um louva-a-deus) também sente a urgência de voltar ao seu planeta nativo para acasalar. Surge uma complicação quando Zorak fica sabendo que, depois de acasalar, a louva-a-deus fêmea devora a cabeça do macho.

— Medo de compromisso! — exclama Space Ghost.

Os produtores aprovaram a nossa trama e nos mandaram escrever. Foi o roteiro mais insano que Joel e eu já escrevemos... e isso considerando que escrevemos um filme com um saco de lixo gigante e homicida desenhado por Claes Oldenburg.

O produtor de *Space Ghost*, Matt Harrigan, nos dera um prazo até uma quinta-feira. Na noite da quarta, enfiamos as páginas em um envelope da FedEx e o mandamos para Atlanta. As coisas ficaram um pouco corridas no final, mas imaginamos que poderíamos fazer consertos após receber os comentários.

Não tivemos notícia dos produtores na quinta. Não tivemos notícia dos produtores na sexta. Comecei a ficar preocupada. Não há insegurança maior que a de um roteirista.

A segunda-feira chegou e nada. Na terça, eu estava na casa de Joel e, com a permissão dele, liguei para "dar um alô" para Matt Harrigan.

— Oi, Matt. Só queria garantir que você recebeu o roteiro — falei, usando o velho truque.

— Recebemos, sim — respondeu Matt.

— Que bom. Joel e eu estávamos nos perguntando quando vocês vão enviar os seus comentários.

Silêncio do outro lado da linha. Ah, não. Eles devem ter odiado o roteiro.

— Na verdade — disse Matt — , já gravamos tudo na sexta à tarde. Está terminado.

— O quê?

— É, e a leitura foi ótima. Muito obrigado.

Desliguei o telefone e me virei para Joel.

— Devíamos parar agora — falei. — Nunca vamos ter uma experiência melhor que esta.

Durante os anos seguintes, Joel e eu apoiamos os projetos televisivos um do outro. Ele foi supervisor de mágica de *Sabrina* e eu escrevi para *The TV Wheel*, o piloto de esquetes de comédia dele para a HBO. No fim, fomos levados para direções criativas diferentes. Continuamos amigos, mas só trabalhamos juntos de novo em 2017, quando Joel ressuscitou o *MST3K* e me convidou para escrever alguns episódios. Foi como ter a chance de jogar no time dos Red Sox de 1975.

Escrever com Joel era uma ótima desculpa para passar tempo com ele. Acho que várias colaborações de sucesso se resumem a pessoas que simplesmente gostam de estar umas com as outras. É verdade no caso de todos com quem trabalhei. Entrar em uma sala e ver A. Scott Berg, Doug

Coupland, Ian Stokes, Rob Bragin, Tim Carvell ou a minha irmã Claire me deixa feliz na mesma hora.

Transitar entre uma carreira em dupla e solo me ajudou a ser grata por ambas. É ótimo ter um parceiro ou uma parceira brilhante para compartilhar o peso de gerar ideias e diálogo. E é ótimo escrever sem parceiro nenhum e não ter que litigar cada porra de fala.

Com o produtor executivo do *Last Week Tonight*, Tim Carvell, em Las Vegas, onde Tim estava fazendo uma reportagem sobre Wayne Newton, 2003

Colaborar é como fazer canoagem: os dois remadores precisam remar na mesma velocidade e na mesma direção. Em algumas colaborações, um remador determina o rumo e o ritmo. Em outras, os remadores estão em perfeita sincronia. Se a parceria funcionar, a canoa desliza sobre a água. Se não, a canoa gira em círculos.

Eu entendo por que tantos escritores são atraídos para a colaboração, sobretudo no início das suas carreiras. Quando você é inseguro, é útil ter um parceiro que diga: "Isso é engraçado. Coloque no roteiro." A desvantagem de uma parceria é dividir o pagamento; a vantagem é aplacar a solidão da escrita e impor alguma disciplina. Escritores têm dificuldade para se motivar. Se não acredita em mim, tenho três roteiros escritos pela metade para mostrar. Ter um parceiro que dependa de você aumenta as apostas e o força a trabalhar duro. Nenhum escritor quer decepcionar alguém que ama e respeita. Mas decepcionar a si mesmo? Normal, faço isso toda quinta.

Meu encontro fofo com Joel acabou sendo menos "romântico" e mais "comédia". Ainda assim, aqueles primeiros dias, quando eu estava me apaixonando, me fizeram perceber que, depois de anos focando na minha carreira, eu sentia falta de ter alguém me esperando em casa. Não havia muita escolha em Los Angeles. O diretor Mike Nichols costumava dizer que toda relação precisava de "um jardineiro e uma flor". Eu definitivamente queria ser a flor. Mas como encontrar um jardineiro no deserto?

CAPÍTULO 9

Somos todos Oompa-Loompas

Nossa, você está trabalhando nos Muppets*? Deve ser tããããão divertido escrever para essa série!*

— Qualquer pessoa que nunca trabalhou em Hollywood

VOCÊ PROVAVELMENTE JÁ OUVIU FALAR DO EXPERIMENTO mental do físico Erwin Schrödinger envolvendo uma caixa hipotética, algum material radioativo e um gato azarado. Mas talvez não saiba que o gato de Schrödinger também revela duas verdades fundamentais sobre Hollywood. Primeiro, o experimento de Schrödinger sugere que o ato de observar uma dinâmica muda a dinâmica em si. O mesmo acontece em uma sala de roteiristas. Às vezes, um jornalista tenta capturar a experiência de ser um roteirista de TV com um artigo intitulado: "Um dia na Sala de Roteiristas do [*preencha com o nome do programa*]" ou até "Uma semana na Sala de Roteiristas do [*preencha com o nome do programa*]". No entanto, só quem já passou por "Oito meses devastadores destruidores de alma na Sala de Roteiristas do [*preencha com o nome do programa*]" consegue entender de fato como é. Uma pessoa de fora não tem acesso aos desabafos no estacionamento ou a um colega fazendo mímica de atirar na própria cabeça na copa. Uma sala de roteiristas é como uma família, e todos nós sabemos que famílias agem de forma diferente quando têm visita.

O experimento de Schrödinger também ilustra o absurdo da mecânica quântica porque, até a tampa da caixa ser levantada, o gato lá dentro está ao mesmo tempo morto e vivo. Isso nos leva à segunda verdade da sala dos roteiristas: trabalhar em uma série é ao mesmo tempo divertido e não divertido. Quando alguém conclui que deve ser "tããããão divertido" trabalhar nos *Muppets*, é como supor que os Oompa-Loompas amam cada minuto de trabalho na fábrica de chocolates de Willy Wonka. Para pessoas de fora, tudo são rios de chocolate e músicas divertidas. Contudo, tarde da noite, alguém tem que limpar a sala de todos aqueles esquilos testadores de nozes. E vale lembrar que nozes têm muitas fibras.

Olhando pelo lado bom, não consigo pensar em nenhum outro local de trabalho onde o desempenho esteja ligado a quanto você consegue fazer os seus colegas rirem. As vantagens incluem salários altos, baixo risco de acidentes, guloseimas doces, guloseimas salgadas e a oportuni-

Com as Snowths

dade de estar ao lado de ícones da cultura pop como Mahna Mahna e as suas back-up singers, as Snowths.

A taxa de diversão versus a de não diversão variam de seriado a seriado e dependem do que eu chamo de os três Ps: as pessoas, o processo e o produto. É uma raridade trabalhar em um programa onde todos os três Ps sejam consistentemente satisfatórios. Você tem sorte de conseguir dois de três. Bem mais comum é encontrar um só.

Pessoas, processo e produto são fatores determinantes para a felicidade de qualquer funcionário. A seguir, uma análise da cultura corporativa particular de Hollywood:

Pessoas

Todo programa começa maravilhosamente bem. A primeira semana é como um encontro de amigos, com roteiristas compartilhando histórias (melhoradas) sobre antigos empregos, relacionamentos desastrosos e crises de diarreia. Pais falam abertamente sobre os seus filhos enquanto as mães quase sempre minimizam a importância deles. Quando perguntam se eu tenho filhos, costumo responder:

— Tenho dois, mas esqueci o nome deles agora.

Conforme a pressão do trabalho vai crescendo, a tranquilidade das primeiras semanas casuais desaparece. Personalidades se chocam, facções se formam e todos os dias parecem o Natal com a sua família cheia de malucos.

O showrunner dá o tom, o que faz com que, junto com os lanchinhos de graça, venha uma pitada de problemas em potencial. A maioria dos showrunners começa a carreira como roteirista, passando muito tempo dentro da própria cabeça. Conforme sobem na hierarquia de produção, os roteiristas expandem as suas habilidades, aprendendo a escalar elenco, editar, aprovar figurino etc. Em nenhum momento aprendem a gerenciar pessoas. No fim, o roteirista que era ótimo em mandar e desmandar nos personagens na sua cabeça acaba comandando seres humanos de verdade. A Associação de Roteiristas reconheceu esse problema e criou um Programa de Treinamento de Showrunners para ajudar a ensinar técnicas de administração aos seus membros. Mas nem todas as habilidades necessárias, como empatia e generosidade, podem ser ensinadas. Boa sorte tentando explicar limites pessoais a um showrunner que começa uma reunião de segunda de manhã dizendo: "A coisa mais estranha aconteceu comigo neste fim de semana. Tive um sonho erótico e acordei com a calça toda gozada."

Veja, esse showrunner tem todo direito de compartilhar essa história tocante. Não é só a minha opinião, é a decisão do Supremo Tribunal da Califórnia. Em 2006, uma assistente de roteiro de *Friends* abriu um processo dizendo que conversas obscenas na sala de roteiristas constituíam assédio sexual. A equipe da série negou a acusação e argumentou que conversas obscenas, muitas vezes, faziam parte do processo criativo. O juiz concordou com os roteiristas e rejeitou o processo. Todos os roteiristas de TV suspiraram de alívio. Eles precisam se sentir seguros e confortáveis o suficiente para forçar os limites e encontrar a comédia. Se alguém quer divulgar que o pai é um masturbador crônico, sem problemas. O único risco dessa informação é que, quando o pai da pessoa visitar o escritório e apertar a mão de todo mundo, muitas piadas com álcool-gel vão ser feitas.

Ainda assim, há uma diferença entre permitir que as pessoas compartilhem informações pessoais e forçá-las a fazer isso. O mesmo showrunner que falou sobre o sonho erótico certa vez pediu que os roteiristas na mesa revelassem a idade com que perderam a virgindade. Eu me recusei. A pergunta não era relevante para a série e o contexto não estava relacionado ao trabalho. Todos os roteiristas de menor hierarquia responderam, embora alguns parecessem relutantes. Então o showrunner começou a contar a própria história, que era mais horripilante que divertida. Aquele homem branco hétero não percebeu a ironia de que a discussão que o fazia se sentir seguro e confortável podia fazer com que uma pessoa mais vulnerável se sentisse em uma armadilha.

Felizmente, testemunhei desde cedo como um ótimo showrunner trabalha. Meu chefe em *Coach*, Barry Kemp, tinha as cinco qualidades que se espera encontrar em um líder em qualquer área.

Um grande líder:

1. Compreende a missão melhor que qualquer outra pessoa na sala e consegue comunicá-la.
2. É a pessoa que mais trabalha na sala.
3. É a pessoa mais generosa na sala, não só em relação à remuneração, mas também a elogios e crédito.
4. Permite e até acha bem-vinda a discordância.
5. Escuta e aprende.

Barry tem todos esses pontos, ao mesmo tempo que é a pessoa mais engraçada do mundo. Ele também é impecavelmente educado. Se uma piada não causava risadas durante uma mesa de leitura, Barry escrevia um pequeno ponto de interrogação na margem. Após a leitura, voltávamos à sala e começávamos a reescrever. Quando chegávamos à página com um "?" ao lado da piada, Barry pedia novas opções. Às vezes, o roteirista culpava o ator por errar a fala e pedia por uma segunda chance. Barry respondia educada, mas firmemente:

— Vamos tentar algo novo.

Equipe de roteiristas de *Coach*, 4ª temporada: (fileira de trás) Scott Buck, Warren Bell, (fileira do meio) Bruce Ferber, Bob Bendetson, eu, (fileira da frente) Eric Horsted, Art Everett. Ausente: produtor executivo Barry Kemp. Também ausente: qualquer diversidade étnica

Isso continuou por meses até que, um dia, descobri o código: o ponto de interrogação de Barry queria dizer "não". No entanto, enquanto a maioria dos showrunners não pensa duas vezes antes de riscar um diálogo inteiro ou fazer um X em cima de uma página, Barry respeitava o trabalho envolvido que leva até uma piada fracassada.

A decência e a consideração de Barry fazem dele um mentor incrível. Quando eu estava chefiando *Sabrina*, tive dificuldade de encontrar formas de manter a sala energizada, então pedi o conselho dele sobre como motivar uma equipe.

— Eu gosto de tratar a sala dos roteiristas como uma festa informal — disse ele. — Começo contando uma história engraçada e aqueço as pessoas antes de mudar para o trabalho, e elas nem notam.

Putz, era exatamente isso que ele fazia! Sentei na sala dele por mais de dois anos e nunca notei essa manipulação elegante e sutil. O único problema era que o esquema de festa era perfeito para Barry, que é um ótimo contador de histórias. O conselho dele não ia servir para mim, por isso procurei uma segunda opinião. Korby Siamis, minha chefe igualmente maravilhosa em *Murphy Brown*, tinha uma abordagem um pouco diferente.

— Você quer saber a melhor maneira de manter os roteiristas motivados? — perguntou. — Diga que eles têm sorte de ter a porra de um emprego.

Barry oferecia um incentivo. Korby oferecia uma punição. Eu acabei em algum lugar no meio. (Uma punição incentivadora?)

Processo

Quando roteiristas que trabalham em séries diferentes se encontram, a primeira pergunta sempre é:

— Como é o horário?

Uma jornada longa é uma forma certeira de deixar um trabalho legal bem menos divertido. Curti os meus três trabalhos freelance em *Monk* em parte porque o showrunner Andy Breckman era muito eficiente. A série de detetive era gravada em Los Angeles, mas a sala dos roteiristas era localizada perto da casa de Andy, em Nova Jersey. Quando cheguei pela primeira vez no trem PATH, que liga Manhattan à cidade vizinha, achei que tinha ido ao lugar errado. No prédio, havia também um laboratório médico e eu tive que pular por cima de contêineres de metal com amostras para chegar ao elevador. Operar fora da esfera de Hollywood dava uma sensação diferente a *Monk*. Ninguém ficava lendo as revistas da indústria do show business e a equipe pequena permanecia concentrada.

Andy também era responsável por uma das salas mais engraçadas da qual fiz parte. Uma vez, o assunto de viagem no tempo surgiu, e Andy deu a ideia de uma história de ficção científica perfeita:

— E se... e se eu voltasse para matar Hitler na Alemanha, mas, quando chegasse lá, ele estivesse no meio de um discurso e eu tivesse que esperar. Só que, conforme eu ouvisse, começasse a pensar: *Sabe, ele até tem uns argumentos bons. A Renânia* é mesmo *muito legal*. E, quando me dou conta, estou marchando com o exército e gritando "*Sieg Heil*" e é aí que percebo que todo o Terceiro Reich é formado por pessoas que viajaram no tempo para matar Hitler e, em vez disso, decidiram se unir a ele.

Sempre gosto quando um contador de histórias dá uma viajada, mas algumas salas passam tanto tempo pedindo almoço e assistindo a vídeos, que, de repente, são três da tarde e o roteiro mal foi tocado. E às vezes, ficar até tarde não tem nada a ver com trabalho. Um showrunner que era solteiro costumava prender os roteiristas para ter companhia enquanto assistia ao Letterman. Ainda pior é que isso acontecia quando Dave ia ao ar à meia-noite e meia.

Depois de perguntar sobre as horas de trabalho, os roteiristas inevitavelmente perguntam:

— E como você está sendo tratado pela emissora?

Há livros inteiros dedicados a catalogar comentários ridículos de executivos em relação a roteiros. Quando assumi o leme em *Sabrina*, a showrunner Eileen Heisler me aconselhou a treinar fazer que sim com a cabeça e dizer: "Vou cuidar disso."

— Não discuta com os caras da emissora — avisou Eileen. — Você nunca vai convencê-los de que está certa e que eles estão errados.

Ela compartilhou o seu truque para lidar com situações assim:

— Fico fazendo perguntas. "Por que pensa assim? Em que parte a cena começou a parecer estranha para você?" Faça com que eles apontem exatamente o problema, para poder resolvê-lo. Às vezes, só é preciso mudar uma fala.

Também trabalhei com alguns executivos de emissora perspicazes e inspiradores, que conseguiam melhorar todos os projetos. O sucesso contínuo da CBS nos últimos vinte anos pode ser creditado em grande parte à presidente de entretenimento de longa data da emissora, Nina Tassler. Trabalhei em vários pilotos com ela, incluindo um drama leve, que me foi apresentado como uma mescla de *As patricinhas de Beverly Hills* com *CSI*. Depois de ler o meu primeiro esboço, Nina me ligou para fazer alguns comentários. A voz dela parecia animada, sem um traço de desaprovação. Ela tinha amado a história A (principal), mas não gostara muito da história B (secundária).

— Ela simplesmente não me pegou — disse. — E eu adoraria que você criasse outra coisa, porque quero que a história B seja tão boa quanto a A.

— Claro — respondi. — Entendo totalmente.

Debatemos algumas outras ideias e, depois de encontrar uma de que Nina gostasse, eu agradeci pelo feedback e desliguei o telefone sorrindo. Um minuto depois, percebi: Nina tinha acabado de jogar fora toda a minha história B. E eu agradeci. Ela é boa nesse nível.

Atores são outra grande variável do processo de produção. Em *Charmed*, os roteiristas assistiam às diárias (cenas filmadas no dia anterior) chocados enquanto uma atriz os insultava abertamente na frente das câmeras.

— Não vou dizer essa fala — disse uma bruxa. — É idiota.

Em primeiro lugar, será que ela já tinha assistido à série? E, em segundo, criar uma personagem funciona melhor quando há uma simbiose entre atores e roteiristas. Quando essa relação não é boa, o produto sofre. Claro, os roteiristas também podem se fazer de surdos. Uma vez, em *NCIS*, fui chamada ao set porque Mark Harmon estava tendo um problema com um diálogo que eu tinha escrito. Mark é um profissional respeitado e a série é um sucesso gigante não só por causa do que ele faz na tela, mas por causa do que ele faz fora dela. Quando cheguei ao set, Mark (o tenente Gibbs) estava segurando as páginas do roteiro que seriam gravadas naquele dia.

— Talvez você possa me ajudar — sugeriu Mark. — Estou empacando nesta cena. Especificamente nesta fala.

Ele apontou e olhei. O diretor ficou nos rondando, ansioso. A discussão estava consumindo um tempo precioso de gravação. Perguntei a Mark se seria possível ouvi-lo dizer a fala. Ele aceitou.

— Está ok — falei, sem ver problema nenhum.

— Sério? — perguntou Mark. — Não me parece boa. Soa um pouco fraca.

— Não acho que seja fraca — respondi. — É vulnerável. Gibbs até admite que está "confuso".

Mark franziu um pouco as sobrancelhas. A atriz na cena fazia parte do elenco semirregular e se juntou à conversa.

— Eu também acho que está ok — disse ela, prestativa.

Mark olhou para o diretor, que estava ansioso para rodar, e tomou uma decisão.

— Está bem. Vou tentar.

Ainda consigo ver Mark balançando a cabeça de leve enquanto caminhava de volta para o set.

Veja bem, alguns atores arruínam de propósito uma fala para provar que um roteirista está errado. Mas não Mark Harmon. Ele falou como estava escrito e fez aquilo funcionar cem por cento. Mesmo assim, quando repenso na forma como agi naquele dia, estremeço. Da mesma forma que Barry costumava colocar um ponto de interrogação que significava "não", Mark estava sendo respeitoso. Sem exigir uma fala nova, ele deixou claro que era disso que precisava. Tenho vergonha de ter estado tão presa às minhas próprias intenções e tão preocupada com o tempo. Eu acabei ouvindo para responder e não para entender.

Produto

Nenhum roteirista de TV jamais admite ter trabalhado em um programa ruim, e se dobra igual a um clipe de papel para justificar o tempo e o esforço gastos. "A série é boba, mas divertida!", dizem. Ou: "Os primeiros esboços eram ótimos, mas a emissora matou a gente com as alterações." Alguns culpam até o conceito de espaço-tempo: "Acho que a audiência ainda não está preparada para essa série."

Gostaria de quebrar esse padrão admitindo que trabalhei em séries ruins. Talvez até em séries horríveis. Porém, apesar da péssima qualidade, algumas eram muito populares. Nem sempre é possível escolher trabalhar em séries que atendam aos seus gostos pessoais, e as que atendem nem sempre dão certo.

Eu me apaixonei por *The War Next Door*, uma sitcom criada por Chris Viscardi e Will McRobb. Originalmente intitulada *Kill, Kill, Kill*, a série era centrada em um agente certinho da CIA que se aposenta para ter uma vida tranquila no subúrbio até que o seu arqui-inimigo se muda para a casa vizinha. Conheci os showrunners em uma sessão de um dia de revisões de roteiro do filme *Quebrando o gelo* e fiquei animadíssima quando me chamaram para escrever um episódio como freelancer.

The War Next Door tinha um clima de absurdo, meio *Agente 86*. Criamos a história em grupo e eu alegremente escrevi cenas onde homens adultos tentavam estrangular um ao outro com mangueiras de jardim. Aquele episódio, "And Baby Makes Death", ficou bom, e Will e Chris me perguntaram se eu queria cuidar do final da temporada, que seria dividido em duas partes. Respondi que sim e mergulhei de cabeça nos roteiros. Os episódios foram produzidos com inteligência, e fiquei bastante orgulhosa de ter o meu nome neles.

A USA cancelou o programa antes de o último episódio ir ao ar.

Também tive a experiência oposta. Em 2007, fiz parte de uma equipe de três roteiristas trabalhando em uma história do *NCIS* sobre um carro assassino desenvolvido pela Darpa, a Agência de Projetos de Pesquisa Avançada de Defesa. Há vezes em que os roteiros são escritos com rapidez e acabam ficando ok. Esta não foi uma delas. Todos recebemos créditos de roteiro, mas, quando o episódio foi ao ar, não avisei à minha família nem ao meu agente. Pareceu melhor deixar aquele passar sem ser notado.

"Dirigido" acabou sendo o programa com maior audiência na TV naquela semana. Em toda a minha carreira, foi a única vez que o meu nome apareceu no programa número um da semana.

Todo mundo agora

Murphy Brown, protagonizado pela sublime Candice Bergen, foi a única vez em trinta anos em que todos os três Ps aconteceram juntos. Quando o meu contrato com *Coach* acabou, eu quis pular para uma nova série, de preferência com mais vozes femininas no ar e fora dele. Os showrunners de *Murphy*, Gary Dontzig, Steve Peterman e Korby Siamis, leram o meu material e me chamaram. Quando entrei no escritório arejado deles no lote da Warner Bros., Korby estava sentada, com as pernas esguias casualmente jogadas por cima do braço de uma poltrona. Ela acenou, me cumprimentando, mas não fez menção a se levantar. Steve estava atrás da mesa, e Gary, sentado no sofá. A reunião foi divertida e relaxada. Quando levantei para ir embora, Korby ficou de pé para apertar a minha mão e foi aí que notei que ela estava com uma bola de basquete embaixo da camisa. Achei estranho. Por que alguém colocaria uma bola de basquete embaixo da camisa?

Korby notou a minha expressão confusa, porque gesticulou na direção da bola de basquete e disse:

— Ah, é! Estou grávida.

Claro! Meu cérebro não tinha conseguido entender o óbvio. Korby explicou que a data prevista de nascimento do bebê era durante as férias e que ela estaria de volta no começo da sexta temporada. Foi um momento que mudou a minha vida. Uma produtora executiva não apenas estava grávida como estava *indiferentemente* grávida.

"Eu também quero ficar indiferentemente grávida um dia", pensei enquanto entrava no carro.

Murphy me contratou como produtora supervisora. Quando entrei no primeiro dia e vi mais três mulheres sentadas na mesa, meu coração bateu mais rápido. Depois de anos de *Coach*, *Late Night*, *Newhart* e *Smo-*

Roteiristas de *Murphy Brown* (da esquerda para a direita) Eileen Heisler, Rob Bragin, Gary Dontzig, Korby Siamis, DeAnn Heline, Steve Peterman (sentado), Bill Diamond, eu, Adam Belanoff, Mike Saltzman, também conhecidos por (da esquerda para a direita) Blackie, Professor, Gary, Little Miss Can't Be Wrong, Blondie, Steve, Babyface, Noodles, Kid Mumbles, The Worm

thers Brothers, era tão bom estar em uma equipe onde eu não tinha a função extra de representar todas as mulheres. Eu podia ser só eu.

Como Mark Harmon, Candice Bergen dava o tom no palco. Era profissional, generosa e respeitosa com todos. Em *Murphy*, as cenas eram gravadas no mínimo duas vezes diante de uma plateia. Certa noite, Candice acertou 95 por cento do diálogo na primeira tentativa, mas se atrapalhou em uma piada. Eu tinha coescrito o episódio com Rob Bragin e estávamos no set, tentando decidir se valeria a pena mencionar o tropeço para o diretor. Então, Candice passou por perto.

— Errei aquela fala — disse. — Mas fiquem tranquilos, vou acertar.

Ela acertou.

O alto nível de atuação atraía atores convidados que também eram de alto nível. Escrevi um episódio sobre o "quinto âncora" — um membro original da equipe de jornalistas do FYI (canal em que a protagonista Murphy, uma jornalista investigativa, trabalhava) — que fora demitido por ser irritante. "Stuart Best" (uma combinação de Stuart Sutcliffe e Pete Best) volta para um episódio especial e para descobrir quem o fez ser demitido. (Spoiler: foi em boa parte Murphy.) A emissora queria que John Ratzenberger, de *Cheers*, fizesse o papel, mas todos os roteiristas estavam torcendo por Wallace "Inconcebível!" Shawn. Ratzenberger caiu (ou foi empurrado?) e Wally o substituiu para deleite de todos.

Com Wallace Shawn. A foto foi um presente do colega roteirista de *Murphy*, Mike Saltzman

O quarto elemento: vida pessoal

Minhas memórias carinhosas de *Murphy* são especiais por um acontecimento pessoal feliz naquele mesmo ano. De última hora, a série precisou de um ator convidado para fazer um personagem estilo Howard Stern, e alguém sugeriu Penn Jillette. Eu me ofereci para entrar em contato direto com ele e ver se estava disponível. Não estava, mas me convidou para ir com ele até Las Vegas naquele fim de semana. Ele e Teller estavam decididos a se mudar para Vegas, e Penn ia até a cidade com um arquiteto para ver alguns terrenos.

Fui para Las Vegas em um sábado de manhã e encontrei com ele e o seu — uau, que gatinho — arquiteto, Colin Summers. Colin era recém-formado pela Faculdade de Arquitetura de Cornell e eu o tinha visto pelos escritórios da P & T, onde ele também atuava como "nerd de computador" de vez em quando. Penn, Colin e eu nos entrosamos na hora, vagando pelo deserto. Naquela noite, fomos a um Clube de Cavalheiros assistir a uma apresentação de uma amiga de Penn, Venus DeLight (tenho quase certeza de que esse não é o nome verdadeiro dela). Enquanto Venus escorregava em torno de um copo gigante de martíni, Colin e eu passamos a nos conhecer. Onde os "encontros fofos" das comédias românticas tinham falhado, a realidade dura me ajudou. Nada no meu passado sugeriria que eu ia me apaixonar em uma boate de strip-tease em Las Vegas, mas foi isso que aconteceu.

Colin e eu fizemos planos de nos encontrar na manhã seguinte para patinar (ele) e correr (eu) pela Strip. Ele era mais rápido, então dava meia-volta, deslizando graciosamente ao meu redor enquanto falava sobre arquitetura, música e tecnologia. Minha cabeça estava girando.

Naquela tarde, Colin me levou ao aeroporto. Na noite anterior, tínhamos descoberto que ambos adorávamos o filme *Amor à queima-roupa*. Quando Colin me deixou lá, coloquei um bilhete na mochila dele repetindo o que Patricia Arquette dizia o tempo todo para Christian Slater: "Você é muito legal."

Alguns meses depois, Colin se mudou de Nova York para Las Vegas para projetar a casa de Penn. Nos fins de semana, ele ia de moto para Los Angeles para ficarmos juntos. Depois de seis meses, surgiu o assunto de ter filhos. Eu estava dividida. Aos 33, queria uma família, mas não queria parar de trabalhar. Aí, Colin disse a coisa mais sexy que já ouvi de um homem:

— Eu poderia ficar em casa e cuidar do bebê no primeiro ano, sem problema.

— Sério?

— Parece justo. Você carrega o bebê pelos primeiros nove meses, e eu carrego pelos próximos.

Eu ganhava bem, sobretudo em comparação com um arquiteto em início de carreira, então o combinado fazia sentido do ponto de vista monetário. Ainda assim, a melhor parte da oferta de Colin é que ele não a fez apenas por motivos financeiros. Ele queria mesmo ser o cuidador primário.

Um ano depois de conhecer Colin, realizei o meu desejo e fiquei "indiferentemente grávida". Construí um bebê enquanto Colin construía uma casa lindíssima para Penn, conhecida como "a Prisão". Mais ou menos um mês antes de eu dar à luz, Colin se mudou de vez para Los Angeles. Quando Rudy nasceu, Colin assumiu com felicidade o seu novo papel, voltando à arquitetura quando aparecia um projeto interessante. Bem incrível, né? A não ser que a gente reverta o gênero — aí, é o que as mulheres que têm a possibilidade de ficar em casa fazem 95 por cento das vezes.

Colin e eu originalmente rejeitamos a ideia de nos casar: nosso relacionamento, nossas regras. No entanto, quando engravidei do nosso segundo filho, estávamos morando em Brentwood e tínhamos um Volvo. Não dá para ser mais casado que isso. Decidimos oficializar. A cerimônia tinha três pessoas: a noiva, o noivo e o mágico que nos casou no nosso quintal.

Penn Jillette, Colin Summers e eu no dia do nosso casamento, 12 de novembro de 1997. Duas coisas que amo nessa foto: (1) estou na ponta dos pés para não parecer baixinha demais; e (2) a mãozinha de Rudy no canto inferior esquerdo. Ele tinha dois anos

Tudo sobre aquele ano em *Murphy Brown* foi tão mágico que era óbvio que não ia durar. Steve, Gary e Korby saíram no fim da temporada, deixando a vaga de showrunner aberta. Torci para que os três roteiristas mais sêniores (grupo no qual eu estava) fossem promovidos. Em vez disso, a Warner Bros. trouxe alguém de fora. O estúdio me deu uma abertura para sair e aceitei. Conseguir outro emprego não me preocupava. Eu estava firme e forte no estágio "Me tragam Nell Scovell agora!" da minha carreira. Além do mais, um ano em *Murphy Brown* e o encontro com Colin tinham ajudado a melhorar minha autoestima. Eu me sentia pronta para criar minha própria série.

CAPÍTULO 10

Então, você quer ter um programa de TV

INT. QUARTO DE SABRINA – NOITE

SABRINA

Salem, você acha que o Conselho vai conceder a reversão no tempo?

SALEM, O GATO

Perguntou ao feiticeiro errado. Eles não foram muito clementes comigo. Eu fui condenado a viver cem anos como gato. E por que isso?

SABRINA

Eu não sei. Por quê?

SALEM, O GATO

Ah, como qualquer jovem, eu sonhava em dominar o mundo. É claro, eles são muito severos quando você realmente tenta.

SABRINA

Nossa. Por isso você é tão possessivo com o sofá.

— *Sabrina, aprendiz de feiticeira*, piloto

Como showrunner e criadora estreante, estava estranhamente confiante no começo da mesa de leitura do piloto de *Sabrina, aprendiz de feiticeira*. Eu gostava do roteiro. Gostava do elenco. Gostava do diretor. A única coisa de que eu não gostava era que tinha que abrir a mesa de leitura com um discurso. Falar em público é difícil para mim. Meu coração começa a bater forte e a voz fica toda tremida. Eu estava preocupada de parecer nervosa e dar o tom errado. Considerei delegar o discurso para outra pessoa, mas ninguém sabia melhor que eu o que tornava *Sabrina* especial. Afinal, quantas séries tinham um gato falante? Aí, a ficha caiu como uma tonelada de paus. Eu tinha um plano.

No dia da leitura, a multidão encheu a sala. O presidente da Viacom, Perry Simon, me deu um tapinha nas costas e sorriu do jeito brincalhão dele. Acenei para o nosso diretor, Robby Benson, que a maioria das pessoas conhece como protagonista de *One on One* (se for homem) ou *Castelos de gelo* (se for mulher), ou ambos (se for eu). Em uma mesa próxima, um gato animatrônico se sentava rígido sobre uma tábua de madeira. Membros da equipe e roteiristas circulavam. Atores se sentaram e folhearam os roteiros. Por fim, o contingente da ABC entrou, liderado pela recém-nomeada presidente de entretenimento Jamie Tarses e pelo chefe de programação Jeff Bader. Jamie tinha o cargo mais alto da sala e, quando ela se sentou, era a hora do show. Todos os olhos se viraram para mim e, de repente, o gato duro ganhou vida.

— Saudações, humanos! — cumprimentou Salem.

Todos sorriram enquanto o gato estalava o pescoço. Os roteiristas tinham criado um discurso curto e engraçado para Salem, dublado pelo colega roteirista Nick Bakay. O gato deu as boas-vindas ao grupo e, depois de algumas frases, começou a tossir e pigarrear, tentando expelir uma bola de pelo. Com um último suspiro, Salem passou a leitura para mim.

Depois da introdução engraçada de Salem, não havia pressão. Com calma, agradeci à emissora e ao estúdio pelo apoio, à equipe e aos roteiristas pelo trabalho e, enfim, agradeci aos atores.

— Vocês são todos incríveis — falei. — Eu amo este elenco. Mas, por favor, saibam que, se reclamarem demais...

Minha voz diminuiu enquanto eu gesticulava na direção do gato animatrônico, que ganhou vida de novo. A insinuação era que todos os atores podiam ser substituídos por fantoches requintados. As pessoas riram.

Fiz um gesto de cabeça para Robby, que leu a direção de palco da abertura: "INTERIOR. QUARTO DE SABRINA — NOITE." Tínhamos começado. Depois de mais ou menos 24 minutos, Robby leu: "FADE OUT. FIM DO EPISÓDIO." Todos aplaudiram. Como sempre aplaudem, não achei nada fora do normal.

Os executivos da emissora se reuniram em um canto, e os roteiristas, a equipe de produção e os atores foram para o cenário. Enquanto eu esperava por comentários, pensei em como tínhamos chegado longe em apenas quatro meses. Tudo começou quando a minha nova agente, Abby Adams, ligou para perguntar se eu tinha sido fã dos quadrinhos de *Sabrina, aprendiz de feiticeira* quando era criança. Eu tinha. Parte do universo de *Archie*, *Sabrina* foi criada por George Gladir. A Viacom Productions transformou a premissa em um filme para a TV a cabo escrito por um grupo liderado por Barney Cohen. O filme foi editado em uma apresentação de quatro minutos que a Viacom ofereceu para as emissoras. Ted Harbert, então presidente da ABC, achou que *Sabrina* se encaixaria bem na programação familiar de sexta-feira e encomendou treze episódios. Moleza!

Ou nem tanto. Jonathan Schmock, um roteirista e artista talentoso, escreveu um roteiro para o piloto. Ele se tornaria showrunner da série assim que acabasse o trabalho na já cancelada *Brotherly Love*. Então, em um movimento surpreendente, a recém-criada WB comprou a série e Jonathan não estava mais disponível.

Depois de *Murphy*, eu conseguira fechar um contrato de longo prazo na 20th Century Fox Studios. Peter Roth, um dos executivos mais legais e bem-sucedidos do ramo, assinou comigo um acordo de dezoito meses para criar sitcoms. O estúdio me colocou em dupla com o romancista Doug Coupland para transformar o livro dele, *Microserfs*, em uma série que se passasse no mundo da tecnologia. Sugerimos o conceito para o chefe da FOX, que ouviu com atenção.

— É simplesmente a apresentação mais detalhada que já ouvi — disse ele. — E não entendi uma palavra.

Microserfs fracassou. Dei a volta por cima e vendi para a WB um conceito sobre duas melhores amigas de ensino médio que tinham um programa de TV a cabo. *Prudy and Judy* foi para o piloto e escalamos duas atrizes de 16 anos fenomenais: Jackie Tohn e Laura Bell Bundy, que, mais tarde, deu origem ao papel de Elle Woods no musical *Legalmente loira*. Barry Kemp dirigiu e Alan Thicke fez o pai de Laura Bell. A WB não quis a série, o que me deixou triste, mas também me liberou para fazer uma reunião com o pessoal de *Sabrina*.

Como nova showrunner de *Sabrina*, tive carta branca para reescrever o roteiro de Jonathan para o piloto, que girava em torno de Sabrina não passar na prova prática da autoescola. Foquei a história em Sabrina descobrindo os poderes mágicos que tinha e se preocupando com o seu status social.

"Eu não quero ser especial", insiste ela para o pai bruxo. "Quero ser normal."

"Eu compreendo", responde o pai. "Mas agora é tarde."

No primeiro dia de aula, Sabrina comete uma série de gafes. Uma bola de futebol americano bate na cabeça dela em frente ao garoto de quem ela gosta. Ela fracassa em um teste surpresa. Finalmente, perde a paciência na cantina e usa sua magia de forma irresponsável. O segundo ato começa na cozinha dos Spellman. Sabrina entra na cozinha, em pânico, segurando um abacaxi.

```
                    SABRINA
Odeio ser feiticeira. Acabei de transformar a
garota mais popular da escola em um abacaxi.

                    HILDA
Calma. Eu conserto isso. (PEGA UM FACÃO)
Em pedaços ou em rodelas?
```

```
                    ZELDA
Hilda, existem outros meios.

                    HILDA
Em fatias?
```

A tia Zelda devolve a forma humana à líder de torcida Libby (que tinha o nome da minha sobrinha). Libby não tem certeza do que aconteceu.

"Você fez alguma coisa comigo", diz ela. "Você me mandou para algum lugar. Era pequeno e tinha o cheiro do Havaí."

Libby, representada com habilidade por Jenna Leigh Green, sai da casa prometendo destruir a reputação de Sabrina. E tem o poder para isso. "Ela é líder de torcida", diz Sabrina. "Ninguém tem mais credibilidade que elas." Desesperada para desfazer aquele dia desastroso, Sabrina pede para o Conselho dos Feiticeiros fazer o tempo voltar. Jonathan tinha escrito uma cena parecida, mas, na versão dele, as tias e Salem acompanhavam Sabrina. Eu achei que Sabrina devia ter que se defender sozinha. Escalei os mágicos Penn e Teller como os membros do Conselho Drell e Skippy, respectivamente. Em um set inspirado pela arte surrealista, Sabrina pede por uma segunda chance. Essa cena determina a metáfora da série toda: ser adolescente significa receber seus poderes, mas ser adulta significa aprender a controlá-los.

Esquerda: Com Penn, que interpretou Drell, chefe do Conselho dos Feiticeiros; direita: Teller, que fez o papel de Skippy, o feiticeiro, com um chapéu coco estilo Magritte e um peixe enrolado em pérolas atrás dele

O Conselho rejeita o pedido. Sabrina não tem escolha além de voltar para a escola e enfrentar a ridicularização por parte de Libby.

"Tá bom. Eu me rendo", diz Sabrina enquanto sai de casa na manhã seguinte. "Se a escola precisa de uma garota esquisita, que seja eu."

"Eu era a garota esquisita!", grita Hilda atrás dela, feliz.

Ouvir Caroline Rhea dizer aquela fala em uma voz tão animada fez o meu coração bater mais rápido. Eu também era a garota esquisita. *Sabrina* era a minha tentativa de criar uma série a que a minha eu adolescente teria assistido.

Nas cenas finais, a tia Hilda confronta Drell e o força a dar uma segunda chance à sua sobrinha. Sabrina aproveita ao máximo. Ela pega a bola, tira dez no teste e *não* transforma a líder de torcida em um abacaxi. No fim do dia, Sabrina corre para casa, triunfante.

"Eu sou normal!", declara. "Tenho que contar isso para o gato!"

Os executivos da Viacom Steve Gordon e Chris Sanagustin foram verdadeiros parceiros e ajudaram a melhorar os esboços iniciais. A principal discussão que tivemos dizia respeito a uma personagem que nem está no piloto: a mãe de Sabrina. No roteiro de Jonathan, Sabrina dizia: "Nunca conheci a minha mãe", dando a entender que ela morrera no parto. O estúdio achou que era uma boa forma de explicar a ausência, mas eu não via motivo para matar a personagem. A tradição do matricídio em filmes "para toda a família", de *Bambi* a *Procurando Nemo*, sempre me irritou. Argumentei com Steve e Chris.

— Por que não podemos dar à mãe um emprego que a mantenha longe?

— Como o quê?

— E se ela for uma arqueóloga em uma escavação longa no Peru? — sugeri.

— E ela simplesmente abandonou a filha?

— A Sabrina *não é* abandonada — expliquei. — Ela mora em uma casa ótima com duas tias amorosas. O pai também não vive com ela e vocês acham normal. Não estão insistindo para matarmos o personagem.

— Não.

— Então, por que é diferente com a mãe?

A mãe de Sabrina teve a execução adiada. Mesmo assim, Steve e Chris me pediram para deixar claro que a mãe não estava longe por escolha própria. Adicionei um diálogo que explica que, se Sabrina colocasse os olhos na mãe mortal durante os primeiros dois anos depois de virar feiticeira, ela viraria uma bola de cera. O pai de Sabrina completa que essa política é a forma de o Conselho desencorajar casamentos entre feiticeiros e mortais.

Voltando à leitura do piloto, o grupinho da ABC se separou e se reuniu ao pessoal da Viacom e a mim. Como presidente da emissora, Jamie Tarses fez os comentários. Começou dizendo que tinha gostado de todas as atuações. Gostava do gato animatrônico. Achava que a história funcionava bem. Tinha, porém, um "comentário bastante grande". Fiquei tensa. Jamie achava que não havia conflito suficiente entre as tias. Ela me pediu para descrever cada uma.

— Zelda é durona: lógica, contida e estável — expliquei. — Já Hilda é doidona: emotiva, direta e uma romântica incurável.

Jamie achou que precisávamos forçar mais o contraste, sobretudo na atitude das tias em relação à sobrinha. Deu uma ideia: e se uma delas não quisesse que a menina morasse com elas? E se a atitude de Hilda fosse mais: "Nossas vidas eram muito melhores antes da nossa sobrinha vir morar aqui. Ela está estragando tudo!"?

A sugestão de Jamie com certeza criava mais conflito, mas me parecia errada. Eu tinha sido treinada para assentir e dizer "Vou cuidar disso", mas não conseguia me ver escrevendo nenhuma versão daquela ideia.

— Isso me parece triste — falei. — Sabrina é uma adolescente. Se ela não está com um dos pais e as tias com quem mora não a querem ali, como vamos poder rir?

Jamie e eu ficamos discutindo. Esperei que alguém da Viacom me apoiasse, mas discutir com a presidente da emissora é uma missão solitária. Chegamos a um impasse. Senti que era a minha deixa para dizer: "Ok, vamos tentar da sua forma", mas, antes de conseguir dizer essas palavras, o vice-presidente da emissora, Jeff Bader, interrompeu falando as três palavras mais lindas do mundo:

— Concordo com Nell.

A maioria das emissoras se colocam como uma frente única, então Jeff oferecer uma opinião independente foi algo completamente inesperado. A fala dele quebrou o entrave.

— Está bem — cedeu Jamie, pronta para seguir em frente. — Deixa para lá.

Sempre serei grata a Jeff pelo seu apoio criativo em um momento tão crucial. Daquele ponto em diante, a gravação do piloto foi tranquila, graças, em grande parte, à criatividade, preparação e experiência de Robby Benson. Robby até assumiu uma função dupla ao concordar em fazer o papel de pai de Sabrina, tendo que dirigir a si mesmo.

A única pequena decepção, para mim, veio durante a cena do Conselho dos Feiticeiros. Penn e Teller tinham vindo de Las Vegas e estavam prontos para o trabalho. Debbie Harry (vocalista do Blondie) veio da Europa e estava um pouco cansada, mas logo se atualizou das suas falas. O quarto membro do Conselho, o Mr. X, não tinha falas... porque ele só tinha seis meses de idade. Escrevi o papel pensando em um bebê específico. Desde que nascera, nosso filho, Rudy, era bem-humorado. Como Mr. X, ele só precisava ficar lá sentado e ser fofo. Rudy conseguiu o papel.

No dia da gravação, Colin levou nosso filho para o figurino, onde o vestiram com um macacão roxo de veludo. Mr. X chegou ao set parecendo da realeza. A equipe ainda estava iluminando o cenário quando, do nada:

— Buá.

Colin e eu trocamos olhares. Rudy quase nunca fazia manha.

— Será que a roupa está incomodando? — perguntei.

Colin checou a gola alta do macacão.

— Parece normal.

— Buá.

— Você acha que ele está quente? — questionou Colin.

Coloquei os lábios na testa de Rudy. Ele *estava* quente. Supusemos que o macacão de poliéster fosse o culpado, então o tiramos. Não ajudou.

Rudy estava com a sua primeira febre. Olhei para Robby Benson, que estava revisando cenas gravadas com a equipe de câmera. A cena tinha vários papéis com falas, efeitos especiais e objetos cênicos mecânicos. Adicionar mais uma variável impossível de controlar estressaria a gravação. Como produtora executiva, tomei a difícil decisão de fazer o que era melhor para a produção. Cortei o meu próprio filho da cena. Colin levou Rudy para casa.

Seis meses depois, por volta do primeiro aniversário, Rudy fez a sua estreia na TV, aparecendo como Cupido no fim da sequência de créditos de abertura do nosso episódio de Dia dos Namorados. O duplo significado de "Criado por" é meio que incrível.

Depois do piloto, os roteiristas começaram a bolar os doze episódios seguintes nos nossos escritórios na Universal. A sala dos roteiristas de *Sabrina* ficava embaixo de um estacionamento e, toda vez que um carro entrava ou saía, a sala tremia como se fosse um terremoto. Costumávamos brincar que, se um dia o "grande terremoto" chegasse, íamos dar de ombros e pensar: "Ah, é só um caminhão", logo antes de o teto cair e nos esmagar.

Quando estava perto da nossa estreia em 27 de setembro de 1996, *Sabrina* não estava recebendo muita atenção, porque os esforços promo-

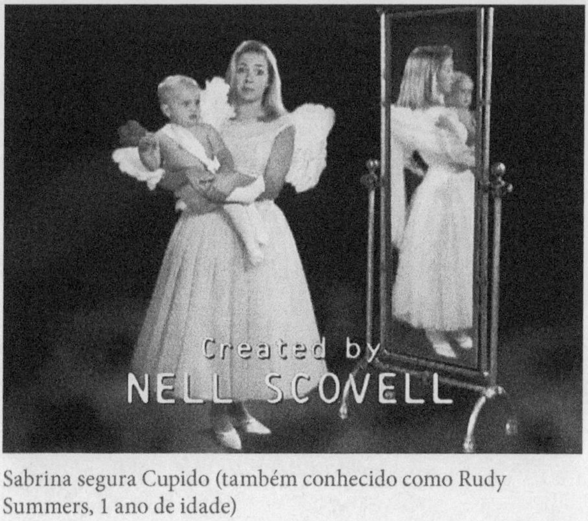

Sabrina segura Cupido (também conhecido como Rudy Summers, 1 ano de idade)

cionais da ABC focaram em *As patricinhas*, uma adaptação para a TV do filme perfeito de Amy Heckerling, *As patricinhas de Beverly Hills*. Fiquei preocupada de que os críticos de TV (que eram e ainda são, na sua maioria, homens) não entendessem nossa série e suas três protagonistas mulheres. Alguns críticos de fato desprezaram o programa, chamando-o de "idiota" e "quase bobalhão". Porém, alguns nomes de peso, como o ganhador do Pulitzer Tom Shales, ficaram encantados.

Sabrina estreou em uma noite de sexta-feira e, na manhã seguinte, exatamente às nove, eu estava na cozinha ligando para o número da ABC que informava a audiência da noite anterior. Na sexta, em geral, programas da emissora recebiam de dez a catorze pontos de audiência. Eu ouvi a voz monótona da linha direta passar pelos programas das oito. Meu coração estava batendo forte quando anunciou: "Oito e meia. ABC. *Sabrina, aprendiz de feiticeira*, estreia. Vinte pontos."

Minhas três críticas favoritas para Sabrina, aprendiz de feiticeira

- Entretenimento familiar perfeitamente respeitável, mas não tão respeitável a ponto de ser bobo, *Sabrina, aprendiz de feiticeira* é uma adição brilhante e jovial à noite de sexta da ABC.

  — Tom Shales, *The Washington Post*

- Não apenas apropriado para a programação da noite de sexta, mas um programa de TV bom o suficiente para qualquer noite.

  — David Wild, *Rolling Stone*

- *Sabrina* é uma série com dois níveis. Sua bobeira descarada é pensada para uma audiência jovem, sua sátira cheia de nuances é algo que também pode divertir adultos.

  — Howard Rosenberg, *Los Angeles Times*

Gritei. Durante todo o fim de semana, liguei para o número várias e várias vezes, e nunca me cansei de ouvir aquele "vinte pontos" monótono, que significava mais de 18 milhões de telespectadores. Dentro de algumas semanas, meu herói e guru de programação da ABC, Jeff Bader, estava dizendo à *Entertainment Weekly*: "Sabrina é aquela série pequena que conseguiu vencer."

A emissora trocou o nosso horário com o de *As patricinhas*. Ficamos nas nove horas e terminamos em 30º lugar dos 155 programas na temporada televisiva de 1996-1997. Mais importante, o episódio do Dia dos Namorados realizou o meu sonho de ser mencionada na coluna "CHEERS & JEERS", do *TV Guide*. Ainda melhor, não estava sendo zoada.

> **CHEERS** to sharp gamesmanship. A recent episode of ABC's *Sabrina* found our favorite teenage witch (**Melissa Joan Hart**) undergoing a ritual to test her affection for her boyfriend, Harvey (**Nate Richert**). The first hurdle involved her becoming a contestant on the "True Love Game Show." But wait a minute—those loud flower-bedecked curtains, that tacky theme music, the silly questions ("Harvey #2, if you were a condiment, what would you be?")—it was a fastidious and funny recreation of that TV trifle from the '60s, *The Dating Game*. (Filling in admirably for host **Jim Lange** was **Peter Marshall**, who earned his game-show stripes on *Hollywood Squares*.) The campy spell cast by *Sabrina* was enchanting.
>
> TV GUIDE MARCH 8, 1997

Parabéns à trapaça esperta. Um episódio recente de *Sabrina*, da ABC, mostrou a nossa bruxa adolescente favorita (Melissa Joan Hart) praticando um ritual para testar a afeição do namorado, Harvey (Nate Richert). O primeiro obstáculo que ela encontra é se tornar competidora no "Game show do verdadeiro amor". Mas espere um minuto — aquelas cortinas decoradas com flores chamativas, a música-tema cafona, as perguntas idiotas ("Harvey #2, se você fosse um condimento, qual seria?") —, aquilo era uma recriação atenta, detalhada e engraçada daquela frivolidade dos anos 1960 chamada *The Dating Game*. (Interpretando admiravelmente o papel de Jim Lang estava Peter Marshall, que ganhou a sua ginga de apresentador em *Hollywood Squares*.) O sofisticado feitiço jogado por *Sabrina* foi encantador.

8 de março de 1997, TV Guide

Como showrunner, eu compunha a equipe de roteiristas e contratei a coprodutora executiva Norma Vela e as produtoras supervisoras Carrie Honigblum e Renee Phillips. Nunca tinha trabalhado em uma série com tantas mulheres em cargos altos. Mesmo assim, gostaria de ter sido mais inclusiva. A sala de *Sabrina* tinha alguma diversidade — um roteirista com deficiência, uma roteirista casada com um latino, um formado em Stanford —, mas não tinha nenhum roteirista negro. Estou ciente de todas as desculpas que podem ser dadas para justificar essa homogeneidade, porque todas foram ditas a mim em programas centrados em homens. Eu tinha a oportunidade de incluir mais vozes e não me esforcei o suficiente. Foi um erro. A série teria sido mais engraçada.

O elenco também era todo branco. No início do processo do piloto, meus agentes da CAA sugeriram Cicely Tyson para o papel da tia Zelda. Tyson é uma atriz vencedora dos prêmios Tony e Emmy, e eu devia ter aproveitado a sugestão. Em vez disso, falei que já estávamos fechando com Caroline Rhea e não faria sentido as duas serem irmãs.

— É um mundo mágico. Talvez uma das irmãs possa ser negra — argumentou a minha agente.

Teria sido uma decisão interessante e ousada, mas não segui com a ideia.

O restante da equipe de roteiristas incluía o alter ego de Salem, Nick Bakay, que era insubstituível e teve uma carreira estelar tanto na TV quanto no cinema. (Pode agradecer a Nick por *Segurança de shopping*.) Frank Conniff era mais conhecido como "Frank da TV", de *MST3K*. Rachel Lipman tinha escrito um episódio clássico de *Os anjinhos*. Eu dependia bastante do coprodutor Jon Sherman, que depois se tornou produtor executivo de *Frasier*. Jon e eu fazíamos um ao outro gargalhar com piadas inteligentes e idiotas ao mesmo tempo, como: "Ah, você sabia que tem uma palestra no MIT sobre o Princípio da Incerteza de Heisenberg hoje? É ou às oito, ou às dez."

No set, Paul Feig era hilário como o professor de biologia de Sabrina, o sr. Pool (primeiro nome Gene). Assistir a Gary Halvorson dirigir seis episódios foi uma aula sobre como liderar um estúdio. O editor Stu Bass tornava cada episódio mais engraçado. (Ei, nunca pude fazer um discurso no Emmy, então estou fazendo aqui.)

O tom da série tendia a ser a minha mistura favorita de pé no chão e absurdo. O time de futebol americano da escola de Sabrina era conhecido como "The Fighting Scallions" [As cebolinhas lutadoras, em tradução literal], um erro de impressão de "Stallions" [garanhões] que a escola não tinha dinheiro para corrigir. Criamos um flã gigante e um monstro de fios de algodão que pulava da secadora apenas porque tínhamos vontade. Contratamos atores convidados com quem queríamos trabalhar, como Bryan Cranston, Henry Gibson e Donald Faison. Raquel Welch fazia a divertida tia Vesta, que usava botas de cano alto e ajudou a série a conseguir o seu episódio de maior audiência. Raquel era totalmente profissional e tinha um ótimo espírito esportivo, sendo tão encantadora na tela quanto fora dela. Durante os intervalos, eu a enchia de perguntas.

— Qual foi o maior paquerador com quem você já trabalhou? — perguntei.

— Richard Burton — disse ela, sem hesitar. — Ele foi o melhor. — Então, seus olhos brilharam enquanto ela assumia, com desejo: — Quer dizer... dentro de um armário em um minuto.

Um flã gigante: seria um sonho?

Linty, o monstro de fios de algodão

Beth Broderick e Caroline Rhea eram uma equipe fantástica como as tias Zelda e Hilda. Beth encarava as tramas e aceitava a tarefa necessária de expor a explicação. Caroline ficava com os ápices cômicos. Seu tom amigável e animado lhe permitia dizer as coisas mais insanas com convicção total. Quando Hilda e Drell começam um relacionamento, ela explica que, quando ele furar um encontro, deve sempre mandar uma caçarola de carne assada aparecer magicamente no seu forno.

— Flores murcham — disse Hilda. — Declare-se com carne.

Fazia *perfeito* sentido saindo da boca de Caroline. Em outro episódio, um feitiço dá errado e faz crescer uma barba grossa e exuberante em Hilda. Fiquei preocupada que a barba pudesse deixar Caroline constrangida, mas teve o efeito oposto. Caroline passeou pelo set com uma blusa apertada, saia curta e barba cheia cerrada. Juro que ela nunca esteve mais sexy.

Com Caroline Rhea antes de ela se barbear

A encomenda original de treze episódios de *Sabrina* foi expandida para 22 e, depois, a emissora adicionou mais dois. Tivemos alguma rotatividade na sala de roteiristas e, faltando cinco episódios para o final da temporada, contratei o meu amigo Barry Marx para a equipe. Barry nunca tinha escrito para TV, mas tinha trabalhado em um videogame com Penn e Teller, e eu sabia que ele conseguiria. Barry se mudou de Nova Jersey para a costa Oeste por alguns meses, sublocando um apartamento perto do letreiro de Hollywood.

Nos dois últimos episódios, eu estava exausta. Séries novas dão muito trabalho, e ter uma equipe ainda iniciante significa ter que reescrever muito. A produtora executiva Liz Friedman certa vez resumiu a experiência: "Ter uma série é como ser espancada até a morte pelo seu próprio sonho."

Meu contrato era para apenas uma temporada e a Viacom me ofereceu um negócio generoso, mas não perfeito, para estender por mais uma. Eu estava indecisa sobre voltar por uma série de razões, e não tinha a energia mental para definir enquanto ainda estávamos em produção. Meu objetivo era acabar bem a temporada. O penúltimo episódio foi construído ao redor de Sabrina e colegas de classe visitando a cidade de Salem, Massachusetts. Eu tinha escrito um esquema detalhado que a emissora e o estúdio aprovaram em uma sexta. Era uma boa notícia. A má notícia era que a leitura seria na segunda, o que significava que eu precisava escrever o roteiro durante o fim de semana.

Naquela sexta, em torno de sete da noite, mandei os roteiristas para casa. Tinha sido um dia difícil e dramático, então, a maioria saiu da sala como um raio. Um roteirista ficou.

— Posso fazer alguma coisa para ajudar? — perguntou Barry.

— Obrigada — falei. — Vou ficar bem.

Ele me deu um sorriso doce e gentil. Dissemos boa-noite e voltei ao set, onde gravamos por mais algumas horas. Quando acabou a gravação, fui para casa encontrar Colin. Já estávamos na cama, às onze, quando o telefone tocou. Era Penn, em Las Vegas. A namorada de Barry tinha acabado de ligar de Nova York. Ela estava falando com Barry ao telefone quando, de repente, ele reclamou: "Caramba, que dor", e a ligação caiu. Ela tinha tentado ligar de volta, mas a linha estava ocupada. Ela não sabia ligar para a emergência a partir de outro estado, por isso ligou para Penn, que estava tentando entrar em contato com os amigos de Barry em Los Angeles. Outro amigo, Rich Nathanson, já estava reportando a emergência. Colin e eu pulamos no carro. Todas as indicações apontavam para notícias horríveis. Não era do feitio de Barry deixar ninguém se preocupar. Colin dirigiu rápido demais. Eu estava aos prantos.

Havia carros de polícia em frente ao condomínio quando chegamos. Rich estava parado no gramado, o rosto franzido. Choramos ao ver os legistas carregando um saco com um corpo pesado para dentro de um veículo.

— Lá se vai o nosso amigo — disse Rich, chorando.

Um policial nos informou que Barry morrera de causas naturais. Depois, ficamos sabendo que ele sofreu uma ruptura na aorta, um defeito congênito. Ele tinha 40 anos.

Isso foi na sexta à noite. Passei o sábado com amigos e família. No domingo, Jon Sherman foi à minha casa e, juntos, transformamos a escaleta do julgamento das bruxas de Salem em um roteiro. Fiquei muito grata por ter o talento e a amizade de Jon.

A leitura foi como um borrão. Barry era tão novo na série que a maioria da equipe e dos atores ainda não tinha se apegado a ele. Ele era como um *redshirt*, os infames oficiais de segurança da Enterprise que sempre morriam nas missões, da vida real. (Esse pode parecer um comentário cruel, mas a referência teria feito Barry gargalhar.) Naquela mesma tarde, entrei em contato com os pais de Barry, dizendo a eles o quanto eu sentia e como todos sentiríamos falta dele. Eu estava culpada pelo emprego tê-lo feito mudar para quase 5 mil quilômetros de distância. Não conseguia imaginar a dor deles.

Naquela mesma semana, meu advogado ligou para dizer que a Viacom estava pressionando por uma resposta para a última oferta que fizeram. Perguntei se podiam esperar até a temporada terminar. O departamento comercial da empresa disse que não. E eis o que aprendi: se você estiver em dúvida sobre assinar um contrato com um projeto que consome todo o seu tempo e, naquela mesma semana, vir um amigo dentro de um caixão, determinará que a vida é curta demais. Tomará a decisão que lhe permite passar um tempo precioso com as pessoas que você mais ama. Fui embora de *Sabrina*.

Há dias em que me arrependo dessa decisão. Havia motivos criativos e financeiros convincentes para ficar. Também havia aspectos desagradáveis do trabalho que talvez não pudessem ser corrigidos. Mitch Hurwitz, criador de *Arrested Development*, certa vez comparou ser showrunner a "pilotar um avião enquanto os passageiros jogam pedras na sua cabeça". Conheço bem esse sentimento. Dá vontade de se virar e gritar: "Ei! Se eu cair, *todo mundo* cai junto."

Minha amiga Miriam Trogdon assumiu como showrunner de *Sabrina* e fiquei feliz de a Viacom não ter me substituído por um homem. (No fim, isso acabou acontecendo.) Miriam me ligou para dar um alô e um conselho útil.

Colin e Rudy na época de *Sabrina*

— Minha recomendação é a seguinte — disse Miriam. — Nunca mais assista à série.

Aceitei o conselho dela, embora uma vez, enquanto procurava algo para assistir em um avião, eu tenha visto uma cena de uma temporada que veio bem depois. Sabrina e as tias estavam discutindo na cozinha dos Spellman, e as atitudes das personagens eram irreconhecíveis para mim. As únicas coisas que me pareciam familiares eram os pequenos ganchos para xícaras de chá nos armários, que eu tinha escolhido com o decorador do set para o piloto.

Sabrina continuou por mais três anos na ABC e dois na WB. A audiência nunca foi tão alta quanto na primeira temporada, mas permaneceu forte o suficiente para a série ser vendida e redistribuída em outros canais.

Em 2016, *Sabrina* comemorou o seu aniversário de vinte anos, e uma repórter procurou mulheres que tinham crescido assistindo à série. Lena Dunham tinha dez anos quando o seriado estreou e declarou o seguinte: "*Sabrina, aprendiz de feiticeira* foi verdadeiramente formativo para mim em todos os sentidos: era, de uma maneira sutil, uma forma feminista radical de contar histórias, sem nunca negar o poder da irmandade ou a mágica de uma garota adolescente. Sabrina decidia e fazia as coisas sozinha, tinha ousadia, e isso vinha em forma de mágica. É algo que me faz rir até hoje. Tenho sorte de a série ter estado na TV para garotas como eu."

As palavras de Lena me fizeram pensar na mesa de leitura em que lutei para que as tias continuassem acolhedoras à sobrinha. "Nunca negar o poder da irmandade" acabou sendo chave para o nosso sucesso.

Como fã de ficção científica, às vezes fantasio sobre visitar um universo paralelo onde eu tivesse permanecido como showrunner de *Sabrina*. Gostaria de conhecer a Nell alternativa e perguntar se valeu a pena superar os obstáculos para criar flãs ainda maiores e monstros com mais fios de algodão. Porém, acima de tudo, quero ir àquele universo paralelo e passar um tempo com o Barry Marx alternativo, que ainda está vivo e bem e dando o seu sorriso doce e gentil.

Barry Marx segurando Rudy

Elenco convidado sortido que você talvez não saiba que apareceu em *Sabrina, aprendiz de feiticeira*

ATOR CONVIDADO	EPISÓDIO	MAIS CONHECIDO POR	PAPEL QUE FEZ	DESTAQUE
Bryan Cranston	A noiva no castelo	*Breaking Bad*	Advogado do outro reino	Vestiu um terno de alfaiataria, incluindo paletó, calças, colete e cuecas
Henry Gibson	O melhor gato	*Laugh In*	Juiz Samuels	Pude dizer a ele o quanto amava a sua atuação como Haven Hamilton em Nashville, de Robert Altman
Raquel Welch	Terceira tia vinda do Sol	Símbolo sexual, estrela de cinema	Vesta, terceira tia de Sabrina	"Shake your whammy fanny funky song, funky song"
Dana Gould	A garota e seu gato	Comediante stand-up brilhante	Monty	"Monty" pode ser descrito como um personagem ao estilo de Paul Lynde... só que mais gay
Chris Elliott	Namoros em marte	*Late Night with David Letterman*	Warren, um espião que se passa por vendedor de seguros de carro	Chris e eu não tínhamos estado no Letterman ao mesmo tempo, então foi a primeira vez que nos encontramos
Brady Anderson	Sabrina no espelho	Baltimore Orioles, 50 home-runs em uma temporada	Interpretou ele mesmo — e teve dificuldade até nisso	Todos no set tinham uma queda por ele — inclusive eu
Milo Ventimiglia	Coisas terríveis	*Gilmore Girls*, *Heroes*, *This is Us*	Jogador de futebol americano	Vota para Libby ser presidente da turma com base na proposta de "mais pizza no almoço"
Donald Faison	Magic Joel	*Scrubs*	Justin	Faz teste para ser assistente do Mago Joel
Brian Austin Green	O companheiro ideal	"David Silver" em *Barrados no baile*	O namorado ideal de Sabrina, feito de Massa de Homem	Ele pareceu ter se arrependido da participação, mas fez uma atuação ótima, com um entusiasmo exagerado

Estágio 3

ME TRAGAM UMA NELL SCOVELL MAIS NOVA E MAIS BARATA AGORA!

CAPÍTULO 11

A poesia está no fazer

"Dê boas-vindas a acidentes fortuitos."

— Arthur Penn sobre dirigir filmes

EM DEZEMBRO DE 2002, COLIN E EU FOMOS AO JANTAR DE GALA da Associação de Críticos de Filmes de Los Angeles, no elegante hotel Casa del Mar. Estávamos na melhor — ou o que quer que seja o oposto de estar na pior. Da nossa mesa, eu estava perto o suficiente para passar a mão na cabeça raspada de Daniel Day-Lewis, conseguia ouvir Julianne Moore mascando chiclete e podia sentir o brilho do sorriso de Jack Nicholson liderando a mesa de *As confissões de Schmidt*. E bem à minha frente, estava sentado o nosso amigo Arthur Penn, que receberia um prêmio pelo conjunto da obra, incluindo *Bonnie e Clyde — Uma rajada de balas*, *Pequeno grande homem* e *Penn & Teller Get Killed*. Esse último não é um dos filmes mais conhecidos de Arthur, mas é o motivo pelo qual nos conhecemos. Eu o tinha entrevistado para a *Rolling Stone* em 1986, e continuado a entrevista pelos 25 anos seguintes.

Os outros assentos da nossa mesa estavam ocupados por amigos de Arthur e alguns dos meus ídolos: o roteirista de *Tootsie* e criador de *M*A*S*H* Larry Gelbart, Mel Brooks e a esposa, Anne Bancroft. Arthur dirigira Anne em *O milagre de Anne Sullivan* na Broadway e os dois ganharam prêmios Tony. Também a dirigiu na versão cinematográfica e ambos foram indicados ao Oscar. Anne levou o prêmio naquele ano, mas Arthur perdeu para David Lean e *Lawrence da Arábia*. (Isso que é matador da categoria.)

O jantar dos críticos era uma verdadeira celebração do cinema. Como comentou um vencedor: "É muito bom receber um prêmio de pessoas que realmente viram os filmes." O diretor espanhol Pedro Almodóvar ficava vindo à nossa mesa para abraçar Arthur. Mais tarde, Almodóvar observou, com o seu inglês charmoso e cheio de sotaque:

— Você é a pessoa mais legal com quem já jantei. Para uma orgia, não sei. Eu teria que pesquisar melhor. Mas para jantar, muito legal.

Perto do fim da programação, Anne Bancroft se levantou e caminhou até o palco para entregar o prêmio a Arthur. Assim que a atriz chegou ao pódio, uma voz soou da nossa mesa.

— Fale de mim! — gritou Mel Brooks.

— Nem pensar! — gritou Anne de volta, com seu sotaque do Brooklyn. O salão caiu na gargalhada.

Anne elogiou Arthur a ponto de ele começar a ficar vermelho e, então, ele se juntou a ela no palco. Falou sobre a sua vida no teatro e no cinema, e sobre a importância dos amigos, da esposa e dos filhos, Matt e Molly. Houve dois aplausos de pé naquela noite. Um foi para Arthur Penn. E o outro também.

Aquele jantar foi uma dessas noites inesquecíveis que só acontecem uma vez na vida, mas eu ficava igualmente feliz de estar sentada sozinha com Arthur no apartamento na Central Park West e ouvir as suas histórias. Ele conhecia um número impressionante de artistas, literalmente desde que nasceu, já que seu irmão mais velho era o célebre fotógrafo Irving Penn. Na Black Mountain College, Arthur estudou com Buckminster Fuller. Antes de se tornar um diretor renomado, Mike Nichols pediu para Arthur dirigir o álbum de comédia ao vivo "An Evening with Mike Nichols and Elaine May". Arthur conhecia até Dorothy Parker.

— Foi horrível como o álcool a destruiu — disse ele para mim, balançando a cabeça.

Arthur e eu passávamos bastante tempo falando sobre direção. Era o que amava fazer, e ele revolucionara o formato. Hoje, é clichê gravar a violência de forma realista em câmera lenta, mas Arthur foi pioneiro desse estilo com a emboscada do fim de *Bonnie e Clyde*. Quando recebi o meu primeiro trabalho de direção em 1998, um dos primeiros e-mails que mandei para Arthur tinha o assunto "Socorro". Percebo que pedir para Arthur ser mentor de alguém que está fazendo um filme para o canal Showtime Family é meio como pedir para Michael Phelps ensinar o seu filho de cinco anos a nadar. Porém, se Phelps estiver disposto, por que não?

Estranhamente, o que me inspirou a me tornar diretora foi não a grandeza, mas a mediocridade. Nos anos que passei escrevendo e produzindo sitcoms, trabalhei com centenas de diretores. Muitos eram cuidadosos e habilidosos, mas alguns tropeçavam por todo o caminho, mal conheciam o roteiro e não planejavam os blocos. Eu me inspirei na incompetência deles. Como diretora, não buscava ser uma gênia visionária como Arthur, mas imaginei que poderia ser mais que medíocre.

Depois de *Sabrina*, a Viacom queria encontrar um novo projeto em que pudéssemos trabalhar juntos. Perguntaram se eu tinha alguma premissa de filme que pudesse, depois, ser transformada em série de TV. Assistir aos jovens atores em *Sabrina* me dera uma ideia: e se uma ex-estrela infantil decadente e ultrapassada de 16 anos tivesse que ir para a escola pela primeira vez? Para ela, seria estranho ser normal. A Viacom gostou da ideia e fez um contrato para eu escrever o roteiro. Meu único pedido: eu também queria dirigir.

Apresentamos *Hayley Wagner, Star*, para Dominique Telson, executiva do Showtime. Ela comprou e me aprovou como diretora novata. Não acho que tenha sido coincidência eu dever a minha primeira grande chance a uma executiva negra. Escolhi um bom momento para entrar em um campo tradicionalmente masculino. Durante os anos 1990, as mulheres estavam conseguindo mais posições de liderança. Ruth Bader Ginsburg se juntou a Sandra Day O'Connor na Suprema Corte. Ann Richards foi eleita governadora do Texas. Madeleine Albright foi nomeada secretária de Estado. Como a astronauta Sally Ride, o movimento feminista seguia para a igualdade a velocidades astronômicas... até 1998, quando o pau do presidente Bill Clinton acabou bruscamente com tudo. (Para mais informações, por favor, leia o meu livro *Só as partes inchadas.*)

Os aspectos técnicos da direção eram os que mais me assustavam. Stu Bass, editor de *Sabrina*, e eu passamos inúmeras horas discutindo blocos e posicionamento de câmera. Para mim, a preparação era o principal, mas Arthur me alertou a não trancar todas as cenas antes de pisar no set.

— Dê boas-vindas a acidentes fortuitos — disse ele.

Arthur me pediu para resistir à urgência de gritar "Corta!" quando uma mosca incomoda um ator ou quando uma atriz tem dificuldade de andar de salto alto. Um nariz coçando, um passo instável, tudo isso pode criar um momento de tensão ou verossimilhança. Ele também recomendou que eu tivesse opções. Depois de conseguir o take que estava procurando, me encorajou a conseguir o take que eu não estava procurando.

— Espere pelo momento — aconselhou Arthur.

— Que momento?

— O momento pelo qual está esperando — disse ele com um sorriso.

O filme seria gravado em Vancouver, onde o dólar norte-americano valia mais. Odiei a ideia de ficar longe de casa por seis semanas. Um consolo foi que, desde a saída de *Sabrina*, eu não estava trabalhando por horas insanas. Eu tinha aceitado um contrato de desenvolvimento com a Brillstein-Grey e sido consultora em algumas séries. Estava, naquele momento, trabalhando três dias por semana no seriado médico *Providence.* Como sempre, ajudava saber que Colin era capaz de cuidar de Rudy, de 3 anos, e de Dexter, que ainda não tinha 1 ano.

Vancouver era linda e rapidamente me apaixonei pelos seus parques à beira-mar e seu sushi barato. Dei sorte de a Viacom contratar Richard Davis, um adorável australiano de barba branca, para produzir o filme. Richard tinha décadas de experiência e me apoiava sem ser condescendente. Ele foi um parceiro desde o início. Mesmo assim, fiquei preocupada em não ser aceita pelo restante da equipe.

— Há três coisas de que as equipes canadenses não gostam — falou um amigo de Los Angeles, contando nos dedos. — Um: diretores americanos. Dois: diretores novatos. Três: diretoras mulheres.

Eu era o pacote completo, queridos.

Desde o momento em que pisei no set, senti alguma resistência. O diretor de fotografia às vezes rolava os olhos para as minhas escolhas de enquadramento. Em uma cena, Hayley estava fazendo testes para um papel na peça da escola. O diretor de fotografia achou que a tomada devia ser fechada, focando no rosto da atriz Bethany Richard. Pedi uma tomada mais ampla, a partir da cintura de Bethany, para pegar a linguagem corporal despojada dela e também a roupa maravilhosa produzida por Elizabeth Stewart. O diretor de fotografia ficava forçando a gravação fechada. Quando eu enfim insisti na tomada mais ampla, ele jogou as mãos para cima.

— É isso que ela quer, então, faça — informou ao câmera, antes de ir para o outro lado do estúdio de gravação.

Stephen Gaghan, roteirista de *Traffic* e diretor de *Syriana: a indústria do petróleo*, certa vez sentou-se ao meu lado em uma reunião da Associação de Roteiristas e resumiu a experiência de ser diretor:

— Você acha que vai ser o ditador do set — disse Stephen —, mas, na verdade, você é o centro que sempre tem que ceder, o espaço que encontra harmonia.

Tive problemas para encontrar harmonia naquele dia, e culpei a mim mesma. Eu sabia que era um erro estressar o diretor de fotografia, que tem uma influência tremenda na produção. Com medo de perder o apoio dele, mandei um e-mail para Arthur, pedindo conselho. Ele escreveu de volta:

> *No meu primeiro filme em Hollywood, a equipe me enlouqueceu com "é assim que a GENTE faz", de um jeito lento, meticuloso e falso. Eles queriam dizer: "Não igual a vocês, os novos-ricos da TV, que não têm tradição e fazem de qualquer jeito." Pedi para*

o diretor de fotografia gravar com duas câmeras. Ele resistiu. Eu insisti. Ele escreveu na claquete da câmera 2 "gravado sob protesto". As linhas de batalha tinham sido delimitadas.

Foi reconfortante saber que até Arthur, um homem experiente, enfrentara a mesma situação. Parei de me culpar por insistir em uma tomada. Era o meu trabalho. Mesmo assim, sabia que o filme ficaria melhor se aquelas "linhas de batalha" fossem apagadas. Queria que a equipe ficasse ao meu lado, mas como? Então, dei boas-vindas a um "acidente fortuito".

No início da segunda semana, estávamos gravando perto de um lago quando o céu fechou. A maior parte da equipe voltou aos caminhões para ficar seca, mas decidi ficar perto do set para poder voltar a filmar assim que a chuva parasse. Uma pequena lona tinha sido montada ali perto — não para proteger humanos, mas o equipamento caro. Fui para lá, apertando a minha capa de chuva roxa da marca Patagonia ao redor do corpo. Assim que me enfiei embaixo da lona, percebi que não estava sozinha. Harvey LaRocque, o operador da câmera A, ficara com a sua câmera, defendendo-a como o capitão de um navio. Trocamos acenos de cabeça, como fazíamos desde o início do projeto, nunca conversando mais longamente. Porém, enquanto a chuva caía, me senti pressionada a puxar assunto.

— De onde você é, Harvey? — perguntei.

— De uma cidade pequena em Ontário —respondeu ele. — Parry Sound.

— A cidade de Bobby Orr!

Harvey reagiu com um susto.

— Como sabe disso?

— Eu sou de Boston. Cresci assistindo aos Bruins.

— Não acredito.

Era mais uma expressão de surpresa que de desafio, mas, como não tínhamos nada melhor para fazer, decidi enumerar os nomes dos jogadores dos Bruins daquela época.

— Bobby Orr, Phil Esposito, Johnny Bucyk, Wayne Cashman, Kenny Hodge, Gerry Cheevers, John McKenzie, Derek Sanderson.

Quando cheguei em Dallas Smith, Harvey levantou a mão.

— Está bem! Acredito em você.

Nós dois sorrimos. O sol não saiu naquele momento (embora isso vá acontecer na versão cinematográfica da minha vida) e, dali em diante, Harvey se tornou a minha arma secreta no set. Quando o diretor de fotografia e eu chegávamos a um impasse, Harvey tentava fazer a ponte, entrando no assunto para sugerir um meio-termo. Em vez de um duelo, o processo se tornou colaborativo, o que sempre é melhor.

Fazer uma conexão com Harvey ajudou, mas eu ainda me sentia uma intrusa. Certa vez, vi um pequeno grupo de membros da equipe ao lado do estúdio, rindo. Caminhei até lá e, quando me aproximei, eles se calaram.

— Desculpa — falei —, não quis interromper.

— Não foi nada — disse um câmera.

— Bom, parecia que vocês estavam rindo de *alguma coisa*.

Um membro da equipe apontou para outro.

— Ele estava contando uma piada.

— Ah, quero ouvir — pedi.

— Não na frente de uma mulher... — relutou ele.

Aí contei ao grupo uma piada tão nojenta que não consigo nem repetir aqui. A partir de então, eles me incluíram nos seus grupinhos. Uma vez, na mesa do bufê, um supervisor parou ao meu lado.

— Você já ouviu esta? — perguntou. — Qual a diferença entre uma geladeira e uma mulher?

Eu não fazia ideia.

— Uma geladeira não peida quando você tira a linguiça.

Foi uma piada escrota, mas um momento lindo.

Alyson Hannigan, Penn Jillette e o comediante Paul Provenza, que deu um pulo no set. Note como estou encasacada em comparação a Alyson. Estava muito frio, mas ela aguentou firme

O set de *Hayley Wagner, Star* encontrou harmonia graças a uma equipe esforçada, um produtor firme, um estúdio que me apoiava e um elenco focado que incluía Priscilla Presley, Meghan Ory e Pam Grier. Até a nossa temida gravação noturna correu bem. Ajudou eu ter escalado Penn Jillette para interpretar o diretor do filme de zumbis dentro do filme. Ver o rosto de um velho amigo fez com que aquela longa noite ficasse mais fácil. Alyson Hannigan pegou um avião durante as férias de *Buffy, a caça-vampiros* para fazer a estrela do filme de zumbi. Canalizar uma diva egoísta era um exagero para Alyson, que é tudo menos isso. No entanto, ela parecia ter uma atriz específica em mente enquanto fazia o papel.

Voltei a Los Angeles para editar e me reunir alegremente com a minha família. Nosso filho de um ano, que sempre acordava cedo, ficou animadíssimo por ter uma companhia mais alerta durante as manhãs. (Eu sou uma pessoa mais matutina que Colin.) E nenhum pai ficou mais feliz de levar o filho de três anos à pré-escola que eu naquela primeira semana de volta.

Hayley Wagner, Star teve uma boa audiência quando estreou, em 1999, e Bethany Richards recebeu uma indicação merecida para um prêmio Young Artist. A Viacom fez um trailer e a WB encomendou um piloto. Infelizmente, a emissora não me aprovou como diretora. Recorri a Robby Benson, que fizera um excelente trabalho em *Sabrina*.

Mas um raio não cai duas vezes no mesmo lugar, e *Hayley Wagner, Star* não se tornou uma série. O sucesso de *Hannah Montana* seis anos depois me fez pensar que estávamos com a ideia certa na época errada.

A curva de aprendizado era íngreme, e eu queria manter o impulso. Encontrei com os meus agentes e falei sobre a minha intenção de achar outra oportunidade.

— Aceito qualquer reunião — disse aos três caras de terno. — Estou aberta a qualquer coisa. Só quero dirigir.

Os agentes trocaram olhares. Senti a sala esfriar.

— Sabe, Nell — disse um deles. — O *segundo* filme é o mais difícil de conseguir.

Aquilo não fazia sentido *nenhum*. O primeiro era o mais difícil, porque eu precisava achar alguém disposto a arriscar. Agora, eu tinha feito um filme — que fora bem-recebido e cujo orçamento não tinha sido estourado. Eu era mais experiente agora. Podíamos usar isso.

— Isso não faz sentido — falei, em desafio.

Os agentes deram de ombros.

— É assim que as coisas são.

Fui embora desmoralizada. Aqueles agentes nunca me conseguiram uma única reunião para direção. Nem mesmo uma. Às vezes, me culpo por não ter sido mais agressiva e buscado oportunidades sozinha. Só que dirigir é um trabalho exaustivo e ter que pressionar para fazê-lo parece com ser forçado a correr uma maratona antes de receber permissão de escalar o monte Everest.

Em 2016, escrevi uma coluna de opinião para o *The New York Times* sobre a falta de progresso feita em relação a mulheres dirigindo filmes desde os anos 1980. Apesar de todos os programas para desenvolver talentos e criar mentorias para mulheres e negros, a diversidade em cargos de direção não estava crescendo. Alguns insistiam que o problema era que essas pessoas não estavam disponíveis. Eu, por outro lado, apelidei isso de "problema da campainha quebrada". Mulheres competentes e talentosas estavam bem ali, na soleira da porta, apertando a campainha, mas ninguém abria.

A culpa é dos erros de percepção da nossa cultura. Estudos mostram que empregadores rotineiramente percebem os homens como mais competentes que as mulheres, mesmo quando os fatos não apoiam essa alegação. Por exemplo, códigos de software escritos por mulheres costumam ser avaliados como de maior qualidade por engenheiros homens... a não ser que esses avaliadores saibam quem os escreveu. Assim que o gênero é identificado, os avaliadores desvalorizam o trabalho gerado por mulheres. Homens que se candidatam a empregos também se beneficiam de poder falar sobre o seu sucesso sem problema. Frequentemente, as mulheres são ensinadas a subestimar o seu sucesso com afirmações como "Foi sorte" ou "Eu tive ajuda". Mas adivinha só? Os homens também tiveram sorte e ajuda. Isso faz com que seja mais difícil que as mulheres sejam vistas como capazes de liderar um sucesso de bilheterias. O enorme sucesso de *Mulher-Maravilha*, de Patty Jenkins, pode mudar esse cenário. Ou não. No ano seguinte a Kathryn Bigelow vencer o Oscar de Melhor Direção, a porcentagem de mulheres dirigindo longas-metragens chegou a diminuir.

Quando não querem contratar uma diretora, os empregadores alegam que isso está ligado a um potencial risco que querem evitar. Já eu vejo como uma rendição ao viés. O aviso dos meus agentes sobre o segundo filme ser mais difícil de conseguir se tornou uma profecia autorrealizável. Levou oito anos para eu conseguir o meu trabalho de direção seguinte.

Joey Plager é o tipo de produtor tenaz com que todo roteirista sonha. Há muito tempo, Joey comprou os direitos de *Betrayals*, um roteiro que coescrevi com a minha irmã Claire nos anos 1980. Uma mistura de *Sex and the City* com *E não sobrou nenhum*, de Agatha Christie, *Betrayals* girava em torno de cinco mulheres que moraram juntas na universidade e se encontram para uma reunião de dez anos da formatura. Cada uma revela um segredo que nunca contou para ninguém, como ter cometido adultério, ter ido a uma clínica de reabilitação, ter feito tráfico de influência. Depois das confissões, elas se abraçam e se sentem mais íntimas que nunca. Porém, quando voltam para casa, cada uma delas recebe um bilhete de chantagem. Claramente, uma delas é a chantagista, mas qual?

Depois de mais de uma década com o roteiro juntando poeira, Joey o pegou e sugeriu o projeto de baixo orçamento a Susanne Daniels, presidente de entretenimento da Lifetime. Susanne me aprovou como diretora. Não acredito que seja apenas coincidência uma executiva ter me dado a minha segunda chance. Porém, ainda tinha uma pegadinha. Sempre tem. O filme precisava entrar imediatamente em produção, o que acabava criando um conflito com o meu emprego como produtora consultora em *NCIS*. Faltavam dois episódios para a temporada acabar, mas os meus chefes me deixaram sair antes. Aquilo me custou mais dinheiro do que eu ganharia como diretora, mas estava animada demais por ter outra chance.

A produção aconteceria em Vancouver (de novo) e a realidade de fazer um filme de baixo orçamento bateu forte. A companhia de produção francesa que estava cofinanciando o projeto enviou um pedido para eu fazer o filme "parecendo Hitchcock". Só a cena do chuveiro em *Psicose* levou sete dias para ser filmada. Nós tínhamos dezessete dias no *total* para o filme todo. Eu respondi que tentaria, mas, infelizmente, a equipe de *Betrayals* teria deixado até Ed Wood frustrado. Houve incidentes e erros normais, como quando o gerente de locações esqueceu de verificar se a sauna onde íamos gravar fora desligada na noite anterior. Naquela manhã, abrimos a porta de cedro e sentimos o golpe de calor. O diretor de fotografia declarou:

— Caramba, está uma sauna aqui.

O calor ficava embaçando as lentes da câmera, então desligamos o disjuntor e trouxemos ventiladores. Levou uma hora para o set esfriar. Mesmo assim, continuou um calorzinho. A certo ponto, o maquiador começou a ter que enxugar o suor de verdade das atrizes antes de jogar o spray de suor falso. Queríamos um brilho adorável, não um desastre suarento real.

Antes do início da gravação, eu estava preocupada de que ter cinco atrizes protagonistas gerasse muito drama. Essa era uma ideia machista. As atrizes eram profissionais e se apoiavam por completo. Não tivemos tempo de ensaiar, por isso elas combinaram de se encontrar antes das filmagens para passar o texto. Quando não tínhamos suplentes para ajudar o diretor de fotografia a iluminar as cenas, as atrizes faziam essa função, permanecendo no *set* para as tomadas ficarem melhores. Nós seis formamos um grupo unido, em parte porque sentíamos que estávamos sendo atacadas.

O diretor de fotografia era próximo do produtor canadense que lidava com dinheiro e contratava a equipe. Juntos, eles tentavam me deixar de fora o tempo todo. Pediam os meus storyboards — esquemas de como eu planejava blocar e gravar cada cena. Quando os compartilhava,

Kira Clavell, Elisa Donovan, Sarah Joy Brown,
Jordan Ladd, Marissa Jaret Winokur, eu

eles começavam a refazer os blocos e os posicionamentos de câmera na mesma hora, falando um com o outro e me ignorando. Quando reclamei, eles riram.

— É que estamos acostumados a trabalhar um com o outro — disse o produtor. — Temos atalhos.

Sem saber o que fazer, mandei outro e-mail emergencial para Arthur. Ele respondeu imediatamente:

> *Nell… acabe com isso* agora. *Não deixe que eles tenham controle NA SUA PRESENÇA. Você sabe que, com certeza, eles vão falar pelas suas costas. Isso é fato. Mas na sua presença: você está no comando. Não fique paralisada por esses caras. Espere a venalidade.*
>
> *Segunda coisa: um storyboard é uma licença para todos dirigirem. Eu odeio. É um convite aberto para todos os que têm poder chegar a qualquer conclusão antes de você. Se precisar mesmo deles, mantenha-os mínimos, básicos.*
>
> *Terceira: termine os debates. Seja específica. "Sua preocupação é se há tomadas EXT. suficientes? Ok, vamos revê-las." "Me explique o filme todo." Coloque de outra forma. Não deixe que tenha a ver com tomadas. Fale de tom, clima, atmosfera, o inefável que distingue você, A DIRETORA. Desculpe se isso*

soa paternalista. Não é a minha intenção. O papel do diretor é misterioso, pessoal e não deve ser reduzido apenas a hardware e a sua função. Há um quociente de poesia que não é descritível. Está no fazer. Te amo, Nell.

Esse texto ainda me faz lacrimejar. Estou compartilhando as palavras de Arthur para que as pessoas possam ver como os melhores mentores vão além de oferecer conselho prático. Também detalham a psicologia da dinâmica, que, em geral, só se compreende após anos de experiências dolorosas. Por fim, os melhores mentores inspiram. "Há um quociente de poesia que não é descritível. Está no fazer." Nada podia ter me feito querer lutar mais pela minha visão que a definição de Arthur do papel do diretor.

No meu primeiro filme, a equipe, no fim, acabou gostando de mim. No segundo, as relações ficaram cada vez mais frias. No antepenúltimo dia, tínhamos um cronograma de matar, com dez páginas para serem filmadas. Cheguei com todos os meus blocos e me aproximei do diretor de fotografia para discuti-los. Ele se recusou a falar comigo. Eu o pressionei para me contar o que estava acontecendo.

Foto obrigatória de diretora sentada em uma grua. Nove anos depois... a mesma jaqueta roxa Patagonia

— As atrizes partiram o meu coração — disse ele. — Não ligo mais para este filme.

E depois dizem que as mulheres que são emotivas.

Eu não tinha ideia do que o diretor de fotografia queria dizer com aquela afirmação, mas não pude questioná-lo mais porque ele deixou o set. Estávamos com o tempo curto, então passei a lista de tomadas com um câmera, que era inexperiente, mas pelo menos estava lá. As atrizes chegaram preparadas e prontas para o trabalho. Por um milagre, conseguimos filmar seis páginas antes do almoço.

Voltei do nosso intervalo para blocar uma cena mais curta no mesmo set. De repente, o diretor de fotografia reapareceu, animado e falante.

— Tenho uma ideia de como você devia gravar a próxima cena — disse ele, e começou a dar a sugestão.

O método dele parecia complexo.

— Vamos ficar com a minha ideia — respondi. — Funcionou hoje de manhã.

— Do meu jeito, vai ser mais rápido — insistiu ele.

Eu estava cética. O diretor de fotografia chamou o produtor e sugeriu o plano a ele.

— Vai levar três horas. No máximo — disse o diretor de fotografia.

O produtor se virou e me olhou direto nos olhos.

— É assim que você deveria filmar a cena.

Ignorei o conselho de Arthur e deixei que eles tomassem o controle. Foi um desastre. Quatro horas e meia depois, a cena de duas páginas e meia ainda não estava finalizada. Estávamos fazendo close-ups quando o produtor voltou ao set.

— Fim. Esta cena acabou — anunciou ele. — Seguindo.

— Mas não temos todas as partes — argumentei.

— Que pena. Mas a culpa é sua!

Mordi a língua muitas vezes naquela gravação, mas não daquela vez.

— Você *sabe* que não desenhei essas tomadas. E *sabe* que foi você que as aprovou — falei.

— Não comece a jogar a culpa nos outros! — gritou ele.

Esse foi o dia em que me peguei chorando no chão de um armário de casacos falando ao telefone com o meu amigo Jesse Dylan. Tive muita sorte de ele estar disponível. O conselho de Jesse, "Caia lutando", me tirou da minha espiral de tristeza. Voltei ao set e, nas últimas três horas, consegui o necessário. Mais ou menos.

Em Los Angeles, Stu Bass pegou as gravações e fez sua mágica de edição, enfatizando tanto a comédia quanto o suspense. As atrizes atuaram de forma maravilhosa sob condições desafiadoras e a amizade que se criou entre elas ficava clara na tela. A Lifetime mudou o título, e o filme estreou em 11 de novembro de 2007, na mesma semana em que fiz 47 anos. Na semana anterior, Hollywood parou por uma greve de roteiristas que durou até fevereiro.

Mais uma vez, eu tinha esperança de aproveitar o impulso, mas, pelo jeito, o *terceiro* filme é o mais difícil de conseguir. Desde então, só tive a oportunidade de gravar um episódio de meia hora do programa *Awkward*, da MTV. É difícil saber se eu poderia ter me tornado uma diretora decente. Dizem que são necessárias 10 mil horas de prática deliberada para atingir a proficiência em uma habilidade. Atualmente, me faltam 9.500 horas.

Em 2009, visitei Arthur e a esposa dele, Peggy, na casa deles em Nova York. Com mais de 80 anos, ele tinha sofrido um problema de saúde havia pouco tempo. Saímos para uma caminhada curta pelo Central Park e, depois, voltamos ao apartamento. Tomando chá, mencionei que tinha acabado de ver uma reportagem sobre o aniversário de cinquenta anos da estreia de *O milagre de Anne Sullivan* na Broadway.

— Assisti de novo ao filme recentemente — contei. — E é uma experiência muito diferente, sendo mãe. Chorei bem mais no início.

Arthur assentiu. Ele tinha ficado quieto. Talvez estivesse cansado da nossa caminhada, então continuei falando:

— Quando foi a última vez que você assistiu a *O milagre de Anne Sullivan*? Sabe, eu nunca vi nenhum dos filmes que dirigi desde que foram ao ar. É doloroso demais quando você conhece as dificuldades por trás de cada cena, mas, também, só fiz filmes de baixo orçamento para a TV a cabo. Você fez filmes lindos, indicados ao Oscar. Deve conseguir ver e gostar deles, né?

Arthur balançou a cabeça.

— Você sempre se lembra do que teve que abrir mão — disse ele. — É um pacto com o diabo.

CAPÍTULO 12

Aqueles que conseguiram escapar

Anosmia: a·nos·mi·a

1. perda do sentido de olfato, seja total ou parcial.
2. um ótimo nome para um episódio de *Arquivo X*.

VOCÊ GOSTA DE SE DECEPCIONAR? GOSTA MESMO? ENTÃO, SEI qual é o mercado de trabalho perfeito para você.

A decepção, em Hollywood, vem em todos os formatos e tamanhos. Há a decepção agridoce do início, que ainda o faz sorrir da sua própria ingenuidade. Há a decepção que vem mais tarde na carreira, em que você se surpreende ao ver que ainda se importa o suficiente para se sentir chateado. Há até a decepção inexplicável em que você se sente mal por não conseguir um trabalho que nem queria.

Tive uma grande variedade de decepções, mas, se tivesse que escolher, estes seriam os cinco principais projetos que eu desejaria que tivessem saído de forma diferente:

Arquivo X

Na primavera de 1995, assinei um contrato de longo prazo com a 20th Century Fox que incluía um assistente e um escritório com vista. No meu primeiro dia, o gerente de operações caminhou comigo até um armazém cheio de peças de mobília. Como o meu título era de produtora executiva, ele me levou até "as coisas boas" e me disse para escolher o que eu quisesse. Usando Post-its, etiquetei uma escrivaninha e uma luminária, depois procurei por um sofá. A maioria era de couro preto ou marrom e parecia que acenderia se fosse iluminado por uma daquelas luzes de detecção de sangue ou sêmen do *CSI*. Um sofá coberto de chita floral rosa e verde chamou a minha atenção. Era bem menininha.

— Esse está disponível? — perguntei, apontando para o sofá florido.

— Sim — disse o cara de operações. — Era de Lucie Salhany.

— Sério? Isso vai fazer as minhas sonecas serem ainda melhores.

Lucie Salhany pode não ser um nome conhecido, mas a sua influência na nossa cultura é enorme. Nos anos 1980, Lucie ajudou a lançar quatro programas que alcançaram quase todas as faixas demográficas: *Entertainment Tonight*, *The Arsenio Hall Show*, *Jornada nas estrelas: a nova geração* e *Hard Copy*. Nos anos 1990, Rupert Murdoch a chamou para ser presidente da FOX, tornando-a a primeira mulher a liderar uma grande emissora. Ela teve um primeiro ano extraordinário, supervisionando a expansão do canal de quatro noites de programação para sete e liderando as negociações para assegurar os direitos de transmissão dos jogos da NFL. No terceiro ano, consta que Murdoch quebrou uma das garantias do contrato de Lucie. Ela contratou advogados e se demitiu.

— O motivo da minha saída foi muito complicado — disse ela para mim, em 2017, pelo telefone. — Rupert e eu nunca nos demos bem. Ele não gostava de eu não checar tudo com ele o tempo todo nem ir à casa dele no sábado, e mentiu para mim. Era um valentão desconfiado e me discriminava, como fazia com a maioria das mulheres.

Lucie é destemida e engraçada. Só recentemente nos conectamos, quando liguei para confirmar se tínhamos compartilhado o mesmo sofá de chita.

— Sim! — disse ela. — Era meu.

Contei sobre a minha teoria sobre os outros sofás de couro estarem coberto de material genético.

— No meu sofá, não tinha sêmen — garantiu ela. — Só muito mirtilo, iogurte e vitaminas de abacaxi.

Agradeci-a por isso — e por mais uma coisa. Enquanto era presidente da FOX, Lucie aprovou o projeto de *Arquivo X*, uma das minhas séries favoritas de todos os tempos. Da janela do meu escritório, eu conseguia ver o bangalô do criador, Chris Carter. Ainda melhor, eu conhecia um dos roteiristas, Howard Gordon, que depois ajudou a formar o triunvirato da televisão cult composto por *Arquivo X*, *Buffy, a caça-vampiros* e *24 horas*. De vez em quando, eu passava no escritório de Howard para bater um papo. Um dia, criei coragem e perguntei a ele se eu podia apresentar algumas ideias de histórias. Eles só tinham mais um roteiro para passar para um freelancer, mas Howard falou que ia checar com Chris. Para o meu assombro, Chris disse que adoraria ouvir minhas sugestões.

Eu sabia que passar para a próxima fase era improvável. Como uma roteirista mulher, as chances de escrever um episódio de *Arquivo X* eram levemente piores que as de sobreviver aos Jogos vorazes. Não estou exagerando. Durante a exibição original da série, apenas sete de duzentos episódios (3,5 por cento) foram escritos por mulheres. Por outro lado, uma pessoa em cada 24 sobrevivia aos Jogos vorazes (4,2 por cento). A vida da Katniss era moleza.

Na manhã da minha apresentação, saí da cama e quase vomitei. Era em parte porque estava nervosa por me encontrar com Chris, mas também porque estava grávida de doze semanas. Minha condição me deixava constrangida. *Arquivo X* era — e ainda é — considerado uma coisa de garotos, e eles não ficam grávidos. Para esconder minha barriga inchada, me vesti com uma camisa larga e amarrei um suéter no quadril. Quando entrei no bangalô, Chris me cumprimentou com carinho e eu logo me sentei. Apresentei três histórias, e tanto Howard quanto Chris gostaram de uma chamada "Anosmia".

A história começa com uma senhora louca dos gatos que entra em contato com o FBI depois de os bichanos sumirem do condomínio na Flórida. O agente Mulder investiga e descobre que há muita tensão entre os moradores, que são de diversas etnias. Mulder fareja o que está errado: o governo está lançando um aroma alienígena pelo sistema de ventilação do apartamento. O cheiro fez os animais fugirem. Os humanos não foram tão espertos. Logo, os moradores começam a morrer sob circunstâncias estranhas — como costuma acontecer na Flórida.

Eu disse a Chris e Howard que o olfato foi o primeiro sentido a se desenvolver nos seres humanos foi tão bem-sucedido que, com o tempo, o pequeno pedaço de tecido olfativo em cima do cordão nervoso evoluiu e se tornou o cérebro. Nossos hemisférios cerebrais, originalmente, eram brotos do nervo olfatório.

— Pensamos porque cheiramos — declarei.

Chris sugeriu que, além do aroma alienígena afetar o comportamento, devia haver algo no ambiente que desengatilhasse uma "reação de ódio". Um de nós sugeriu que assistir às notícias na TV podia ser o gatilho. A FOX News só tinha dois anos de idade e era razoavelmente suave, então nós tivemos a ideia primeiro. A reunião terminou. Chris disse que eles discutiriam as ideias e me dariam notícias.

Howard ligou no dia seguinte com boas novas. Chris tinha curtido "Anosmia" e, como a minha apresentação tinha sido muito detalhada, eu fora aprovada para fazer a escaleta. Conseguira o último episódio *freelance* da quinta temporada de *Arquivo X*. Fiz uma dancinha da felicidade ao redor do sofá de Lucie Salhany.

Eu nunca tinha escrito a escaleta de um drama, mas, tendo visto todos os episódios da série, conhecia o seu ritmo. Meu roteiro abria com um garoto negro de 12 anos nadando na piscina de um pátio. A mãe dele sobe para buscar uma toalha, achando que o garoto vai estar seguro porque está cercado de vizinhos. Péssima ideia na Flórida. Um relógio cai de uma varanda na água. O garoto mergulha para pegá-lo, e o relógio misteriosamente o *puxa* para baixo. Quando a mãe volta, o filho está boiando na piscina, de barriga para cima. Afogado.

Scully sabe de imediato que há algo errado, pois um corpo afogado estaria de barriga para baixo. Durante a autópsia, ela levanta as pálpebras do garoto e descobre que a parte branca dos olhos está amarela. O sistema do garoto parece estar cheio de bile. Scully explica que, há muito tempo, os cientistas acreditavam que a bile era a moradia da amargura.

— O que matou o menino? — pergunta Mulder.

— "Médicos" medievais teriam determinado que a causa da morte foi ódio — diz Scully.

Em cada ato, a contagem de vítimas crescia. A mensagem não tão sutil do episódio era que os humanos ainda não tinham evoluído a ponto de poder coexistir com espécies alienígenas. Aliás, mal conseguíamos coexistir uns com os outros. Este era o último parágrafo da escaleta:

> Mulder desce correndo para ajudar Scully. Enquanto tentam reavivar Kathleen, Mulder termina a sua narração: "Há muitos tipos de mal na Terra, então é fácil esquecer que o mal não é só a coisa que destrói, mas também a coisa que permite que o mal destrua. É fácil reconhecer o mal quando ele é óbvio e cruel, mas a ignorância e a apatia podem matar de forma igualmente rápida e segura." Enquanto a câmera volta à srta. Bryant assistindo à TV, entramos em *fade out*. FIM DO QUARTO ATO.

Levei uma semana para terminar a escaleta. Como freelancer, é difícil saber todas as regras de uma série, então imaginei que ia receber muitos comentários. Alguns dias depois, a assistente de Chris ligou para o meu escritório e me pediu para esperar na linha. Meu coração começou a bater mais rápido. Eu queria muito que Chris amasse a escaleta. Ele pegou o telefone e parecia animado. Bom sinal!

— Tenho uma coisa para contar — disse Chris. — A série tem uma novidade bem legal que ainda não foi anunciada publicamente.

— Verdade? O que é? — perguntei.

— Parece que Stephen King é um grande fã e ele acabou de falar com a gente, querendo escrever um episódio.

— Que incrível!

— É, mas o problema é que só temos aquele único trabalho freelance sobrando...

Ah. Chris não estava me ligando para fazer comentários. Estava ligando para avisar que eu estava sendo substituída por Stephen King. Fui de cem a zero em cinco segundos.

— Vamos com certeza pagar pela sua escaleta — disse Chris. — E quem sabe conversamos de novo na próxima temporada.

Desliguei o telefone. Meu escritório de repente ficou sombriamente silencioso, tipo um hotel abandonado. Eu estava tão animada e, agora, não sabia o que sentir. Nenhum escritor podia ficar bravo por ter sido trocado pelo Mestre do Horror. É como ficar sabendo que Picasso quer pintar em cima do seu mural. "Vai nessa, Pablo."

King e Chris acabaram coescrevendo "Chinga", que trazia uma boneca antiga que fazia as pessoas arrancarem os olhos. Não suportei assistir, então sei como as vítimas se sentiram.

Desde então, penso em como vários romances de King giram em torno de pessoas comuns cujas vidas são viradas de cabeça para baixo por um agente do caos, como o cão raivoso de *Cujo* ou o Palhaço em *It: a coisa*. Os monstros de Stephen King surgem do nada e acabam com a vida de caipiras ingênuos. E me ocorreu que o monstro de Stephen King na minha vida foi o próprio Stephen King.

Robert Altman

Em 1976, meu pai me levou para ver *Nashville*, de Robert Altman, e aquilo pirou a minha cabeça adolescente. Altman costurava tramas de mais de uma dezena de personagens excêntricos e as unia em um clímax chocante. No carro, no caminho para casa, meu pai e eu falamos sobre política, maternidade, fama e violência, temas apresentados no filme. Foi a minha primeira discussão cinematográfica adulta, e Altman se tornou o meu diretor favorito.

Nos anos 1980, assisti a todos os episódios da minissérie dele na HBO, *Tanner '88*, que se passava na campanha presidencial e borrava os limites entre ficção e realidade. *Tanner '88* foi um sucesso e, um ano depois, Altman começou a criar um projeto similar que se passaria no mundo do entretenimento e estrelaria Carol Burnett. Quando a minha agente me disse que Altman estava interessado em se encontrar comigo para discutir o projeto, pensei: "Sério? Por que eu?" Mas respondi:

— Eu adoraria.

— A premissa é simples — explicou Altman enquanto estávamos sentados na sua suíte em um hotel em Nova York. — Carol está realmente em uma turnê pelo sul, e os shows dela são o pano de fundo para os dramas de bastidores, todos fictícios. Nós a rodeamos com um elenco de personagens: assistente, cabeleireiro, parentes, agente. Vamos desenvolver tramas e, por causa das habilidades de Carol, queremos que os atores improvisem bastante. Mas também estamos procurando um roteirista que possa sentar no set e jogar falas. Você estaria interessada?

Acenei vigorosamente.

— E você conhece Carol Bunett?

Eu *idolatrava* Carol Burnett. Quando criança, não perdia um episódio da série de variedades dela e reverenciava a atuação dela como Winifred, a Miserável, no filme *Once Upon a Mattress*. Winifred cantando "Shy" a plenos pulmões era o meu tipo de princesa.

Altman e eu fizemos um *brainstorm* de ideias para personagens de apoio: um motorista que vendia segredos para os tabloides, um cabeleireiro escondendo que é hétero, uma assistente sem talento do tipo *A malvada*. Rimos muito, e ele me ofereceu o emprego na hora.

— Estamos correndo contra o tempo — disse ele. — Você poderia fazer as malas neste fim de semana e encontrar comigo e com Carol em Atlanta na semana que vem?

— Se eu tivesse um parente respirando por aparelhos, desligaria a tomada só para não ter nada me impedindo de sair da cidade — respondi.

— Ótimo. Nos falamos em breve.

Fui para casa, na rua 57, nas nuvens. Era uma sexta-feira à tarde, e a minha agente prometeu resolver o contrato com a emissora na segunda bem cedo. Ela me avisou que o pagamento seria baixo. *Bem* baixo. Aquilo respondia à pergunta "por que eu?".

Durante o fim de semana, liguei para o meu pai para dar a notícia.

— Uau — disse ele. — Você está na liga principal.

A segunda-feira chegou, e fiquei em casa, esperando pela ligação enquanto limpava o apartamento, caso precisasse sair às pressas. No início da tarde, o telefone tocou. Ouvi uma voz masculina brusca.

— Nell, é Bob.

Fiquei confusa.

— Que Bob? — perguntei.

— Bob Altman.

Ah. Claro. Bob é apelido de Robert.

— O negócio subiu no telhado. A CBS está nos enrolando, então não vai acontecer. Preciso desligar.

E, com um clique, o emprego dos sonhos permaneceria para sempre um sonho.

Jon Stewart pré-*Daily Show*

Jon Stewart tem tantos prêmios Emmy que poderia deixar um em cada saída da New Jersey Turnpike e ainda sobraria alguns. No entanto, antes de chegar ao *The Daily Show* (criado por Lizz Winstead e Madeleine Smithberg) em 1999, Jon buscou parceiros em potencial para desenvolver o próprio programa, que seria gravado em Nova York. Eu tinha acabado de dirigir o meu primeiro filme quando a minha agente perguntou se eu gostaria de encontrá-lo para uma reunião. Liguei para Becky Hartman, uma amiga em comum e roteirista de comédia, para perguntar o que ela achava.

— Sim! — exclamou. — Você vai amar o Jon.

Jon e eu nos encontramos em Los Angeles e conversamos sobre formas de inovar o gênero talk show. Estávamos dissecando o formato quando apontei o que parecia para mim ser um ponto morto em todos os programas noturnos. Depois que o apresentador termina o monólogo, ele volta à mesa, o que o força a virar as costas para a plateia. Para cobrir esse *faux pas* de palco, o apresentador costuma jogar o foco na banda. Letterman sempre apresentava: "Nosso velho amigo, Paul Shaffer." A câmera, então, cortava para Paul usando um novo par de óculos bizarros enquanto Dave ia para a mesa. Parecia encheção de linguiça porque *era*.

Jon assentiu.

— Então, o que você faria?

— Bom, e se... — falei. — E se você vestisse uma calça jeans tipo *Amor na medida certa*?

— Jeans tipo *Amor na medida certa*?

— Sabe, igual aos do filme de Ryan O'Neal.

Amor na medida certa era um filme dirigido por Andrew Bergman no início dos anos 1980 sobre um empresário que precisa de dinheiro e lança uma nova moda: calças sem bunda.

O pôster de *Amor na medida certa*. O que posso dizer? Os anos 1980 eram estranhos

— Você está falando sério? — questionou Jon.

Na verdade, eu não estava, mas, no carro a caminho da reunião, percebi que uma mudança para Nova York não fazia sentido. Meu marido gostava de Los Angeles e nós tínhamos dois filhos com menos de 4 anos. Como não queria o emprego, não tinha nada a perder. Reforcei a piada.

— Estou falando sério, sim. Quer dizer, você não ia usar esses jeans toda noite. A ideia é criar uma expectativa quando você chegar perto do fim do monólogo, e a audiência ficar ansiosa para ver você virar e ir para a mesa: "Ele está usando o jeans *Amor na medida certa* ou não?!" E, quando você estiver, as pessoas vão pirar.

Nossa reunião terminou rápido. Não me chamaram de volta.

Jon e eu nos encontramos algumas vezes desde então. Nunca tive coragem de perguntar se ele se lembra da minha sugestão absurda. Chuto que ele a apagou da sua memória, o que significa que...

A ideia do jeans *Amor na medida certa* ainda pode ser usada. *James Corden, me liga!*

Marshall Brickman

Em 25 de maio de 1997, mandei um e-mail para uma amiga, me derretendo toda como uma adolescente: "Passei duas horas no telefone com Marshall Brickman hoje de manhã. Tem uma chance de a gente trabalhar juntos em uma série!"

Eu tenho uma crush forte de comédia por Marshall, que foi corroteirista dos filmes mais engraçados de Woody Allen. Eis aqui a prova matemática:

Woody Allen + Marshall Brickman = *Noivo neurótico, noiva nervosa*; *O dorminhoco*; *Manhattan*

Woody Allen - Marshall Brickman = *Scoop: o grande furo*; *Os amigos de Folly*; *Tudo pode dar certo*

Ok, eu inventei *Os amigos de Folly*, mas, se você não percebeu isso na hora, consegui passar a ideia. Marshall trabalhou na TV no início da carreira, escrevendo para *Candid Camera* e *The Tonight Show with Johnny Carson*. Trinta anos depois, ele queria voltar. Tinha escrito um piloto hilário, *Norman of the Future*, sobre — imagina só — um cara chamado Norman que vivia no futuro. A NBC comprou o projeto, e Marshall estava entrevistando roteiristas de TV com experiência recente em sitcoms para ocupar o cargo de produtor executivo ao lado dele.

Eu tinha acabado de sair de *Sabrina* e amava a ideia com todo o coração. Falamos ao telefone sobre como o futuro e a magia são parecidos. Citei a terceira lei de Arthur C. Clarke: *qualquer tecnologia suficientemente avançada é indistinguível da magia*. Ele achou que eu seria uma ótima adição à equipe criativa e disse à emissora. A NBC se recusou a me aprovar. Não queria nem encontrar comigo para discutir o projeto. Fiquei devastada. Eu achava que tinha provado o meu valor como showrunner. Será que *Sabrina* não contava porque era uma série que passava na noite de sexta-feira? Será que o meu gênero influenciou essa decisão? Marshall foi muito elegante e me defendeu. A emissora se recusou a ceder.

Neste caso, minha decepção vai além do pessoal. O jeito único de comédia inteligente/idiota de Marshall nunca foi ao ar. *Norman of the Future* não teve futuro.

Seinfeld

Seinfeld estava terminando a segunda temporada quando a minha agente Abby Adams me apresentou para um cargo baixo de roteirista. A série ainda não era um sucesso, mas eu era fã desde que se chamava *The Seinfeld Chronicles*. O primeiro passo para uma reunião com os cocriadores Jerry Seinfeld e Larry David era conseguir aprovação de Glenn Padnick, executivo da Castle Rock. Abby enviou os meus roteiros, e Glenn respondeu com esta carta:

CASTLE ROCK
ENTERTAINMENT®

February 7, 1991

Ms. Abby Adams
Creative Artists Agency, Inc.
9830 Wilshire Boulevard
Beverly Hills, California 90212-1825

Re: Nell Scovell

Dear Abby:

Thank you for letting me read the enclosed "NEWHART", "GARRY SHANDLING" and "SIMPSONS" scripts by Nell Scovell. As I said on the phone the other day, I really enjoyed them. Yesterday, I gave copies of the "SIMPSONS" script to Jerry Seinfeld and Larry David with my recommendation that they consider her for next season. As you know, the bigger issue is whether we have a next season. If we do, I hope Ms. Scovell will be available to work with us.

Very truly yours,

Glenn Padnick

GAP/srg

Enclosures

Cara Abby,

Obrigado por me deixar ler os roteiros de "NEWHART", "GARRY SHANDLING" e "OS SIMPSONS" escritos por Nell Scovell. Como disse outro dia por telefone, gostei muito deles. Ontem, entreguei cópias do roteiro de "OS SIMPSONS" para Jerry Seinfeld e Larry David, recomendando que a considerem para a próxima temporada. Como você sabe, a maior questão é se vamos ter uma próxima temporada. Em caso positivo, espero que a srta. Scovell esteja disponível para trabalhar conosco.

Muito atenciosamente,
Glenn Padnick

Esta é a frase-chave: "*Como você sabe, a maior questão é se vamos ter uma próxima temporada.*"

Seinfeld estava por um fio. Passou raspando por mais duas temporadas antes de entrar no ranking Nielsen Top 30. A reunião nunca aconteceu, mas guardei a carta da Castle Rock porque ela me oferecia encorajamento no início da carreira. Agora, ela está pendurada no meu escritório, um lembrete de como o maior sucesso da história da televisão quase foi cancelado.

Depois, acabei tendo a oportunidade de trabalhar com Larry David. Em 2007, *Curb Your Enthusiasm* abriu uma solicitação de ideias para a temporada seguinte. Digitei algumas, incluindo uma em que "Larry" precisa levar flores para dar de presente a uma anfitriã e decide roubá-las de um túmulo na beira da estrada. Larry comprou o conceito e o transformou no episódio "The Ida Funkhouser Roadside Memorial", da sexta temporada. A série não me deu crédito na tela, mas me pagou 2 mil dólares. Larry também me deu a palavra dele de que pagaria melhor aos roteiristas na próxima temporada.

Com esse incentivo, apresentei outras ideias de histórias. Larry pareceu interessado em um conceito, mas não foi em frente. Mais ou menos um ano depois, nós dois fomos a um lançamento de livro. Nossa amiga em comum, Kimberly Brooks, nos apresentou.

— Larry, você conhece a Nell?

— Nell! É claro que conheço a Nell — disse Larry. — Aliás, estava falando de você hoje mesmo.

Uau. Larry David estava falando de mim? Aquilo fez com que eu me sentisse bem.

— Sério? Por quê?

— Bom, um dos produtores disse que você tinha nos vendido duas ideias para episódios, mas eu insisti que foi uma só. Nós discutimos, e agora você está aqui. Você pode resolver o mistério!

— Ah — falei, um pouco decepcionada. — Foi só uma.

— Rá! — exclamou Larry, feliz por estar certo.

— Mas você gostou de outra ideia minha — falei logo, tentando manter a minha reputação.

— Qual?

— Aquela sobre o bebedor de xixi.

Larry pareceu confuso. Apresentei a ideia mais uma vez.

— Larry está em uma festa com um cara que não para de falar sobre todas as suas aventuras emocionantes. O sujeito escala os Himalaias... faz snowboarding de um helicóptero... veleja ao redor da Tierra del Fuego. E, em todas as histórias, ele encontra complicações e relembra como, para sobreviver, foi forçado a beber o próprio xixi. Depois, Larry vê o aventureiro entrar no banheiro com uma garrafa de cerveja quase vazia e, quando sai, a garrafa está cheia até a borda. Larry observa o cara dar goles na garrafa de "cerveja" e se convence de que ele está bebendo a própria urina. As grandes aventuras são só um disfarce! A verdade é que o cara está se colocando em situações de vida ou morte *de propósito* porque é a única forma socialmente aceitável de beber xixi!

Eu não disse "tchanã" no fim da apresentação, mas estava implícito. Olhei com expectativa para Larry.

Ele balançou a cabeça e enunciou uma sílaba longa e arrastada:

— Nããããão.

Entra o tema com bandolim e tuba de *Curb Your Enthusiasm*.

CAPÍTULO 13

Sua filha de uma... roteirista!

As crianças são o nosso futuro...
almoço.

— Um Jonathan Swift em resumo

AOS EXATOS 29 ANOS DE IDADE, ABRI *O THE NEW YORK TIMES Book Review* e pensei: "Que legal! Kurt Vonnegut, um dos meus romancistas favoritos, escreveu um ensaio." Um parágrafo depois, senti que tinham me dado um soco enquanto eu estava distraída. Eis o que Vonnegut escreveu:

> Se a Lloyds de Londres oferecesse apólices prometendo compensar escritores de comédia por perder o senso de humor, seus atuários poderiam contar com a ocorrência dessa perda, em média, aos 63 anos para homens e aos 29, digamos, para as mulheres.

Como é que é?

Minha carreira na comédia estava começando a decolar e agora uma pessoa que eu respeitava estava prevendo que eu ia perder o senso de humor — a fonte da minha sobrevivência — a qualquer momento. E por que os homens tinham 34 anos a mais para serem engraçados?

Embora as idades pareçam erradas, Vonnegut identificou uma verdade. Na comédia, envelhecer é um risco ocupacional. Em 2010, roteiristas de TV e cinema receberam 70 milhões de dólares em um acordo em uma ação coletiva que acusava emissoras, estúdios e agências de talento de discriminação por idade. A idade para participar do processo não era sessenta anos. Nem cinquenta. Era *quarenta*. Quarenta anos é quando médicos, advogados e contadores começam a pegar o ritmo. Infelizmente, os escritores estão mais alinhados com as strippers: depois dos 40, tudo começa a cair e ninguém quer falar sobre o que está acontecendo nos bastidores.

Por causa da discriminação etária, parecer jovem em Hollywood é importante até para roteiristas. Tanto homens quanto mulheres são afetados, embora nem todos entrem nessa.

— Eu tento parecer uma tia excêntrica — disse a fenomenalmente bem-sucedida Paula Pell para mim.

Gostaria de poder adotar a atitude de Paula. É ridículo gastar tempo e dinheiro na aparência superficial. Mas já fiz isso. Comecei a experimentar Botox em 2002, como parte de uma "pesquisa" para uma cena de uma festa de Botox. Mas ainda não cheguei ao ponto de parecer uma das Real Housewives. Quando um dermatologista me sugeriu preenchimento para as linhas de risada ao redor dos lábios, recusei. Minha mãe tinha as mesmas linhas e, quando olho no espelho, elas me lembram dela. Além do mais, se eu e os meus colegas fizermos bem o nosso trabalho, as linhas vão ser escondidas por uma risada de verdade.

Além de juventude, muitas vezes, é útil que os escritores exalem sex appeal. Infelizmente, isso não pode ser adquirido através de uma injeção. Uma vez, saí de uma reunião de apresentação de ideias onde eu era a única mulher, e, assim que as portas do elevador se fecharam, meu agente brigou comigo:

— Por que você não flerta um pouco, Nell? — perguntou ele, irritado. — Não teria problema nenhum se fizesse isso.

Eu não fazia ideia do que ele estava falando. Claramente, tinha perdido alguma coisa subentendida. Aquelas palavras ficaram comigo. Não conheço muitos empregos em que seja ruim ser profissional *demais*. E nem todo mundo é.

— Acabei de mandar uma foto dos meus peitos para o meu namorado — declarou certa vez uma roteirista depois de uma pausa para ir ao banheiro.

Os homens heterossexuais reagiram com gritos e aplausos. Eu me segurei para não responder: "E eu acabei de mandar uma foto minha revirando os olhos para o meu marido."

Era difícil, naquela sala em especial, evitar as insinuações sexuais. Uma vez, nosso diretor caiu se contorcendo de dor no set e precisou fazer uma apendicite de emergência. No dia seguinte, estávamos especulando o tempo de recuperação dele. Como eu já tinha feito cirurgia abdominal, decidi opinar:

— Não é tão ruim — falei. — Fiz duas cesarianas e, se você não se mexer muito...

Antes de eu conseguir terminar a frase, um roteirista me interrompeu:

— Espera. Então você ainda é apertadinha?

Lancei um olhar gelado para ele.

— Sim, esse era o objetivo da minha história — falei, sem demonstrar emoção. Foi uma das raras vezes em que mencionei dar à luz, e foi desanimador o meu colega ter transformado aquilo em uma confirmação de que eu ainda era capaz de satisfazer sexualmente um homem. Anos depois, esse mesmo roteirista foi acusado por dezenove colegas de "comportamento inapropriado". Ele negou as acusações, insistindo que, embora tivesse feito comentários sobre a aparência de colegas, os comentários "não eram sexualizados". Acho que ele quis dizer que o meu "aperto" era por ter gente demais na sala.

Assuntos tidos como femininos quase nunca recebem atenção nas salas. Dois roteiristas costumavam dar atualizações sobre os seus times do fantasy football (uma espécie de Cartola FC) no início de quase todo dia de trabalho. Aí, quando estávamos tentando quebrar um episódio sobre um casamento, uma roteirista compartilhou uma história sobre a sua lua de mel desastrosa. Ela não se apressou, mas contou a história maravilhosamente, construindo um clímax engraçado. No minuto em que parou de falar, um dos fãs de futebol comentou:

— Obrigado por contar a história da sua lua de mel de uma semana *em tempo real.*

A garota que tinha contado a história abaixou a cabeça e deixou o cabelo cair sobre o rosto.

— Eu só achei que... — murmurou ela, antes da sua voz sumir.

Tive vontade de pular por cima da mesa, agarrá-lo pelo colarinho e dizer: "Eu ouvi as suas histórias infinitas sobre esse futebol de mentirinha e nunca fiz com que você sentisse que estava desperdiçando o meu tempo. Então, por favor, vai tomar no cu!"

As mulheres são recompensadas por falar sobre sexo, mas fazer comentários sobre casamento ou maternidade, em geral, desanima a sala. Alguns veem a maternidade como a antítese do engraçado, já que mães são associadas a proteção, gentileza e segurança, enquanto a comédia pretende ser deturpada, perigosa e cruel. A Madre Teresa, por exemplo, discursou na minha formatura da faculdade e não fez uma única piada. Por outro lado, explicou a todas as formandas que "o maior presente que você pode dar ao seu marido é a sua virgindade". Minhas colegas de quarto e eu rimos muito, mas não acho que isso conta.

O setor de entretenimento não é o único em que a maternidade é uma desvantagem. Um relatório de 2017 mostrou que, se um homem e uma mulher trabalharem horas iguais em níveis iguais, a renda da mulher cairá quatro por cento depois de ela parir ou adotar uma criança, enquanto a renda do homem crescerá seis por cento depois de ele virar pai.

— A penalidade da maternidade não é uma descoberta polêmica — disse a socióloga Marianne Cooper para mim. — Ela é bem real.

Ela, então, descreveu um estudo que descobriu que as chances de uma mulher ser contratada despencam se aparecerem sete palavras no currículo dela: *Coordenadora da Associação de Pais e Mestres.*

— A suposição é que mães não se comprometem com as carreiras — explicou Marianne. — E isso é um problema enorme, porque setenta por cento das mães trabalham.

— Tem algo que elas podem fazer para compensar isso? — perguntei. — Não podemos apenas trabalhar ainda mais?

— Isso pode ajudar, em alguns casos. Mas essas mulheres que trabalham muito são criticadas porque as pessoas acham que elas não são boas mães e são *frias*. Simplesmente, é uma batalha perdida.

Eu não precisava de nenhum estudo para provar que a "penalidade da maternidade" existia. Instintivamente, escondi as minhas gestações o máximo possível. Minha primeira gravidez foi tranquila, o que facilitou tudo. Já o meu primeiro parto foi menos tranquilo, o que me leva a uma história que eu nunca me sentiria confortável para contar em uma sala de roteiristas.

No meu exame de 39 semanas, o obstetra mediu o bebê e concluiu que, na minha data prevista de parto, eu devia induzir. Uma semana depois, Colin e eu dirigimos até o Cedar Sinai durante a madrugada e, às seis da manhã, a ocitocina estava a toda. As contrações começaram e o obstetra passou às oito da manhã, alegre, para fazer um comentário:

— Você vai ter um bebê hoje!

Não tão rápido. As horas passaram e o bebê não descia para o canal vaginal. Comecei a ter febre. Adicionaram um segundo acesso intravenoso cheio de antibiótico. Havia monitores por todos os lados. Dezessete horas depois, meu obstetra me informou que a cabeça do bebê era grande demais para passar pelos meus quadris. A situação requeria uma cesariana de emergência.

— Você vai ser operada o mais rápido possível — disse ele, indo em direção à porta. — Já liguei para o cirurgião de plantão. Alguma pergunta?

Coloquei a minha pergunta na forma de uma crise nervosa e caí em prantos. O obstetra parou, voltou para o meu lado e pegou a minha mão.

— Você não é menos mulher por isso — disse ele, com empatia.

Se tivesse forças, eu o teria corrigido. Nem por um segundo pensei que era "menos mulher". Estava exausta e assustada e preocupada com o meu bebê.

Rudy nasceu com segurança e tive sorte de não sofrer depressão pós-parto. Continuei me esforçando na minha área profissional. Duas semanas depois de dar à luz, estava fazendo testes de elenco para o meu piloto, *Prudy and Judy*. E dois meses depois, me uni a Joel para fazer as alterações em *George, o rei da floresta*. Ele não se importava de eu fazer intervalos para tirar leite e, muitas vezes, ficava brincando com Rudy.

O próprio Joel escreveu na Polaroid. [Tio Joel Maluco]

Depois de entregar a nossa reescrita de *George*, Joel e eu fomos chamados para uma reunião de comentários na Disney. Estávamos esperando o executivo principal chegar quando senti uma dor repentina e aguda no seio. Sabia, por experiências passadas, que era um ducto de leite entupido, e era preciso desentupi-lo logo. Pedi licença e corri para o corredor, passando por um banheiro feminino próximo e procurando por um mais remoto. Quando encontrei, chequei embaixo das portas para garantir que estava sozinha, tirei o seio esquerdo para fora e comecei a trabalhar com as mãos para jogar o leite na pia. Era torturante — o tipo de dor que irradia pela coluna. Mantive a cabeça abaixada para não me ver sem querer no espelho. Nenhum funcionário da Disney jamais teria imaginado aquilo. Depois de dez minutos, a dor começou a melhorar, e o leite, a fluir com mais facilidade. A represa tinha rompido.

Liguei as torneiras e mandei o leite ralo abaixo, jogando água com as mãos nas laterais da pia. Corri de volta à sala de reuniões e entrei quando ela estava acabando de começar. Foi uma das únicas vezes em que fiquei grata por executivos de cinema sempre estarem atrasados. Sentei e ouvi todos os comentários, o que acabou sendo mais doloroso que um ducto de leite entupido.

Por favor, me diga de novo como as mães não são dedicadas aos seus trabalhos.

Durante minha segunda gravidez, fui mais uma vez discreta, escrevendo principalmente de casa. Então, duas semanas antes da minha data prevista de parto, bem quando algumas culturas mandam as suas mulheres ficarem agachadas em uma cabana até tudo acabar, recebi uma ligação da minha agente. Joss Whedon e David Greenwalt estavam fazendo entrevistas para uma vaga em *Buffy, a caça-vampiros*. Minha agente sabia o quanto eu amava a série e, embora nunca tivesse escrito nada para seriados de uma hora, ela achava que, com a minha experiência em *Sabrina*, conseguiria marcar uma reunião. O momento era terrível. Às 38 semanas, cada centímetro do meu corpo estava inchado. Minha barriga estava tão distendida que eu conseguia apoiar os cotovelos dobrados nela, como em uma estante. No entanto, Joss e David estavam tomando decisões sobre a equipe naquele instante, então eu não podia adiar.

Antes da entrevista, pensei em ideias para episódios, incluindo um em que Zander, Oz e Giles engravidam de forma mágica. Encontrei uma blusa que não estava muito manchada por causa da falta de jeito da gravidez e dirigi até a reunião. Descrevi a minha recepção em um e-mail para uma amiga.

22 de abril de 1998 11:06

Estou grávida de 38 semanas. Fui para a reunião com Joss Whedon, criador de "Buffy, a caça-vampiros" (minha série favorita na TV) na segunda-feira. Ele deu uma olhada em mim e disse: "Caramba, você é gorda mesmo." Ri tanto que achei que ia ter o bebê. O coprodutor executivo David Greenwalt seguiu perguntando: "Devo colocar uma lona no chão?"

Eles não me contrataram. A boa notícia é que dei à luz um bebê saudável duas semanas depois, com o aniversário legal e nerd de 4 de maio, também conhecido como dia do *Star Wars*. ("*May the Fourth be with you.*")

— Nell, você é uma mãe horrível — falou Penn Jillette para mim certa vez. — Mas é o melhor pai do mundo.

Na hora, as palavras dele doeram, até eu perceber que Penn estava fazendo uma observação astuta sobre estereótipos culturais. Hoje, acho o comentário dele reconfortante. Em comparação com mães dona de casa, deixo a desejar. Porém, em comparação com pais que trabalham fora, eu me saio bem — ou até melhor. Algum pai já teve que desentupir um ducto de leite antes de uma reunião? Fato: não.

E eu tenho *algumas* habilidades consideradas típicas de mãe. Minha mãe fazia um jantar do zero para a nossa família toda noite, e era a hora do dia em que todos nós estávamos juntos. Como eu frequentemente trabalho até tarde, troquei o conceito de jantar em família para café da manhã em família. Acordava cedo e fazia bolinhos e panquecas do zero. Um dia por semana, eu fazia crepes, personalizando cada pedido. Colin gosta dos crepes recheados de Nutella, bananas e noz-pecã recém-tostada. Rudy gosta de Nutella e noz-pecã. Dexter gosta de Nutella e marshmallow, e prefere o crepe dobrado ao meio como uma omelete. A tradição acabou apelidada de "Quinta-feira dos crepes" e se tornou o dia mais sagrado da semana.

Colin era um pai paciente e amoroso, e o fato de Rudy e Dexter serem melhores amigos ajudava. De uma maneira estranha, a personalidade dos meus filhos acabou sendo similar à das tias em *Sabrina*. Rudy é entusiasmado e afetuoso como Hilda. Aos 8 anos, chegou a inventar uma emoção própria. No Natal de 2004, ele de repente anunciou:

— Mãe, acabei de descobrir um sentimento novo. Chama-se "preliz". É quando você está muito animado e alegre e sem nenhuma dúvida sobre o mundo.

— Então, é melhor que feliz? — perguntei.

— É. Quando você está preliz, é como se o amor fosse imbatível. — Ele abriu um amplo sorriso e completou: — Eu me sinto muito preliz!

Dexter parece mais com a tia Zelda, pragmático e astuto. Quando tinha 7 anos, estávamos caminhando em Washington, e Dexter viu uma moedinha na calçada. Ele abaixou e pegou.

— Mãe, encontrei uma moedinha da sorte — falou. — Quero que fique para você.

— Ah, obrigada — respondi.

— Mas eu fico com a sorte.

Os meninos e Colin sempre foram compreensivos com o fato de eu perder momentos importantes por causa do trabalho, de vez em quando. Ainda assim, quando o cronograma de produção de *Hayley Wagner, Star* saiu, e vi que o primeiro aniversário de Dexter caía no segundo dia da gravação em Vancouver, fiquei arrasada. Mas o que eu podia fazer? Não dava para pegar um avião para casa no meio das filmagens.

Colin pensou em uma solução. Foi com os dois meninos de menos de 4 anos de avião para o Canadá, passou pela alfândega e os levou até o set só para eu poder dar um beijo em Dexter no seu primeiro aniversário.

Minha decisão de ser a chefe da casa funcionou para a nossa família, mas qualquer um que tenha a escolha precisa tomar a própria decisão. Se uma mulher decide sair do trabalho para criar os filhos em tempo integral, acho que ela é incrível e corajosa. E se, depois de alguns anos, quiser voltar ao trabalho, acho que ela também é incrível e corajosa por fazê-lo. Os homens deviam ter as mesmas opções que as mulheres. Precisamos nos libertar da crença cultural de que mães são melhores que pais

A família em Vancouver, maio de 1999

na criação dos filhos. Posso dizer, da forma mais profunda possível, que isso não é verdade.

Felizmente, as atitudes em relação ao lugar das mães na comédia estão evoluindo. Comemorei em 2009 quando uma Amy Poehler *muito* grávida fez um tributo em rap para Sarah Palin no *Weekend Update.* Ali Wong filmou seu stand-up de 2016, *Baby Cobra*, grávida de sete meses. Samantha Bee foi estelar como correspondente para o *Daily Show* enquanto estava grávida e, em uma entrevista à revista *New York*, incentivou outras mulheres a tentar:

— Isso vai melhorar a sua comédia de formas que você nunca esperou — disse ela.

Todas essas mulheres são hilárias e duronas, ou como eu as chamo, "maternais".

Por que dois assassinos em série têm os mesmos nomes dos meus filhos

Dar nomes a personagens (ou a crianças) é uma tarefa difícil. Alguns nomes carregam associações. Isso explica por que não há muitas garotas chamadas Cricri, por exemplo. Achamos que tínhamos dado bons nomes aos nossos filhos — Rudy e Dexter — até 2006, quando *Dexter*, uma série sobre um assassino em série, estreou com outdoors enormes e cheios de sangue por toda Los Angeles. Ah, bom, não tinha nada que pudéssemos fazer.

Então, um dia, meu antigo colega de *Charmed*, Daniel Cerone, me ligou. Daniel era um dos showrunners de *Dexter*, e tinha uma pergunta.

— Estou trabalhando em um episódio onde conhecemos o irmão de Dexter e ele precisa de um codinome — disse Daniel. — Estava pensando, se estiver tudo bem por você, em chamá-lo de “Rudy”. Mas você precisa saber que Rudy também é um assassino, então...

— Ah, eu amei! — respondi.

— Sabia! Sabia que você seria a única amiga a ficar animada com isso.

E é por isso que, no final da primeira temporada, Dexter e o irmão Rudy se reencontram até que — spoiler — Dexter corta a garganta de Rudy.

CAPÍTULO 14

A montanha-russa que durou uma década

Um jovem está sentado em um banco de parque lendo um livro quando um velho se senta ao seu lado. Trinta segundos depois, o velho anuncia: "Oy, como estou com sede." O jovem tenta se concentrar, mas, trinta segundos depois, o velho repete: "Oy, como estou com sede." Isso continua a cada trinta segundos até que, por fim, o jovem se levanta, compra uma água e entrega ao velho. "Obrigado", diz ele, e dá um longo gole. O jovem se senta de novo para ler o livro. Trinta segundos depois, o velho diz: "Oy, como estava com sede."

— Velha piada judia

TREZE ANOS DEPOIS DE TER ENTRADO NA TV, EU TINHA CHEGADO ao nível de criadora e showrunner. Tinha escrito e dirigido o meu próprio filme. Minhas expectativas de carreira eram altas, mas, como escreveu certa vez a top model Paulina Porizkova: "Dizem à mulher americana que ela pode fazer qualquer coisa e, no momento em que ela prova isso, é derrubada."

Era assim que eu me sentia. E não era só comigo e supermodelos. Um estudo de 2014 revelou que "aos 39 anos, mulheres com nível superior trabalhando em tempo integral param de receber aumentos e veem os seus salários chegarem ao auge". Enquanto isso, homens com nível superior recebem nove anos a mais de aumentos, atingindo o auge aos 48. É importante notar que isso acontece com mulheres que trabalham em *tempo integral*. Elas não estão necessariamente se contendo. Às vezes, são empurradas para fora. (E devia existir uma palavra alemã para a alegria que se sente quando um estudo prova que um viés que você vivenciou é real e que você não estava paranoica. O psicólogo e professor da Wharton Adam Grant sugere que essa emoção seja chamada de *vindicatzinstudie*.)

Quando eu estava com 20 e tantos anos, quase todas as reuniões a que fui se tornaram trabalho. Aos quarenta, dei muitas bolas fora. Nesse ponto, eu já tinha trabalhado em diversos gêneros — talk show, variedades, animação, comédia, drama e longas-metragens. Achei que essa amplitude me tornaria versátil. Porém, em vez disso, pular de gênero em gênero parecia confundir o mercado. Ouvi mais de uma vez que executivos de comédia me consideravam uma roteirista de drama, e executivos de drama me consideravam uma roteirista de comédia. Eu era uma chave sem fechadura.

O fato de eu não ser mais uma roteirista de nível médio também não ajudou. Chegar a uma posição de liderança e ser mulher levou a uma desconfiança sobre o meu caráter. (Ver a tabela na página 231.)

Anos depois, fiquei sabendo de um professor na Escola de Administração da Columbia que dividiu uma turma em dois grupos e pediu que cada um lesse sobre um capitalista de risco bem-sucedido. Os estudos de caso eram idênticos, exceto por um detalhe: o empreendedor era identificado como "Howard" para metade dos alunos e como "Heidi" para a outra metade. No dia seguinte, a turma teve que dar as suas impressões sobre os "dois" empreendedores. Tanto Howard quanto Heidi foram considerados competentes, mas não foram julgados igualmente simpáticos. Howard recebeu apenas respostas favoráveis. Os alunos o descreveram como "o tipo de pessoa que você quer contratar ou para quem quer trabalhar". Heidi, porém, foi percebida como "egoísta" e alguém que "só pensava em si".

COMO SHOWRUNNERS HOMENS E MULHERES SÃO PERCEBIDOS DE FORMA DIFERENTE (UMA TABELA NÃO CIENTÍFICA)

	Homens	Mulheres
Argumentando sobre algo	Ponderado	Louca
Defendendo uma piada	Perfeccionista	Difícil
Não cumprindo prazos	Criativo	Louca
Não querendo compartilhar uma escaleta	Protetor	Difícil
Chorando no trabalho	Sensível	Louca
Sugerindo que um personagem seja menos machista/ racista	Progressista	Difícil
Jogando objetos (telefones, roteiros)	Apaixonado	Louca
Recusando-se a delegar	Dominante	Difícil
Contratando amigos	Leal	Louca
Negociando para pedir mais dinheiro	Esperto	Difícil
Com um problema sério de drogas	Passando por dificuldades	Louca e difícil

— Espera-se que as mulheres sejam fofas, afetuosas, simpáticas e protetoras — falou certa vez a minha paciente amiga socióloga Marianne, interpretando outro estudo para mim. — Se uma mulher age de forma assertiva ou competitiva, se exibe liderança decisiva e enérgica, está se desviando do roteiro social. Ficamos bastante desconfortáveis com mulheres poderosas. Aliás, muitas vezes não gostamos delas.

Senti a indústria e até os meus próprios agentes esfriarem comigo. "Tudo bem", pensei. Se Hollywood não me considerava uma showrunner, só havia uma coisa a fazer: baixar as minhas expectativas. Convenci a mim mesma de que não queria liderar um show. "Prefiro ser coprodutora executiva", meu cérebro racionalizou. "Aí, não terei toda a responsabilidade e não vou precisar lidar muito com política."

Como diversas mulheres — algumas por escolha, outras por necessidade —, eu cedi. Transferi os meus objetivos de carreira de conseguir poder e controle criativo para simplesmente continuar a trabalhar. Aceitar qualquer coisa foi uma montanha-russa do ponto de vista profissional, e tive sorte de ter uma família e amigos que me apoiavam. Colin e a minha irmã Claire me ajudavam a desabafar o tempo todo. Eu não queria reclamar, mas "*Oy*, como estava com sede".

Ligações diárias para o meu amigo Rob Bragin eram mais baratas que terapia e bem mais engraçadas. Uma vez, Rob me mandou um e-mail dizendo: "Última notícia: NADA aconteceu."

Continuamos otimistas um pelo outro. Rob sempre repetia o seu mantra motivador: "A gente come o que consegue matar."

Durante uma década, aceitei todos os trabalhos que me ofereceram. Uma nova versão de *McCloud* para Brett Butler na USA? Claro. Um piloto vagamente baseado em *De caso com o acaso* para o Lifetime? Parece ótimo. Uma comédia dramática sobre presidiárias para a FOX? Com certeza! Na verdade, eu me diverti bastante escrevendo *Behind Bars* para o produtor executivo Mike Darnell, e nós dois ficamos decepcionados quando o projeto não foi para a frente. Será que uma série sobre mulheres na prisão teria dado certo? Acho que nunca vamos saber.

Gostaria de ter aproveitado mais o tempo livre. Infelizmente, quando se está em uma seca, não há como saber se vai chover amanhã ou se é o início de um período de cem anos sem chuva. Eu ainda amava escrever para a TV e esperava que alguém continuasse me pagando para fazer isso. Não estava procurando por nada especial. Só queria encontrar uma série legal e ficar com ela. Mas é tão difícil achar um bom programa de TV quanto um bom homem.

Na teoria, parece bom (2001)

Quando a série *Charmed*, sucesso da WB, criada por Constance Burge, me contratou como coprodutora executiva, parecíamos um par perfeito. Eu queria fazer a transição de escrever séries de meia hora para séries de uma hora e tinha experiência com bruxaria. A sala de

Charmed era lotada de roteiristas talentosos com uma divisão de gênero meio a meio.

"É bom demais para ser verdade", pensei.

E era mesmo. Os problemas apareceram logo. A mensagem do "poder mágico da irmandade" que havia no seriado não se estendia para fora da tela. Quando entrei na equipe, todos os produtores executivos de *Charmed* eram homens. Dos 178 episódios, só oito foram dirigidos por mulheres, e a estrela da série, Shannen Doherty, foi a única mulher a dirigir mais de um.

Bonequinhas das irmãs Halliwell encolhidas do meu episódio, "O tamanho é importante", que tinha como ator convidado Robert Englund, o Freddy Krueger. (Da esquerda para a direita) Alyssa Milano, Rose McGowan, Holly Marie Combs

No meio da minha segunda temporada, o showrunner começou a negociar um novo contrato para si. O estúdio entrou em contato com os meus agentes para sondar a ideia de eu assumir, se as negociações dessem errado.

— Ah, não — falei aos meus agentes. — Não vou discutir isso até o showrunner decidir o que vai fazer.

Eu estava na indústria há tempo suficiente para saber que, quando você é competente o bastante para fazer o trabalho do seu chefe, é um funcionário bom de se ter na equipe, mas, quando é competente o suficiente para *substituir* o seu chefe, é uma ameaça. Rezei para ele não ouvir falar daquela ligação. Esta história me faz pensar que ele talvez tenha ouvido.

Um mês antes, o showrunner me pedira para escrever com ele um episódio para a semana de medição de audiência. Dividimos o trabalho em atos. Eu escrevi a abertura, o primeiro e o segundo atos. Ele, o terceiro e o quarto atos. Juntamos o nosso trabalho, e a emissora e o estúdio aprovaram o roteiro, que foi para produção. Na manhã da mesa de leitura, entrei na sala de reunião, peguei um café, um roteiro recém-impresso e me sentei ao lado do meu chefe e corroteirista. Ele se inclinou na minha direção.

— Fiz algumas mudancinhas ontem à noite — avisou ele.

— Ok.

Era um direito dele. Além do mais, ajustes de última hora são fáceis de ver porque, uma vez que o roteiro está fechado para produção, qualquer mudança é marcada com um asterisco na margem direita. Abri o roteiro. Meu queixo caiu.

Todas as falas na primeira página tinham um asterisco ao lado.

Inspirei com força e virei para a segunda página. Mesma coisa. Comecei a folhear o roteiro como Shelley Duvall passando pelas pilhas de páginas escritas "Só trabalho sem diversão faz de Jack um bobão" em *O iluminado*. Todas as páginas da abertura, do primeiro e do segundo atos estavam lotadas de asteriscos. Os atos dele — o terceiro e o quarto — estavam limpos. Olhei mais de perto as mudanças. A maioria era pequena, envolvendo pontuação e escolha de palavras — apenas o suficiente para gerar um asterisco, mas de forma alguma a grande reescrita que aqueles asteriscos sugeriam. Me senti humilhada. Os atores e executivos na mesa pensariam que a minha metade estava horrível. Eu queria ir embora, mas fiquei preocupada de parecer que estava chateada por ter passado por uma reescrita tão pesada. Fiquei. Foi o último roteiro que escrevi naquela temporada. O showrunner se recusou a me dar outro episódio.

Quando o meu contrato em *Charmed* terminou, fugi tão rápido que deixei um buraco em formato de Nell na parede. Eu sentiria falta dos outros roteiristas. Tinha até me apegado às atrizes Alyssa Milano, Holly Marie Combs e Rose McGowan. E havia outra vantagem específica daquele trabalho que eu adorava. No fim de cada temporada, o departamento de figurino vendia as roupas usadas na produção. Uma das atrizes e eu tínhamos o mesmo tamanho de jeans, então, não só eu conseguia roupas de grife bem baratas como podia me gabar de conseguir entrar nas calças de uma atriz de TV.

Não estamos tão a fim de você (2002)

Como não consegui entrar na faculdade de medicina, escrever para programas médicos sempre me atraiu. Depois de *Charmed*, os executivos da CBS me encorajaram a ir para *Presidio Med*, um novo drama médico que se passava principalmente em uma unidade neonatal. A série tinha um elenco espetacular e produtores vencedores do Emmy. O tom era um pouco sombrio, e a emissora esperava que eu fornecesse alguma leveza.

A série começou mal na audiência e, conforme chegávamos perto do Natal, a equipe ficava cada vez mais ansiosa para saber se íamos ser renovados depois da encomenda inicial de doze episódios. Em uma tarde de sexta-feira do fim de novembro, eu estava sentada no meu escritório lendo um roteiro que acabara de ser entregue. A história tinha alguns problemas, então, quando um assistente passou para dizer que a showrunner queria me ver, supus que fosse para fazer uma revisão durante o fim de semana. Aquele pensamento não me deixava feliz. Caminhei devagar pelo corredor até o grande escritório de canto da showrunner, tentando adiar o inevitável.

— Sente-se — pediu ela.

Eu me sentei.

— A emissora quer fazer outras mudanças na série. E, por causa da nova direção, você vai ter que ser dispensada.

Espera aí, o quê?!

Foi como uma chicotada. Meus braços e as minhas mãos ficaram dormentes, meu corpo entrou em um leve choque. Eu nunca tinha sido demitida antes e não fazia ideia de como reagir. A showrunner notou a minha cara de angústia.

— Sinto muito — disse ela. O tom era calmo e profissional.

Parecia a minha vez de dizer alguma coisa, então soltei a primeira pergunta que passou pela cabeça.

— Se alguém perguntar sobre mim, o que você vai dizer?

— Vou dizer que você não era certa para a série — respondeu ela. — E que gostei de trabalhar com você.

— Tá bom — falei. — Porque também gostei de trabalhar com...

Não consegui terminar a frase. Lágrimas correram pelo meu rosto. A emoção me tomou e fiquei com dificuldade de respirar. Aparentemente, minha reação ao ser demitida era cair no choro.

— Desculpa — disse, e saí do escritório dela.

Caminhei rapidamente de volta ao meu escritório e fechei a porta. Liguei para Colin.

— Acabei de ser demitida — contei.

— Ótimo — respondeu ele na hora. — Você não estava feliz nessa série e, agora, terminou.

Ele tinha razão. Eu não conseguira aliviar o tom. Aliás, a série até ficara mais séria. Cheguei a brincar com os meus amigos comediantes que o slogan de *Presidio Med* deveria ser: "Ganhando o coração do país... um bebê morto por vez."

Depois de Colin me acalmar, fui para o corredor dividir a notícia com os meus colegas. O clima já estava melancólico. Outro roteirista também fora demitido. Recentemente, perguntei a Howard A. Rodman, presidente do sindicato Writers Guild of America, West, se ele sabia a estatística de quantos roteiristas são demitidos em algum ponto das suas carreiras.

"Não acho que chegamos a perguntar isso nos nossos formulários", Howard me respondeu por mensagem. "Eu diria que cem por cento, mas o que eu sei?"

Ele estava brincando, mas ser demitido (ou não ter o contrato renovado) acontece com quase todo mundo. Como me disse certa vez um empresário:

— Me mostre alguém com uma longa carreira e eu lhe mostrarei alguém que passou por altos e baixos.

Juntei as minhas coisas e joguei no porta-malas do carro. Então, parei. Não queria parecer amarga e, como tinha conseguido controlar o choro, decidi voltar ao escritório da showrunner e fazer uma saída mais profissional.

A porta dela estava aberta.

— Tem um minuto? — perguntei, com calma.

— Claro — disse ela.

Dei um passo para dentro da sala.

— Só queria dizer que sou mesmo muito grata por ter tido a chance de trabalhar com tanta gente talen...

Não consegui terminar a frase porque as lágrimas começaram a rolar de novo. Eu simplesmente era incapaz de controlá-las. Desta vez, me pareceu engraçado, então me despedi chorando e rindo ao mesmo tempo.

Amor não correspondido (2003)

Eu estava de volta ao jogo. Meu agente me pediu para ir ao escritório, a fim de darmos uma olhada em programas que estavam contratando. Conforme passávamos por uma lista, ele comentou várias vezes:

— Eles já têm duas mulheres na equipe, não vão querer contratar outra.

Não havia a percepção de que o comentário desprezava as minhas competências e me reduzia ao meu gênero. Também sugeria haver um sistema de cotas que limitava a quantidade de roteiristas mulheres nas equipes. Encontrei essa atitude casual em relação ao número de mulheres pela primeira vez em 1987, quando o *The Wilton North Report* foi cancelado, e alguns roteiristas se reuniram para discutirmos o futuro.

— Bom, você tem sorte — falou um deles, apontando com a cabeça na minha direção.

— Por quê? — perguntei.

— Porque todos os seriados estão procurando por uma mulher.

— Uma mulher… e *nove* homens. Como isso faz com que eu tenha sorte?

Trinta anos depois, ainda tem muitas séries procurando "uma" roteirista e "um" roteirista pertencente a uma minoria. Algumas, nem isso.

24 horas estreou em novembro de 2001, e assisti a cada segundo da primeira temporada. A segunda foi ainda mais empolgante. Os criadores Joel Surnow e Robert Cochran tinham encontrado uma nova maneira de contar uma história na TV, com personagens inovadores, como a engraçada e sombria Chloe, interpretada pela atriz Mary Lynn Rajskub.

Antes do início da terceira temporada, tive uma reunião geral na 20th Century FOX, que produzia a série.

— Somos fãs do seu trabalho — disse o executivo. — Tem algum programa em que você gostaria de trabalhar?

— Sim — respondi. — *24 horas*. É a melhor série, não só na FOX, mas em qualquer emissora.

— *24 horas* não contrataria uma mulher — respondeu ele, em tom factual. — Tiveram uma e não deu certo. Alguma outra série?

Exatamente, um funcionário de uma empresa de capital aberto disse que eu não podia nem fazer uma entrevista para um emprego por causa do meu gênero. E, como eu não estou sentada em pilhas de dinheiro, é claro, deixei o comentário passar. A cada ano depois disso, pedia para o meu agente entrar em contato com *24 horas* para ver se eu conseguia uma reunião sobre trabalhar na série. Todo ano a resposta era não.

Um amigo que trabalhava na série insistiu que era melhor assim.

— Você seria muito infeliz naquela sala — disse ele. — Sério, você tem sorte.

Os opostos se atraem (2006)

No meu primeiro dia como produtora consultora em *NCIS*, eu estava indo para o meu escritório quando ouvi uma voz ressoando pelo corredor.

— Desde quando temos garotas bonitinhas trabalhando nessa série?

"Que coisa estranha de se dizer", pensei, e continuei andando.

A voz ressoou de novo. Desta vez, mais alto.

— Desde quando temos garotas bonitinhas trabalhando nessa série?

Meudeusdocéu, percebi. Ele está falando *comigo*.

Dei meia-volta e vi o showrunner de *NCIS*, Don Bellisario. Acenei e sorri. Ele sorriu de volta.

Don é uma lenda da TV. Ele criou (ou cocriou) uma longa lista de programas voltados para homens, incluindo *Magnum*, *Airwolf*, *Quantum Leap*, *JAG* e *NCIS*. Com mais de 70 anos, Don era brusco, volátil e tinha um senso de humor perverso. A gente se deu bem durante a minha entrevista, e ele me adicionou à pequena equipe do *NCIS* para a quarta temporada da série.

O seriado forense militar não era um par óbvio para mim. Um dia depois de eu entregar o primeiro esboço do meu primeiro roteiro, Don me chamou no escritório dele. O homem estava furioso. Só tinha lido até a página quinze, mas tinha um problema enorme com uma fala que eu dera ao protagonista, Gibbs, interpretado por Mark Harmon. Don balançou o roteiro na minha cara.

— Você colocou Gibbs dizendo: "Eu quero ver a arma" — gritou Don. — Como conseguiu errar tanto?

Fiquei desnorteada.

— O que está errado?

— Você não sabe de nada? — berrou ele. — Gibbs nunca diria: "Eu quero ver a arma." Nenhum militar diria isso. Ele diria "armamento", não "arma".

Don era intimidante, mas, por algum motivo, a raiva dele me pareceu cômica. Abri os braços, perplexa.

— O que o faz pensar que eu saberia disso?

Independentemente de que reação Don esperasse de mim — pedir desculpa, me amedrontar, chorar —, ele não podia prever que eu jogaria aquilo de volta nele. A raiva se dissipou.

— Só não faça isso de novo — avisou.

Garanti que não faria. E pode acreditar, não fiz.

Don me ensinou muito. Quando ouvia uma sugestão de história, a primeira pergunta dele era: "Com quem eu vou me importar nessa história? E não pode ser a vítima!" Esse conselho ainda soa nos meus ouvidos sempre que procuro ideias para um drama.

Depois de terminar um esboço do meu segundo *NCIS*, pedi para o meu colega Shane Brennan passar o diálogo comigo. Procurar um mentor valeu a pena. No dia seguinte em que entreguei "Os últimos passos de um homem", fui chamada de novo ao escritório de Don. Foi um alívio ver que ele não estava de cara fechada.

— Bom trabalho — disse. — Amo tudo na abertura e nos primeiro, segundo e terceiro atos. Mas não gosto do quarto. Quero um novo.

Mais uma vez, fiquei confusa. Eu tinha planejado a trama com cuidado, preparando para que as coisas se resolvessem no quarto ato.

— Então, você quer que eu quebre a história de novo? — perguntei.

— Não — disse ele, irritado. — Não mude nada nos primeiros três atos. Só me dê um assassino diferente.

— Ok, eu posso fazer isso — falei. — Mas todas as pistas vão apontar para outra pessoa.

Ele me dispensou com um aceno.

Eu tinha as minhas ordens e criei um final novo. Depois do episódio ir ao ar, li os fóruns dos fãs. Os telespectadores *gostaram* do final ser completamente inesperado.

"Eu não esperava", escreveu um fã.

"É porque veio do nada", pensei.

A fórmula secreta de Don para manter um "quem é o culpado" imprevisível era mudar o culpado no último minuto. "Os últimos passos de um homem" me ensinou uma lição preciosa. Como roteirista, quero que todos os pontos da trama façam sentido, mas a maioria dos telespectadores não quer saber disso. Eles estão lá para se divertir e vão ficar felizes com o que acontecer.

No meu último dia na série, Don me puxou de lado no corredor.

— Quero dizer uma coisa a você. "Os últimos passos de um homem" foi o melhor episódio que fizemos este ano.

Admito que eu não esperava por esse final.

Meu caso de uma noite com um astro do cinema (2009)

O *Pré-show do Tapete Vermelho do 81º Oscar* me reuniu com Gabe Doppelt, minha editora na *Vogue* no fim dos anos 1980. Ela me chamou para ajudar a escrever introduções e perguntas para os apresentadores enquanto produzia os segmentos de moda. Era um trabalho rápido e mal pago, mas com ótimas regalias, como sentar na terceira fileira de um teatro quase vazio enquanto Hugh Jackman e Beyoncé ensaiavam o número de abertura dirigido por Baz Luhrmann.

Na noite da premiação, pude ficar no tapete vermelho, bem na curva para a entrada do Kodak Theatre. Minha missão era me manter por perto da apresentadora Robin Roberts e ajudar se ela precisasse. (Ela não precisou.) Na maior parte do tempo, fiquei olhando embasbacada. Vi Sean Penn (*Milk*) fumar escondido. Vi Meryl Streep (*Dúvida*) brigar com a cauda do vestido. Suspirei quando Brad Pitt e Angelina Jolie passaram, apaixonados e reluzentes.

Eu tinha uma segunda tarefa naquela tarde. Em uma reunião de produção, eu dera uma ideia de como começar o especial de meia hora.

— Já que tem tantas estrelas no tapete vermelho, por que não recrutamos algumas para ser as nossas anunciantes? — sugeri. — O programa podia começar com: "Eu sou o Brad Pitt e *este* é o Oscar!"

— Essa é uma ideia horrível — disse o produtor executivo Robert "Morty" Morton. — Cria um novo nível de complicação e não há como saber se os famosos vão topar.

Era um bom argumento. O especial do tapete vermelho é gravado ao vivo e começa a ir ao ar enquanto o fim do especial ainda está sendo editado na van. Eu estava pronta para desistir da ideia quando o produtor de palco veterano do programa, John Stewart, se pronunciou.

— Eu consigo que eles façam.

John é um produtor de palco renomado, é o cara que fica calmo no meio de um tornado. Também é pai da atriz Kristen Stewart, o que lhe dava acesso aos atores mais jovens.

— Se você acha que eles vão fazer, pode tentar — concordou Morty.

O plano começou muito bem quando Taraji P. Henson, indicada como Melhor Atriz Coadjuvante em *O curioso caso de Benjamin Button*, concordou em participar. Ela estava lindíssima e falou com entusiasmo:

— Olá. Eu sou Taraji P. Henson e *este* é o Oscar.

No entanto, uma estrela não era suficiente. Precisávamos de um monte, mas todo assessor de imprensa detonou a ideia. Comecei a achar que o produtor executivo estava certo. De repente, em meio a um turbilhão de smokings, vi John acenando para mim.

— Vem cá. Mickey Rourke diz que vai fazer. Ele topou!

Era um golpe de sorte. Mickey Rourke era a volta por cima do ano com a sua indicação a Melhor Ator (*O lutador*). Segui John até onde Mickey estava, em um pequeno recuo, e sinalizei para John:

— Ação.

Mickey abriu um largo sorriso.

— Eu sou Mickey Rourke — disse. — E ESTA é a porra do Oscar.

Troquei um olhar de pânico com John.

— Mickey, é para a TV — explicou John. — Você não pode falar palavrão.

Mickey assentiu.

— Ah, ok, ok, ok. Vamos de novo.

John sinalizou para ele.

— Ação.

— Eu sou Mickey Rourke e ESTE é o Oscar… *seus filhos da puta*!

Rindo, Mickey devolveu o microfone para John e saiu andando. Ele estava zoando com a gente. Corri até a van de edição e perguntei se eles conseguiam cortar a parte do "filhos da puta". Um editor tentou, mas o corte era abrupto demais e não havia tempo para melhorar. Voltei ao tapete vermelho, me sentindo arrasada pela minha ideia ter fracassado.

Incrivelmente, como prometido, John Stewart nos salvou.

O pré-show do tapete vermelho do Oscar 2009 abriu com um dos casais mais glamourosos de Hollywood dando as boas-vindas à audiência com um entusiasmado "Este é o Oscar!". Não eram Brad e Angelina, mas Vanessa Hudgens e Zac Efron estavam adoráveis. Taraji P. Henson veio em seguida e vendeu o conceito.

No fim daquela noite, Mickey perdeu o prêmio de Melhor Ator para Sean Penn. Que pena… *seu filho da puta.*

Achando o homem certo (2009)

Com o meu aniversário de 49 anos se aproximando, comecei a pensar: "Roteiristas de TV nunca morrem: eles só entram em FADE OUT." Comecei a achar que nunca mais fazer ia fazer parte de uma equipe. Uma vez, meu agente ligou para dizer que havia uma abertura de alta hierarquia em uma série de comédia infantil. O pagamento era ruim, mas os criadores estavam ansiosos para ter uma mulher na equipe.

— Você acha que eles me deixariam dirigir? — sondei.

— Você pode perguntar — respondeu.

Almocei com os criadores. Eles eram inteligentes e legais, e fui embora achando que seria divertido trabalhar com eles. Pareciam também querer trabalhar comigo, mas nunca fizeram uma oferta. Em vez disso, contrataram um homem com menos experiência. Anos depois, entrei em contato com um deles e, por curiosidade, perguntei por que não tinham se interessado.

“Eu amei os seus roteiros, e você foi um encanto”, ele me escreveu de volta. “Mas o meu sócio ficou contrariado de você querer dirigir.” No fim do e-mail, ele adicionou: “P.S.: Quando digo que ele ficou ‘contrariado’, quero dizer que ele achou que o seu pedido de dirigir significava que você não estava interessada de coração em escrever para um programa infantil.”

Será que os homens são contratados com base no seu coração ou nas suas habilidades?

Não percebi na hora, mas foram executivas mulheres que me mantiveram em atividade durante os meus 40 anos. Nina Tassler e Susanne Daniels continuaram a me contratar quando tantos homens ficavam “contrariados”. Chris Sanagustin, minha executiva favorita de *Sabrina*, também me ajudou. Ela me contatou em 2009.

— Ei, Nell. Tem uma série em que acho que você seria boa — disse ela, pelo telefone. — Você provavelmente não vai querer trabalhar nela, mas achei melhor perguntar.

Era brincadeira? Eu estava *desesperada* para trabalhar em qualquer série. Tentei agir com naturalidade.

— Que série?

— *Warehouse 13*. Já viu?

— Não.

— Bem, sabe em *Indiana Jones*, quando eles colocam a Arca da Aliança em um armazém do governo? Essa série é sobre os agentes que trabalham nesse armazém e coletam artefatos poderosos.

Parecia *fantástico*.

Chris marcou uma reunião para mim com o showrunner Jack Kenny. Ele era hilário e cheio de ótimas ideias. Tudo correu bem, como acontece quando você acha o parceiro certo. A série combinava todos os gêneros que eu amava — mistério, ficção científica e comédia. Assinei um contrato de dois anos para ser uma das coprodutoras executivas de *Warehouse 13*.

Warehouse 13 foi o programa de maior audiência do canal Syfy. Não eram números que fariam frente a *NCIS*, mas eu não estava nem aí. Fiquei animada por estar trabalhando com pessoas espertas e engraçadas, em uma série inteligente com um horário de trabalho decente.

E, quando achava que tinha feito as pazes sobre me acomodar e cair devagar na obscuridade, decidi voltar aos holofotes. (*Tema musical.*)

Estágio 4

QUEM É ESSA TAL DE NELL SCOVELL?

CAPÍTULO 15

"Tudo pela fama"

Funcionária? Eu nem conheço essa moça!

— A piada óbvia

NO DIA 2 DE OUTUBRO DE 2009, DAVID LETTERMAN SENTOU--se à sua mesa e informou à plateia de que tinha sido vítima de uma tentativa de chantagem. A plateia achou que era uma piada e riu. Ele continuou, sério. Explicou que "um cara" tinha ameaçado expô-lo por fazer "coisas terríveis, terríveis" e também "umas coisas nojentas".

— E as coisas nojentas — falou Dave — eram que eu tinha transado com mulheres que trabalham para mim neste programa. Minha resposta a isso é que sim, eu transei.

A plateia aplaudiu loucamente.

Ninguém que tenha trabalhado no programa ficou surpreso com a notícia, embora tivéssemos ficado chocados por Dave admitir em público o que era sussurrado pelos corredores há décadas.

Os detalhes da tentativa de chantagem foram aparecendo aos poucos. Um pacote contendo uma carta e a sinopse de um roteiro cinematográfico tinham sido deixados na limusine de Letterman pelo produtor de jornalismo Robert "Joe" Halderman. Os dois eram conectados pela namorada de Halderman, Stephanie Birkitt, que morava com ele e era assistente de Dave. Na verdade, ele tinha cerca de cinco assistentes, cada uma com uma função diferente. Uma era responsável pelas refeições. Outra cuidava da sua fundação de caridade. Uma terceira atendia ao telefone. Stephanie, formada em direito, fazia tarefas diversas e comprava itens de entretenimento para Dave, selecionando livros e filmes de que achava que ele podia gostar. Stephanie também mantinha um diário onde revelava que parte do entretenimento que ela fornecia envolvia os dois pelados. Halderman encontrou o diário da namorada e ameaçou escrever um filme que expunha a relação ilícita, a não ser que Dave lhe pagasse 2 milhões de dólares.

Veja, esse plano tinha alguns problemas. Primeiro, a não ser que rodeasse Letterman de X-Men, Halderman provavelmente não conseguiria fazer que alguém lesse o seu roteiro. Segundo, Dave tinha acesso a uma brilhante equipe legal de administração de crise. Sob a proteção do escritório da promotoria pública de Manhattan, o advogado do apresentador se encontrou com Halderman e entregou a ele um cheque falso. Quando depositou o dinheiro, Halderman foi preso e, depois, se declarou culpado de roubo qualificado de segundo grau. Recebeu uma sentença de seis meses de prisão.

A abertura de Letterman sobre a história lhe fez ganhar muita empatia, e deveria, mesmo. Chantagem é uma coisa muito feia, e Halderman cometeu um crime. No entanto, ao mesmo tempo, Dave basicamente recebeu passe livre para o seu comportamento impróprio subjacente. Todo mundo pareceu achar que as "coisas terríveis" que ele tinha feito não eram nada terríveis. No programa *The View*, a também apresentadora Barbara Walters defendeu com unhas e dentes a decisão de Letterman transar com as funcionárias.

— Ele é um homem muito atraente — disse Walters em 5 de outubro de 2009. — Onde você conhece pessoas? No trabalho.

A coapresentadora Joy Behar tomou uma posição mais dura, argumentando que esse comportamento podia ter criado um local de trabalho desconfortável, sobretudo...

— ... se você é uma das garotas que trabalham lá e está só fazendo o seu trabalho e, de repente, essa outra menina está aparecendo na televisão e recebendo cheques da Federação Americana de Artistas de Rádio e Televisão...

(Desde 1996, Birkitt apareceu no programa mais de 250 vezes. Naquela época, o mínimo do sindicato [AFTRA] para uma aparição no *Late Show* era de cerca de 700 dólares.)

Walters descartou o argumento de Joy.

— Bom, talvez você esteja irritada hoje, mas não é necessariamente assédio sexual. Não é assédio sexual — repetiu, por via das dúvidas.

— Isso não é exatamente verdade — respondeu Joy. — Acho que a definição também inclui criar uma atmosfera desconfortável.

Joy estava certa. Você não precisa ser tocada ou abordada para ser vítima de assédio sexual. Sentindo um momento de aprendizagem, a Organização Nacional de Mulheres (NOW, na sigla em inglês) emitiu um comunicado: "Como chefe, [Letterman] é responsável por dar o tom de todo o local de trabalho — e fez isso com sexo. Em qualquer ambiente profissional, isso coloca os funcionários — incluindo aqueles do sexo feminino — em uma situação esquisita, confusa e desmoralizante."

Fiquei olhando para aquela frase. Uma "situação esquisita, confusa e desmoralizante" resumia com perfeição a minha passagem pelo *Late Night*. Quando pedi demissão, dezenove anos antes, não conseguia determinar o que me incomodava tanto naquele lugar. Agora, percebo que o meu desconforto tinha um nome: "favoritismo sexual".

O favoritismo sexual significa que, quando funcionários recebem favores especiais ao *dar* favores especiais, isso afeta não apenas os envolvidos. No trabalho, a maioria de nós quer ser julgada pelo desempenho profissional, então, quando colegas recebem poder e benefícios por satisfazer os seus gerentes de formas que não estão incluídas na descrição do cargo, é uma afronta. As mulheres podem acabar se sentindo humilhadas e tanto homens quanto mulheres podem vivenciar um "ambiente de trabalho hostil".

Estranho, confuso ou desmoralizante?

Você consegue ligar a situação à reação do funcionário?

A. Estranha

B. Confusa

C. Desmoralizante

1. Jogando na primeira base de um jogo de *softball* da empresa, Dave se inclina para um jovem assistente de produção enquanto a rebatedora de seios grandes vai para a posição.

— Espero que ela consiga rebater — diz Dave. — Gostaria de vê-la correndo.

A lista de "Condutas de natureza sexual proibidas" da produtora Worldwide Pants Incoporated inclui: "Fazer comentários indesejados sobre a aparência ou a anatomia de outra pessoa." Agora, Letterman não fez o comentário diretamente para a mulher e é de uma geração que não vê nenhum problema em uma "conversa de vestiário". O assistente fica tenso, mas não vai chamar a atenção do chefe por ser inapropriado. Em vez disso, ele força uma risada.

2. Uma mulher está sendo considerada para uma vaga de roteirista quando uma das assistentes de Dave — que, dizem, é uma das suas amiguinhas de cama — impede a contratação. Por que ela negaria uma oportunidade a outra mulher? Será que se sentiu ameaçada? E por que uma assistente executiva está escolhendo quem senta na sala dos roteiristas?

3. Dave se encanta por uma assistente de produção recém-formada. Passa bilhetinhos para ela durante as reuniões e pergunta a sua opinião sobre questões importantes do programa. Ela mal tem 22 anos e já está tomando decisões de produção.

Certa noite, o telefone da casa dela toca. É o chefe.

— Estou em um quarto de hotel, sozinho, comendo batatas fritas — diz Letterman.

Pode ser que ele esteja só querendo bater papo... ou pode ser que esteja jogando uma isca para ver se ela se oferece a ir encontrá-lo. A mulher muda de assunto. No dia seguinte, encontra uma recepção fria no trabalho. Os bilhetinhos engraçados do chefe param e já não pedem para ela dar a sua opinião.

"Será que eu fiz alguma coisa errada?", ela se pergunta.

Solução: todas as situações são as três opções.

Na mesma semana em que Letterman revelou o escândalo da chantagem, Nancy Franklin publicou um artigo sobre o *The Jay Leno Show* na revista *The New Yorker*. Perto do fim, Nancy comentou: "Leno não tem roteiristas mulheres no seu programa. Nem David Letterman, nem Conan O'Brien. Fala *sério*."

Aquela frase também me deixou absorta. A observação de Nancy me chocou mais que a confissão de Dave. Zero roteiristas mulheres? Fui ao site IMDb e pesquisei a última roteirista no *Late Show*. Meredith Scardino saiu em 2005. Por quatro anos, eles tiveram uma equipe só de homens. No que dizia respeito a diversidade de gênero, o *Late Show* não poderia estar pior. Até a presença simbólica estava morta. E aí, o estrago piorou.

Rob Burnett, um dos muitos produtores executivos do *Late Show* e chefe da produtora de Letterman, a Worldwide Pants Incorporated, decidiu reagir à crítica da NOW. Ele emitiu o próprio comunicado, que incluía a seguinte alegação:

> *Como funcionário de David Letterman desde 1985, na minha opinião o ambiente de trabalho nos programas dele é justo, profissional e inteiramente baseado em mérito em todos os momentos.*

Minha alma engasgou.

Profissional? Dave tinha acabado de admitir no ar que estava sexualmente envolvido com funcionárias. Além disso, já tinha ouvido boatos de que outros produtores de alta hierarquia curtiam as próprias "festas do pijama com estagiárias". Ainda assim, o que mais me irritava era Burnett chamando o ambiente de trabalho de "justo" e "inteiramente baseado em mérito". "Justo" deixava implícito que mulheres tinham as mesmas oportunidades que homens e "inteiramente baseado em mérito" significava que, nos últimos quatro anos, nenhuma roteirista que se candidatara ao programa era mais engraçada que o homem menos engraçado da equipe. Eu conhecia uma roteirista engraçadíssima que se candidatara para trabalhar no programa com recomendações de dois comediantes bastante respeitados que tinham trabalhado com ela. Ela nem recebeu uma resposta.

Em 2009, já tínhamos elegido um negro para ocupar o Salão Oval, mas nenhuma pessoa de cor jamais tinha entrado na sala de roteiristas do *Letterman*. Se o programa era "inteiramente baseado em mérito", o comunicado de Burnett deixava implícito que, desde 1985, nenhum negro, asiático, leste-asiático ou hispânico — fosse homem ou mulher — merecera um lugar naquela equipe. Como diria Nancy Franklin, "*fala sério*".

Algo em mim se acendeu naquele dia. Alguém precisava denunciar aquele comunicado ridículo e defender mulheres e minorias engraçadas. E eu conhecia a pessoa certa para isso: um jornalista sério e branco chamado Nick Kristof.

Nick e eu fomos colegas de faculdade, e eu recentemente o ouvira dar uma palestra em Los Angeles sobre o livro *Metade do céu: transformando a opressão em oportunidade para as mulheres de todo o mundo*, que ele coescreveu com Sheryl WuDunn. Nick tinha um espaço enorme no *The New York Times* e eu confiava plenamente nele. Mandei um e-mail e ele me ligou de um aeroporto. Sugeri a matéria. Ele ouviu e, então, faz uma pausa.

— Ok — disse ele. — Minha primeira pergunta é a seguinte: por que você não está escrevendo o artigo, Nell?

— Porque você escreve sobre mulheres e as pessoas vão ouvi-lo.

O que não respondi foi: "Porque estou morrendo de medo." Eu sabia que me posicionar atrairia tanto atenção quanto críticas. Parecia mais seguro me esconder atrás de Nick.

Ele não deixou.

— A história é sua — falou. — Não tem ninguém que vá contá-la melhor.

Eu não queria. Cheguei a mandar um e-mail para um amigo que trabalhava no programa para dizer que não ia escrever nada. Era como anunciar à minha família que eu não ia mais comer açúcar refinado.

Naquela noite, não consegui tirar aquilo da cabeça. Quando saí do show, fiquei calada porque era jovem e profissionalmente vulnerável. Agora, eu estava em um lugar diferente. A confissão de Dave desengatilhara uma enorme crise existencial. Na piada dos quatro estágios, o último, "Quem é essa tal de Nell Scovell?", é perguntado por executivos de estúdios que já não reconhecem o nome. Agora, eu virava a questão para mim mesma: quem eu era? O que eu defendia?

É difícil descrever, mas senti uma compulsão para falar. Considerei as desvantagens. Dave era uma figura imponente na televisão e talvez eu nunca mais trabalhasse para a CBS — ou para qualquer outra emissora. Ajudava o fato de ter acabado de assinar um contrato de dois anos em *Warehouse 13*, pois aquilo me dava alguma estabilidade profissional. Lembrei-me de uma fala incrível atribuída ao roteirista de TV Tom Palmer: "Não tenho dinheiro para mandar você se foder, mas tenho dinheiro para dizer que não gosto do seu tom de voz."

Meu recado ao meu amigo no programa acabou sendo tão eficaz quanto as minhas declarações de não comer mais açúcar refinado. Na manhã seguinte, peguei uma rosquinha coberta de chocolate e comecei a analisar os dados. Os números provariam que a disparidade de gênero em 2009 não era um acaso, mas um padrão. Em 27 anos, o *Late Night* e o *Late Show* só contrataram sete roteiristas mulheres, contra mais de cem roteiristas homens. E os homens ficavam mais tempo no cargo. Havia homens roteiristas brancos que, sozinhos, trabalharam nos programas uma década a mais que todas as passagens de mulheres combinadas. Depois, vi que mulheres que faziam stand-up também estavam mal representadas. De 2005 a 2010, o *Late Show* convidou aproximadamente 96 artistas de stand-up; mulheres só apareceram cinco vezes.

O favoritismo sexual é um assunto importante, mas o meu artigo foi na direção da falta de diversidade na sala de roteiristas. Nosso país tinha três juízas na Suprema Corte enquanto Letterman, Leno e Conan não conseguiam achar uma única mulher boa o suficiente para as suas equipes? Burnett e outros roteiristas-chefes sugeriram que mulheres e pessoas de outras etnias não se candidatam a esses empregos. Isso é culpar a vítima. O verdadeiro problema era que o processo de contratação muitas vezes dependia de roteiristas atuais (homens brancos) recomendarem os amigos engraçados (homens brancos) para se tornarem futuros roteiristas (homens brancos). E eu sabia, por experiência própria, que, quando as mulheres se candidatavam, eram muitas vezes ignoradas.

Nove meses antes da divulgação do escândalo de chantagem, fiquei sabendo que o *Late Night* estava buscando roteiristas de monólogos para trabalhar à distância. Lembrando-me das palavras de Dave, de que eu poderia "voltar quando quiser", enviei quatro páginas de piadas. As páginas foram sugadas por um buraco negro. Pouco depois, vendi um piloto para a ABC e me ocupei com isso. Ainda assim, o silêncio do programa sugeria que era preferível reclamar da falta de candidatas do que de fato respondê-las.

Terminei um esboço do artigo e pedi para diversos amigos sábios e engraçados lerem, incluindo Susanne Daniels, Amy Hohn, J.J. Jamieson, Kurt Andersen, Anne Kreamer e Tim Carvell. Todos deram conselhos úteis e me encorajaram. Por fim, procurei a aprovação de mais uma pessoa.

No verão anterior, nosso filho de onze anos tinha ido para um acampamento de uma semana em uma escola local. Depois do primeiro dia, Dexter voltou falando maravilhas de um campista engraçado chamado Jake. Insisti para que ele pegasse o sobrenome de Jake para podermos combinar um encontro para os dois brincarem. Dexter voltou dois dias depois.

— O sobrenome do Jake é Brooks e o pai dele é diretor — falou. — Alfred Brooks.

— Espera aí. Você quer dizer *Albert* Brooks?

— É, isso mesmo.

Ah, nós combinamos um encontro, com certeza. Já em outubro daquele ano, eu me sentia confortável o suficiente para compartilhar o rascunho com Albert e a sua incrivelmente talentosa esposa escritora/artista, Kimberly. Disse a eles que ainda estava em dúvida sobre me posicionar em público.

— Ah, você precisa publicar isso — disse Kimberly após ler o texto.

Albert parecia mais pensativo.

— Ninguém pode discordar do que você escreveu — falou, deliberadamente. — Na minha experiência, uma amostra mais justa da humanidade sempre produzirá comédia melhor.

Senti calafrios.

— Albert, isso é *perfeito*. Posso usar essa frase?

— Claro.

Albert entendia que os programas deviam contratar roteiristas mulheres não só porque é o certo ou o justo a se fazer, mas porque *esses programas ficariam mais engraçados*. E ele não falava da boca para fora. Albert escreveu sozinho *Um visto para o céu*, mas, outras vezes, se uniu a Monica Johnson. Juntos, coescreveram *Um romance moderno* e *Relax*. Esses dois filmes têm personagens femininas imperfeitas e engraçadas. Julie Hagerty apostando e perdendo todas as economias é algo que a própria Monica pode ter feito.

Quero deixar claro que não acredito que apenas mulheres podem escrever papéis femininos e apenas homens podem escrever papéis masculinos. A arte de qualquer escritor é entrar na cabeça de um personagem e compreender os seus medos, as suas alegrias e as suas motivações. Emoções são universais, mas experiências, não. Em *Warehouse 13*, escrevi um episódio em que Myka, a protagonista feminina, fica grávida de forma mágica. Incluí um detalhe, na escaleta, sobre o olfato de Myka ficar mais aguçado. Na ligação sobre comentários, um executivo questionou aquilo.

— Não entendi o olfato — disse ele. — É uma coisa que acontece?

— Sim — esclareci. E, então, me dei conta de que, das sete pessoas na ligação, eu era a única que já tinha ficado grávida.

Históricos diferentes geram experiências diferentes. Uma sala que exclui metade da população humana, além de pessoas de diferentes etnias e da comunidade LGBTQ+, sempre terá menos material para usar.

Adicionei a frase de Albert e, após uma revisão final do meu inestimável editor Mike Hogan, o artigo foi para publicação. Entrei em contato com Jack Kenny, que logo seria o meu chefe, e com a minha agente Jill Gillette, para avisá-los de que "Letterman e eu" seria publicado no dia seguinte. Tanto Jack quanto Jill me apoiaram, o que ajudou bastante.

Na manhã seguinte, abri o meu laptop. Minha caixa de entrada estava lotada. Fechei o laptop. Fiz café da manhã para as crianças e as levei à escola. Assim que voltei para casa, o telefone tocou.

— Oi. É a Nell? Sou produtora do *Today Show*. Lemos o seu artigo e queremos que você venha amanhã no programa.

— Hum — reagi, despreparada para a ligação.

— Vamos levá-la de avião a Nova York e você vai participar no estúdio com o próprio Matt Lauer.

Programas de notícias matutinos amam um escândalo sexual e, embora o meu artigo não fornecesse nenhum detalhe suculento, serviria para manter a história viva.

— Preciso pensar.

Minha próxima ligação foi para Mike Hogan na *Vanity Fair*. Havia outras ofertas para aparecer em jornais e talk shows, e debatemos como poderia ser bom ter mais exposição. Porém, eu estava preocupada em perder o controle da narrativa. Mike disse que eu devia fazer o que me deixasse confortável. Liguei de volta para a produtora do *Today*.

— Desculpe — falei. — Vou passar.

Abri o meu laptop de novo e vi que o artigo tinha sido republicado em vários sites. Todos os meus amigos me avisaram para não ler os comentários. Eu os ignorei. Alguns comentaristas me desprezavam, dizendo que eu fazia "tudo pela fama" e que não era "nada engraçada". (Ah, os clássicos.) Outra pessoa colocou um link para um artigo de Rachel Sklar, com uma manchete promissora: "Nell Scovell é a minha nova heroína".

"Será que Scovell é tão engraçada quanto qualquer cara? Supostamente sim, dada a experiência dela", escreveu Rachel. "Então, não se trata de uma ladainha nascida de anos de frustração reprimida — é algo medido e pensado e que avalia a situação de maneira objetiva."

Rachel Sklar era a *minha* nova heroína. Os homens estavam bravos, mas as mulheres entenderam. A maioria, pelo menos. Uma amiga da costa Leste me mandou um e-mail dizendo que tinham acabado de citar o meu nome no *The View*, e que Barbara Walters me acusou de atrasar as mulheres quando pedi demissão. Aquilo doeu. O telefone tocou de novo.

— Nell? Oi. Aqui é Matt Lauer. Minha produtora disse que você não quer vir ao programa, mas tenho esperança de fazer você mudar de ideia.

Matt foi lisonjeiro e charmoso. Ele me explicou passo a passo por que eu devia aceitar a oferta dele de contar o meu lado da história.

— O problema — expliquei — é que as pessoas querem ouvir sobre estagiárias no quarto, e eu quero falar sobre gênero na sala de roteiristas.

— Podemos falar sobre o que você quiser — garantiu ele.

— Então, tudo bem se eu não discutir Dave transando com estagiárias?

— Ei, nem eu estou em um patamar moral tão alto — disse Matt com uma risadinha.

A "piada" de Matt me deixou enojada. Pedindo desculpa, passei a oportunidade uma segunda vez.

O único programa no qual aceitei aparecer foi o *The Joy Behar Show*, porque Joy tinha me defendido no *The View*. Antes de ir para o estúdio de Los Angeles, liguei para Lawrence O'Donnell, que eu conhecia por meio de Penn Jillette, e pedi algumas dicas para ser entrevistada na TV.

— Determine três argumentos que você quer defender — recomendou ele. — Se tiver sorte, vai conseguir defender um deles.

Joy era inteligente e simpática. Nos bastidores, ela mencionou que estava tentando ser chamada para fazer um stand-up no *Late Show* há anos, sem sucesso. O segmento passou tão rápido que nem lembro se defendi o meu argumento ou não.

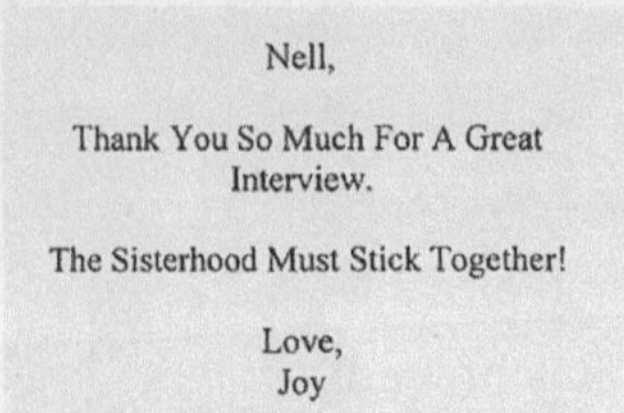

Nell,

Thank You So Much For A Great Interview.

The Sisterhood Must Stick Together!

Love,
Joy

Bilhete que Joy Behar me enviou com flores. [Nell, muito obrigada pela ótima entrevista. As mulheres têm que permanecer unidas! Com amor, Joy.]

Na tarde em que o artigo foi publicado, o departamento de RP da *Vanity Fair* recebeu um e-mail do lendário colunista de fofocas do *New York Daily*, George Rush. Ele ia publicar uma nota exclusiva no dia seguinte e queria um comentário. O furo de Rush citava um "funcionário de longa data do *Late Show*" que disse que o meu artigo tinha sido "recebido com resmungos". Então, o corajoso funcionário anônimo me jogou na lama, dizendo que, durante a minha estada, eu não tinha conseguido colocar nenhuma piada no ar e que pedi demissão porque ia ser demitida.

Encaminhei a citação a Steve O'Donnell, roteirista-chefe da minha época, e perguntei se ele se lembrava das coisas daquela forma. Ele respondeu o e-mail dizendo: "Sei que você foi renovada no fim do primeiro período, então é óbvio que você era satisfatória, e lembro que tinha acabado de começar o segundo período quando deu o seu aviso prévio".

Pareceu-me irônico que, depois de eu descrever como me sentira diminuída pelo programa em 1990, a reação imediata do lado de lá tivesse sido me diminuir mais uma vez. De certa forma, as mentiras deles provaram o meu argumento melhor do que eu conseguiria. Minha resposta a George Rush foi curta: "O *Late Show* pode dizer o que quiser sobre mim; apenas contrate mais mulheres."

Quando a nota do *Daily News* saiu no dia seguinte, o advogado da *Vanity Fair* enviou uma carta, destacando que a alegação de que eu tinha saído antes de ser demitida era falsa e difamatória. A frase foi removida da versão on-line.

Funcionárias do *Late Show* que trabalhavam no Ed Sullivan Theater me escreveram às escondidas para dizer que esperavam que a matéria desengatilhasse uma investigação confidencial externa. Isso não aconteceu. A Worldwide Pants conduziu a própria revisão interna e — surpresa! — não encontrou nada de errado. Outros funcionários, antigos e atuais, me enviaram histórias horrendas de tratamento hostil, e os encorajei a denunciarem. Ninguém se sentiu seguro o suficiente para isso.

"O que me entristece é que tantas mulheres em Hollywood não querem falar sobre esses assuntos porque têm medo de parecerem chatas", me disse em um e-mail uma amiga comediante. "Fui recentemente a um debate sobre roteiristas de TV mulheres e alguém perguntou se era mais difícil ser mulher neste ramo, e uma das quatro convidadas teve a coragem de dizer que achava mais fácil. O restante pôs panos quentes sobre fazer diferença ou não. Para mim, parecia síndrome de Estocolmo — uma ansiedade entranhada de agradar/ser atraente ao sistema que nos prejudica. Sei que não queremos nos sentir como vítimas e que é importante não focar sempre no que é negativo. E talvez as experiências dessas mulheres tenham sido diferentes. Mas... sério?"

Conheço esse instinto de encobrir a parte ruim. Uma semana depois de o artigo ser postado, encontrei, em uma festa, uma mulher que trabalhara na produção durante o início do *Jimmy Kimmel Live!*. Ela descreveu longamente quanto temia ir para o escritório.

— Não importava como eu me vestisse, meus colegas sempre faziam comentários sobre o meu corpo — contou ela. — Eu me sentia sexualmente assediada *todo dia*.

O ambiente a estressou demais e ela me disse que, no segundo em que conseguiu outra oferta de empregou, aceitou. De repente, se viu soando negativa e completou rapidamente:

— Mas sou grata pela oportunidade que me deram.

Como as mulheres são muitas vezes deixadas de fora desses ambientes masculinos, quando alguma consegue ser aceita, isso ainda é visto como um favor. E não importa quão horríveis sejam as condições, espera-se que elas sejam gratas. Acho que isso explica por que vários roteiristas do *Late Show* reagiram com tanta raiva. Nenhum deles jamais discutiu a validade das minhas críticas. Simplesmente acreditam que, ao apontar as falhas do programa, eu não demonstrei a gratidão adequada pela oportunidade excepcional que me foi concedida.

O burburinho sobre o artigo morreu logo. Cheguei a ir a uma reunião em que um executivo o mencionou sem saber que eu o tinha escrito. Foi o "Quem é essa tal de Nell Scovell?" em ação.

A sala de roteiristas de *Warehouse 13* começou no início de novembro, e foi uma distração bem-vinda. Eu estava feliz — e grata — por poder ir trabalhar todo dia. Eu era a única mulher na equipe de roteiristas naquela temporada, mas isso não era novidade nenhuma.

A maioria dos meus colegas tinha lido o artigo. Alguns acharam legal, especialmente o editor Ian Stokes, que me disse que ouvira um debate sobre mim no *The Howard Stern Show*.

— Artie Lange disse que comeria você — contou Ian, animado.

Como ouvinte de longa data de Stern, me senti honrada.

Outros colegas pareceram um pouco desconfiados. Uma vez, alguém fez um comentário machista na sala e outro roteirista disse:

— Cuidado, ou Nell vai escrever uma denúncia contra você.

— Ah, é — respondi. — Daqui a dezenove anos, você vai ficar *muito* arrependido de ter dito isso.

Parecia mesmo haver um cheiro de feminismo no ar naquela temporada. Quando estávamos tentando descobrir quem podia ser o grande vilão, David Simkins sugeriu um H.G. Wells viajante no tempo. Todos fizemos *uaaaau* com a ideia. Então, Jack Kenny me olhou com um brilho no olhar.

Set de *Warehouse 13* com Joanne Kelly (Myka) e Jaime Murray (H.G. Wells) à esquerda, e com CCH Pounder (chefe do armazém, srta. Frederic) à direita

— E se H.G. Wells fosse uma mulher? — disse Jack.

— Sim! — respondi.

A ideia de Jack era ótima, e Helena G. Wells foi o destaque da segunda temporada.

Criticar programas noturnos acabou com algumas velhas amizades e criou outras. Para mim, permaneceu uma questão: será que Dave leu o artigo? Duvido, já que ele estava ocupado com um processo, consertando o seu casamento e ainda apresentando o programa toda noite. Mas, se tivesse lido, qual teria sido a reação? Tinha ficado furioso? Meu trabalho no *Late Night* tinha deixado-o feliz, então, fazê-lo infeliz ainda parecia errado.

Eu tinha uma fantasia. Um dia, meu telefone toca. Eu atendo.

— Espere na linha por Dave — diz uma das 83 assistentes dele.

Eu me preparo para Letterman começar a gritar (porque, até na minha própria fantasia, as pessoas estão bravas comigo), mas, em vez disso, ele me agradece. Temos uma conversa que já deveríamos ter tido há muito tempo sobre incluir mulheres e outras minorias na sala de roteiristas. Ele concorda com tudo que digo e ficamos fazendo piada e nos divertindo muito até eu precisar desligar porque a minha mãe está na outra linha.

Ambas essas ligações têm a mesma chance de acontecer.

Eu me conformei com nunca ter uma pista sobre sua reação. Nesse ponto, ele estava tão isolado da equipe que um produtor me falou:

— Só sabíamos que Dave estava no escritório quando o víamos no programa.

A nota no *Daily News* incluiu uma citação do funcionário anônimo, declarando: "Hoje, existe quase uma política de ação afirmativa [no *Late Show*]. É bem provável que a próxima vaga vá para uma mulher." As palavras-chave na frase eram "bem provável". A contratação seguinte foi outro homem branco. Quando fiquei sabendo, desabei. Meu pronunciamento não tinha tido impacto algum. Acabei me lembrando desta velha piada judia:

> A vida no *shtetl* é boa até que, um dia, acontece um *pogrom* e todo mundo é enfileirado em frente a uma parede para o esquadrão de fuzilamento. Os cossacos miram os fuzis e o líder

deles pergunta: "Antes de abrirmos fogo, alguém tem um último pedido?" Schlomo levanta a mão, tímido, e diz: "Na verdade, eu tenho um." Então, Hymie se inclina e sussurra: "Silêncio! Não crie problemas!"

Talvez eu devesse ter ouvido Hymie e ficado de boca fechada. Eu não queria criar problema, só queria criar progresso.

CAPÍTULO 16

Quem eu estava esperando

HOMEM NA FESTA DE LANÇAMENTO DO LIVRO "FAÇA ACONTECER": Então, você é a mulher por trás da Sheryl Sandberg.

EU: Sim, estou atrás da Sheryl Sandberg, e correndo o mais rápido possível para seguir o ritmo dela.

A PRIMEIRA VEZ QUE PUS OS OLHOS EM SHERYL SANDBERG FOI quando amigas começaram a me encaminhar o link do TED Talk dela em 2010, com assuntos como: "*Você precisa ver isso!!!*" ou "*Você viu???*".

Supus que a palestra aconselhasse as mulheres a usar pontuação várias vezes.

A palestra, chamada "Por que temos tão poucas líderes", abria com Sheryl contando uma história sobre estar em uma reunião de diretoria onde várias mulheres se sentaram nas laterais da sala até ela acenar para que se juntassem a ela na mesa. Voltei à minha primeira mesa de leitura de *Newhart* e a como eu também escolhi uma cadeira na periferia. Acreditava que esse instinto vinha de minha timidez natural, mas Sheryl me fez perceber que se tratava de uma escolha instilada pela nossa cultura. Depois, ela explicou por que isso importava.

— Olha, importa muito — disse Sheryl. — Porque ninguém consegue o escritório grande sentando na lateral e não à mesa, e ninguém é promovido se não pensar que merece o sucesso ou se nem compreender o próprio sucesso.

Fiquei impressionada. Como chefe de Vendas & Operações On-line no Google e depois COO do Facebook, Sheryl tinha comandado mais de 10 mil funcionários, o que lhe dava uma perspectiva ampla. A palestra dela falava do quadro geral até os menores detalhes, oferecendo dados e estudos para apoiar as conclusões da própria Sheryl. Ela conectou a abrangência histórica do viés de gênero com decisões individuais e, depois, sugeriu uma forma de progredir. Tudo que ela disse soou verdadeiro.

Com o tempo, aprendi a sentar à mesa, literal e figurativamente, mas conseguir o escritório grande trouxe um novo conjunto de obstáculos. Sheryl descreveu os sentimentos desconfortantes que eu encontrara ao tentar liderar:

> *O que os dados mostram, acima de tudo, é que sucesso e amabilidade são correlacionados de forma positiva para homens e negativa para mulheres. E todo mundo está assentindo, porque sabemos que é verdade.*

Como ela sabia que eu estava assentindo? Aquela estranha estava dentro da minha cabeça.

Quando terminei de assistir ao vídeo de Sheryl, me senti estranha. Em geral, um debate sobre mulheres no local de trabalho me deixa agitada. A cada poucos anos, eu costumava me encontrar para um *brunch* com um grupo de roteiristas/produtoras de TV de alta hierarquia e desabafávamos histórias sobre as injustiças que havíamos encontrado. Eu contava a minha história sobre a vez em que estava renegociando para ficar em uma série, e o produtor executivo parou no meu escritório para checar como estava indo a negociação.

— Seus agentes ligaram para o departamento comercial? — perguntou ele.

— Sim, estão cuidando disso.

— E você não se importa com o salário, né?

Olhei incrédula para o meu chefe.

— Não, estou aqui só pelos salgadinhos.

Minhas histórias favoritas são aquelas em que o machismo é óbvio. Como coprodutora executiva em uma série, me pediram para reescrever o roteiro de um escritor iniciante. Fiz uma grande revisão no fim de semana e, então, enviei o roteiro para o produtor executivo no domingo, para ele terminar de polir. Na manhã seguinte, ele me puxou de lado.

— Ótimo trabalho, Nell. Mas, se você não se importar, acho melhor dizer ao Mike que fui eu quem reescrevi. Não quero que ele se sinta emasculado.

As mulheres no *brunch* ficavam chocadas com essas histórias, antes de contar as próprias histórias chocantes. E as histórias continuavam. E continuavam. Quando a *frittata* era servida, o alívio de perceber que o viés não era pessoal já tinha sido substituído pelo horror de perceber que era onipresente. Eu sempre saía do *brunch* me sentindo pior do que quando chegara. Mas a palestra de Sheryl me acalmou. Em catorze minutos, ela me deu compreensões profundas sobre os meus 25 anos de carreira, e sem um único carboidrato. Encaminhei o vídeo para outras amigas com as minhas próprias exclamações múltiplas. Também mandei um pedido de amizade a Sheryl no Facebook.

Mais ou menos na época em que descobri a palestra de Sheryl, comecei a ouvir algumas notícias positivas sobre as equipes dos programas noturnos. Leno adicionou uma roteirista ao *Tonight Show* e o *Late Show with David Letterman* também. E, embora houvesse centenas de pais escrevendo comédia para talk shows, acredito que Laurie Kilmartin tem a honra de ter sido a primeira mãe na equipe de *Conan* quando chegou lá em 2010.

O trabalho no *Warehouse 13* continuava. Tivemos uma temporada boa e terminamos como a série mais assistida do Syfy. Durante as férias, me uni a Tim Carvell (hoje roteirista/produtor executivo do *Last Week Tonight*) para escrever *Backstabber*, uma atualização de *A malvada* que se passava na indústria da moda, com um assistente gay no papel de Eve Harrington. (O spec ainda está disponível, pois aparentemente interpretamos mal o interesse do mercado por um longa-metragem que estrelasse uma mulher de 40 e poucos anos e um jovem gay.)

Como muitos americanos em 2010, comecei a passar muito tempo no Facebook. Eu tinha sido uma das primeiras a entrar no site, quando ainda era necessário um endereço de e-mail .edu. Pelo site, me reconectei com Elliot Schrage, um amigo da faculdade que agora cuidava da mídia e das comunicações no Facebook. Elliot sabia que eu trabalhava na TV e me procurou com algumas perguntas sobre comédia.

— Mark Zuckerberg deveria dublar a si mesmo nos *Simpsons*?

Sim!

— E se ele não gostar das páginas que mandarem?

Peça novas piadas.

— O *SNL* quer que Mark faça uma participação quando Jesse Eisenberg estiver apresentando. Você tem ideias?

Sim!

A piada era que Mark estaria ao lado de Lorne Michaels assistindo, nos monitores, a Jesse Eisenberg conversando com Andy Samberg, membro do elenco. Ambos tinham vivido Mark nas telas. O momento mais esperado era juntar os três "Marks", então parecia óbvio que o Mark verdadeiro ia querer se juntar aos dois falsos. O conflito seria que Michaels não acharia aquela uma boa ideia. Sugeri o seguinte diálogo:

MARK: Você não me deixa escolha.

Mark cutuca Lorne com um dedo.

LORNE: O que está fazendo?

MARK: Cutucando você.

LORNE: Isso é MUITO irritante.

MARK: Eu sei. Fui eu que inventei.

Mark encurtou a minha sugestão para um "Eu inventei a cutucada" bem mais petulante e as pessoas riram muito.

Escrever piadas para Mark Zuckerberg era um projeto paralelo divertido. Então, em março de 2011, Elliot mandou um e-mail perguntando se eu tinha assistido ao TED Talk de Sheryl Sandberg.

"Se eu vi?", escrevi de volta. "Eu decorei."

Disse a ele que Sheryl tinha mudado a minha perspectiva de forma positiva e o meu P.S. mencionava que tinha mandado um pedido de amizade a ela, mas sem resposta. Cinco minutos depois, sorri quando uma mensagem apareceu na minha tela: "Sheryl Sandberg aceitou o seu pedido de amizade."

Era o início de uma linda amizade.

Sheryl ia discursar na conferência Forrestal da Academia Naval em abril. Ela tinha um esboço parcial escrito em tópicos, mas, como COO em tempo integral e mãe de dois filhos pequenos, estava procurando alguém para juntar tudo e fazer o discurso fluir. Embora eu nunca tivesse escrito algo tão sério, estava animada por fazer qualquer coisa para apoiá-la. Ela me enviou o esboço, que continha este tópico:

- Estimular as mulheres — sobretudo durante os anos férteis — a encontrar uma forma de ir à luta, fazer acontecer nas suas carreiras, e dar a elas a flexibilidade de que precisam para se manterem ativas
    - Almirante Mullen falou sobre a importância disso para a Marinha na Casa Branca neste ano

Esta foi a primeira vez que Sheryl mencionou a expressão "faça acontecer". Hoje, o termo é tão usado que uma amiga me perguntou há pouco tempo:

— O que a gente dizia antes de "faça acontecer"?

Escrever o discurso foi fácil, pois isso combinava duas habilidades que eu já tinha desenvolvido. Como um artigo de revista, um discurso precisa apresentar um argumento com uma abertura forte, um fluxo de ideias lógico e uma conclusão pensada ou edificante. Como um diálogo de TV, o palestrante precisa soar natural e ter uma voz consistente. Sheryl tem um charme fora do comum e a personalidade natural dela combina três dos meus ídolos da infância: ela tem a lógica de Spock, a empatia do dr. McCoy e as habilidades de liderança do capitão James T. Kirk.

O discurso da conferência Forrestal foi seguido pelo discurso de formatura em Barnard. Mais uma vez, Sheryl pediu a minha colaboração e pensamos no que teríamos gostado que alguém nos dissesse na época da nossa formatura. Sheryl falou que queria dar às jovens permissão para ser ambiciosas, algo que, muitas vezes, nossa cultura desencoraja. Ela também queria discutir como as mulheres, sem perceber, se seguram por ter medo.

Voltei aos meus anos de adolescência, quando eu ouvia sem parar Barbra Streisand cantar "I'm the Greatest Star", de *Funny Girl: uma garota genial*. Também idolatrava Bette Midler, que irradiava confiança. Ela até se autoreferia como "a Divina Senhorita M". Não percebi na época, mas Bette e Barbra estavam dando exemplos de bravura e autoestima. Estavam me ensinando a "fazer acontecer".

No dia do discurso, Sheryl estava resfriada e com a voz rouca, mas a força da sua convicção nunca vacilou. Ela encorajou a turma de formandas, todas mulheres, a sonhar alto e acreditar em si.

— Nunca deixe o medo ser maior que o seu desejo — clamou, no fim. — Então, por favor, se pergunte: "O que eu faria se não tivesse medo?" Vá lá e faça.

Assistindo a uma transmissão ao vivo do discurso em Santa Monica, aplaudi junto às centenas de recém-formadas de Barnard.

Depois disso, começou um burburinho sobre alcançar uma audiência maior com um livro. Em uma conferência, a extraordinária agente literária da WME (William Morris Endeavor), Jennifer Rudolph Walsh, seguiu Sheryl até o banheiro feminino para convencê-la do projeto.

— Livros inspiram conversas — insistiu Jennifer.

Sheryl tinha uma agenda lotada e não conseguia ver como encaixar outro projeto grande nela. Então, um dia, ela me ligou, animada.

— Jennifer acabou de me telefonar. Ela conseguiu uma oferta para eu escrever o livro e acho que quero fazer.

— Que ótimo!

— Eu disse que não faria sem você. Você topa?

Fui tomada por uma onda de medo.

— Olha, Sheryl — gaguejei. — Eu nunca escrevi um livro.

— Nem eu! — respondeu ela.

Dave Goldberg, o brilhante e encorajador marido de Sheryl, infelizmente já falecido, viu a importância da mensagem e, junto, o casal encontrou uma forma de fazer o projeto sair do papel: Sheryl escreveria à noite, depois de as crianças irem dormir, iria a menos jantares sociais e dedicaria tempo de férias e fins de semana ao livro. Eu também trabalharia à noite e aos fins de semana, mas os meus filhos eram mais velhos, o que era um sacrifício menor. A pesquisadora Marianne Cooper, do Instituto Clayman de Pesquisas sobre Gênero, foi recrutada para encontrar e avaliar estudos. Nós três tínhamos empregos durante o dia e famílias, mas aprendemos que, se o trabalho se expande para preencher o tempo, o tempo se expande para preencher uma missão.

Em dezembro, Jordan Pavlin, editora da Knopf, Jennifer, Sheryl e eu nos encontramos em Nova York. Seria uma reunião para iniciar o projeto, mas Sheryl chegou com um esquema completo e a introdução pronta. Ela estava escrevendo aquele livro na sua cabeça há vinte anos.

Foi um período esquisito da minha vida. Como coprodutora executiva de *Warehouse 13*, meu dia era dedicado a pensar em histórias de ficção científica. Aí, à noite, Sheryl me enviava esboços de capítulos e passávamos por mais vinte — ou quarenta — rascunhos sobre as barreiras enfrentadas pelas mulheres. Esses dois mundos só se chocaram uma vez, quando eu estava completando uma seção de *Faça acontecer* sobre "abelhas rainhas" — um termo para mulheres que alcançam status em um mercado dominado por homens e excluem outras mulheres. Escrevi: "Infelizmente, essa atitude de 'só pode haver uma' ainda persiste."

Nerds de ficção científica reconhecerão a referência a *Highlander: o guerreiro imortal*, um filme de ação/fantasia de 1986, protagonizado por Christopher Lambert e Sean Connery, que vi um número vergonhoso de vezes. Imaginei que a frase seria retirada do livro, mas ela conseguiu sobreviver (como o próprio Highlander). Ao ler o livro nas provas, percebi que Sheryl podia não conhecer a fonte da citação, então mandei um e-mail para ela, incluindo o trailer do filme. Ela respondeu que não tinha entendido a referência, mas que não havia problema em mantê-la.

Faça acontecer é o livro que eu queria ter lido aos 25, não ajudado a escrever aos 52. Ele reconhece que precisamos de políticas institucionais e governamentais melhores para apoiar e proteger todas as mulheres, sobretudo mães solteiras. Precisamos de igualdade de salários, creches mais acessíveis, melhores políticas de licença parental, mais patrocínios e mais consciência do viés implícito. O livro também examinava as barreiras internas que podem segurar as mulheres e clama que elas se sentem à mesa, levantem as mãos, assumam riscos e busquem posições de liderança. A esperança é que, com mais mulheres se tornando líderes, elas estejam em posição de incitar mudanças mais rápidas para todas nós.

Para as mulheres poderem *fazer acontecer* no trabalho, os homens precisam *fazer acontecer* nas suas famílias. Mesmo quando ambos os pais têm empregos em tempo integral, as mães cuidam quase quarenta por cento mais dos filhos e trinta por cento mais da casa que os pais. Isso levou Sheryl a aconselhar as mulheres de que "a decisão de carreira mais importante que você vai tomar é escolher o seu parceiro".

Nesse quesito, eu mandei muito bem. Mesmo assim, meu estômago doeu quando trabalhei em uma seção sobre negociação. Mandei mal demais nesse ponto. Meu instinto sempre fora provar o meu valor listando as minhas contribuições pessoais a um projeto. É uma estratégia que funciona bem para homens — que podem se autopromover impunemente —, mas espera-se que as mulheres sejam legais e pensem no coletivo.

Em outubro de 2012, Sheryl enviou o rascunho final para a editora. Tinham sido nove meses intensos, e nós duas tivemos o nosso primeiro fim de semana livre em muito tempo. Meus planos incluíam ver um filme com a minha família e fazer ioga. Eu não esperava ter notícias de Sheryl tão cedo, então fiquei surpresa quando o telefone tocou naquela manhã de domingo.

— Não consegui dormir ontem à noite — disse ela, parecendo mais animada que cansada. — Quero começar uma organização sem fins lucrativos para ser lançada junto com o livro, que ajudaria mulheres. Já escrevi a missão. Posso enviar para você?

Aquela missão se transformou em LeanIn.org, que, hoje, abriga uma comunidade de mais de 1,5 milhão de pessoas e fornece materiais para criar pequenos grupos de apoio chamados Círculos. Esses Círculos ajudam as suas integrantes a pedir promoções, largar parceiros que não as apoiam e ser mais ambiciosas.

Sheryl Sandberg, Marianne Cooper e eu no dia do lançamento de *Faça acontecer*, 11 de março de 2013

Esperávamos que o lançamento do livro mudasse vidas. Em um nível pessoal, já tinha mudado. Eu sempre fora feminista, mas confiava que as minhas ações tivessem um significado maior que as minhas palavras. Agora, eu estava transmitindo as minhas crenças, e era *incrível*. Depois de uma vida tentando entrar em espaços dominados por homens, onde eu precisava ficar justificando o meu valor o tempo tudo, fui recebida de braços abertos em um novo clube.

Sheryl me apresentou à sua Liga de Mulheres Extraordinárias. Conheci Mellody Hobson, presidente da Ariel Investments, que inspirou nós duas com a declaração de querer ser "assumidamente mulher e assumidamente negra". Conheci Joanna Coles, a engraçada e formidável editora da *Cosmopolitan*, que é a "irmã mais velha universal". E, graças a Sheryl, conheci Gloria Steinem. *A* Gloria Steinem.

Eu crescera fascinada pela fundadora da revista *Ms.*, então foi surreal me sentar em uma pequena sala com ela e Sheryl conforme as duas discutiam assuntos globais. Gloria tinha acabado de voltar da Índia e compartilhou histórias tenebrosas conosco.

— Tem oito milhões de garotas desaparecidas na Índia — disse ela. — Que simplesmente sumiram.

Sheryl, que já tinha ido à Índia, assentiu, consciente.

— O que quer dizer? — perguntei.

— De um a cinco anos, garotas indianas têm o dobro de chance de morrer em comparação aos garotos — respondeu Gloria. — Por que você acha que isso acontece?

Eu não sabia. Balancei a cabeça.

— Quando elas ficam doentes, as famílias não as valorizam o suficiente para buscar cuidados médicos ou pagar pelo tratamento.

Fiquei arrasada. Gloria e Sheryl continuaram falando sobre mulheres escravizadas até chamarem Sheryl para outra coisa. Sozinha com Gloria, me senti enjoada. De repente, desembuchei a minha angústia existencial.

— Não acredito que estou preocupada com fazer com que mais mulheres sejam contratadas em talk shows enquanto isso está acontecendo na Índia.

Gloria se inclinou e colocou a mão no meu braço.

— Ah, não. Pode se preocupar com os talk shows. Deixe que eu me preocupo com a Índia.

Ela me deu esse conselho com um sorrisinho. Sabia que soava sarcástico, mas o argumento era profundo. O viés de gênero está em todo lugar, e precisamos de uma defesa homem a homem — com o perdão da expressão — em cada frente. Todas precisamos nos pronunciar o máximo possível com a influência específica que temos.

Eu vi como mulheres defendendo as outras em programas de televisão pode fazer a diferença. Quando *Jimmy Kimmel Live!* saiu do horário de meia-noite e meia para o das 23h30, a presidente de entretenimento da ABC, Anne Sweeney, se interessou em colocar mais roteiristas mulheres na equipe. A roteirista-chefe Molly McNearney, a única mulher no programa na época, entrou em contato comigo para pedir uma lista de nomes de mulheres que quisessem mandar ideias e piadas. Compilei uma lista e encorajei Bess Kalb, uma roteirista astuta e hilária da revista *Wired*, a tentar. Dezenas de outras mulheres engraçadas se candidataram. A comediante Nikki Glaser estava na minha lista, mas passou a oportunidade porque queria focar na sua carreira como apresentadora, atriz e comediante stand-up. Na véspera da entrega dos currículos, Nikki me mandou um e-mail.

☆ **Nikki Glaser** Late Night Submissions June 1, 2012 at 7:23 AM NG
A friend's packet...
To: Nell Scovell

Nell,

I mentioned to a writer friend of mine last week that I was considering getting a packet together for you guy. She said that she was going to try to put something together as well have some manager who is hip-pocketing her submit her. Now that guy is playing dumb and saying he can't get it to the right people.

I know it wasn't my place to spread the word about this - and that wasn't my intention in this case - but she just emailed to ask if I could help in any way. She worked really hard on it and I think she's a very talented writer. So I'm including it in this email and of course you can do what you like with it, but I just wanted to at least do my best as her friend to get it to the right people.

Thank you and I'm truly sorry if this breached any confidentiality!

Nikki

"Assunto: Currículo de uma amiga...

Nell,

Na semana passada, mencionei para uma amiga roteirista que estava considerando mandar ideias para vocês. Ela disse que ia tentar reunir algumas coisas, além de pedir para o agente que está enrolando ela a entrar em contato. Agora, o cara está se fazendo de burro e dizendo que não consegue chegar às pessoas certas.

Sei que não devia ter espalhado a notícia — e nem era a minha intenção —, mas ela acabou de me mandar um e-mail perguntando se eu podia ajudar de alguma forma. Ela se dedicou muito a isso e acho que é uma roteirista bastante talentosa. Então, estou incluindo as ideias dela neste e-mail e, claro, você pode fazer o que quiser com isso, mas só queria ao menos fazer o possível como amiga para as piadas dela chegarem às pessoas certas.

Obrigada e peço desculpas se tiver quebrado alguma confidencialidade.

Nikki"

Se mulheres que não ajudam outras têm um círculo especial do inferno, acho que mulheres que *ajudam* outras deviam receber uma nuvem especial no céu. Graças a Nikki, as ideias de Joelle Boucai chegaram ao programa. E, graças a Anne e Molly, tanto Joelle quanto Bess foram contratadas e trabalharam no *Jimmy Kimmel Live!* por mais de cinco anos.

Em 2013, Laurie Kilmartin sugeriu que eu desse uma olhada no Twitter de Jill Twiss, que fazia observações engraçadinhas como: "Vou dizer logo: bananas são uma panelinha" e "Estou muito preocupada com os pombos que são alérgicos a glúten". Mandei uma mensagem a Jill para saber mais sobre ela. Durante o dia, ela dava aulas em cursos pré-vestibular e, à noite, fazia bicos como comediante stand-up e atriz. Quando o *Last Week Tonight* começou a montar a equipe, Tim Carvell me pediu nomes, e mencionei Jill. O programa lia os envios "às cegas", removendo todos os detalhes sobre o roteirista. De cerca de cem envios, Jill foi uma das oito pessoas contratadas. Agora, ela tem mais Emmys que eu. (Embora, para ser justa, todo mundo que tem um Emmy tem mais Emmys que eu.)

Jill Twiss, lembrando muito "Janice from accounting", personagem do *Last Week Tonight with John Oliver*

O *Last Week Tonight* também contratou Juli Weiner, que trabalhava na *Vanity Fair*. Os posts do blog de Juli me faziam gargalhar e mandei a ela um e-mail mais ou menos com o mesmo comentário que eu ouvira quando tinha quase a mesma idade que ela: "Acho que você devia escrever para a televisão."

Infelizmente, meu sistema para encontrar roteiristas mulheres engraçadas não é metódico. É baseado sobretudo no boca a boca, que pode resultar em uma rede limitada. Sempre desejo poder ajudar mais mulheres e, em especial, mulheres de outras etnias.

Em um mundo ideal, a consciência levaria à ação, que levaria à mudança. Porém, no mundo real, é mais comum que a consciência leve à atitude defensiva, que leva a desculpas. Encorajada pelo avanço nos talk shows noturnos, liguei para o showrunner que liderava uma sitcom popular com uma equipe enorme com apenas uma roteirista. A gente se conhecia socialmente, então achei que ele estaria aberto a uma discussão. Só consegui mencionar que a equipe dele tinha um desequilíbrio de gênero antes de pisar no calo.

— Como você se atreve a me acusar de ser machista? — vociferou ele. — Minha mãe era a chefe da nossa família. E a minha esposa é uma das mulheres mais fortes do planeta.

Tentei salvar a ligação.

— Eu não disse que você é machista. Mas olhe os números da sua equipe...

— Você acha que eu não sei? — respondeu ele, cada vez mais irritado. — Eu olho a sala e noto todo... santo... dia.

Esse showrunner mencionando a mãe chefe de família e a esposa forte é um exemplo perfeito de "licença moral". Todo mundo — seja homem ou mulher — é tendencioso. Mas ninguém quer admitir, então o nosso cérebro busca exemplos que refutem a acusação. A licença moral entra em jogo quando as pessoas se fiam em comportamentos passados para justificar atitudes preconceituosas. Isso é mais conhecido como a defesa "tenho até amigos que são...". Quem acredita não ser tendencioso acaba sendo ainda mais, então não é suficiente ter consciência de faltarem mulheres em uma sala; também é preciso ter consciência de que a sua atitude defensiva é parte do problema.

Diz o ditado: "Quando se está acostumado com o privilégio, a igualdade parece opressão." Meu amigo showrunner se sentiu atacado, e o nosso telefonema acabou azedo. Fiquei brava comigo mesma por ter sido agressiva demais. Pelo lado bom, aquilo me ensinou o que *não* fazer. Seria muito bom se gritar "É claro que existe um problema, conserte logo!" funcionasse. Não funciona. Pergunte a qualquer ativista de mudanças climáticas ou desarmamento, onde o que está em jogo é a vida.

Mudar a nossa cultura significa mudar a nós mesmos. Fomos criados em uma cultura preconceituosa e isso entra na nossa mente de formas que são difíceis de escapar. Algumas semanas após o lançamento de *Faça acontecer*, Michael Lynton, amigo de Sheryl, fez uma festa para o livro na casa dele em Los Angeles. Era uma ocasião festiva e animada e, a certo ponto, uma jovem se aproximou de mim.

— Você pode autografar o meu livro? — perguntou.

Sem pensar, balancei a cabeça.

— Ah, você não vai querer o meu autógrafo — falei. — O livro é de Sheryl.

Ela me olhou com estranheza.

— Por favor?

Autografei o livro dela, me sentindo um pouco surtada com a minha reação. Tinha acabado de passar oito meses coescrevendo um livro que encorajava mulheres a "se apropriar do próprio sucesso". Por que evitei receber qualquer crédito? Pensei em escrever no exemplar da jovem: "Cara, essa merda é profunda." Em vez disso, escrevi: "Leia com atenção."

No dia seguinte, mandei um e-mail a Sheryl para falar do ocorrido, porque era um exemplo perfeito de como as mulheres são socializadas para não dar valor às suas conquistas. Em alguns segundos, ela me respondeu: "Sabe, tem um livro ótimo que você devia ler..."

CAPÍTULO 17

Lily Tomlin, o Kennedy Center... e um convidado surpresa

E ninguém é mais leal que ela. Quando você conquista Lily, você a tem para a vida toda. Como a colaboradora cosmicamente brilhante e esposa dela, Jane Wagner. Elas estão juntas há 43 anos. (pausa) *Não sei como é isso, mas parece ótimo.*

— Jane Fonda homenageando Lily Tomlin no *Kennedy Center Honors 2014*

LEVOU ALGUNS ANOS, MAS ME PRONUNCIAR SOBRE A FALTA DE diversidade de gênero nos talk shows noturnos se transformou de uma das coisas mais assustadoras que eu tinha feito para uma das melhores. Abriu caminho para Sheryl e *Faça acontecer*, e o meu medo de a CBS nunca mais me contratar se provou errado. No outono de 2014, Tim Carvell mencionou o meu nome ao roteirista Lewis Friedman, que me mandou um e-mail dizendo que estava buscando alguém para ajudá-lo com o especial *The Kennedy Center Honors*, da CBS. Olha, em geral eu não trabalho em programas tão classudos, mas pareceu que valia a pena fazer uma reunião.

Lewis explicou que os homenageados daquele ano incluíam Sting, Al Green, Patricia McBride, Tom Hanks e Lily Tomlin. Os produtores executivos estavam buscando especificamente uma roteirista para ajudar com o tribute a Lily. Será que eu estava interessada?

Falei "sim" tão rápido que distendi a língua.

Lily fazia parte da minha vida desde que eu tinha 9 anos. Eu não entendia a maior parte das piadas de *Rowan & Martin's Laugh-In*, mas amava a personagem de Lily, Edith Ann, uma garotinha que se sentava em uma cadeira de balanço enorme e era cheia de opiniões. Ela terminava os monólogos com "E essa é a verdade", colocava a língua para fora e fazia um barulhão com a boca.

Lily foi da TV para os filmes, aparecendo em três das minhas obras favoritas de todos os tempos: *Nashville*, *Um espírito baixou em mim* e *Como eliminar seu chefe*. Lily também tinha feito uma dúzia de papéis diferentes em *The Search for Signs of Intelligent Life in the Universe*, escrita pela sua agora esposa, Jane Wagner. Ainda dou risada de falas como: "Eu me preocupo com coisas como: se o óleo de amendoim vem de amendoins e o óleo de coco vem do coco, de onde vem o óleo de bebê?"

The Kennedy Center Honors já tinha fechado com Jane Fonda, Jane Lynch e Reba McEntire para o tributo a Lily. (Dolly Parton não estava disponível.) Os produtores executivos — George Stevens Jr. e o seu filho, Michael Stevens — estavam considerando adicionar mais uma pessoa. Trocamos ideias pelo telefone. Sarah Silverman? Os deuses dos esquetes Keegan-Michael Key e Jordan Peele?

— Sabe quem seria ótima? — falei. — Kate McKinnon.

— Quem?

Expliquei que Kate era parte do elenco de *Saturday Night Live* e que acabara de receber a primeira indicação ao Emmy.

— Ela tem alguma ligação com Lily Tomlin?

— Não sei, mas ela imita Justin Bieber e Angela Merkel com a mesma facilidade, então suponho que sim.

Eles me mandaram começar uma pesquisa. Algumas ligações depois,

Kate McKinnon estava me contando animadamente o que Lily Tomlin significava para ela.

— Minha mãe falou de Lily durante toda a minha infância — disse Kate. — Ela me deu o livro [*The Search for Signs of Intelligent Life…*] e disse: "Você vai precisar disso." Como se estivesse me dando um mapa. Li umas duzentas vezes. Quando enfim vi o vídeo [da peça], fiquei tipo: "É isso que eu quero fazer." Achei que era a melhor coisa que já tinha visto… A questão é que não é uma caricatura. Ela habita aquelas pessoas e faz você simpatizar com elas de verdade. É o padrão para personagens de esquetes. Lily criou essa área.

Os produtores resolveram os detalhes para a aparição de Kate, e Lewis e eu começamos a formatar a homenagem a Lily. Abriria com Jane Lynch apresentando um dos monólogos mais memoráveis de Lily: "Meu nome é Lucille e eu sou louca por borracha." Lewis teve uma ideia divertida de colocar Kate em uma cadeira de balanço como de Edith Ann. Ela podia fazer uma brincadeira, deslizando da cadeira com o seu vestido de festa, por exemplo. Reba falaria sobre a autenticidade de Lily. Jane Fonda falaria sobre a profunda amizade das duas desde os anos 1970. Supus que a homenagem terminaria com Reba cantando uma versão vibrante do enorme hit "9 to 5" de Dolly, mas, quando perguntei, os produtores executivos disseram que a homenagem a Lily não precisava incluir música. Escrevi um e-mail fervoroso para tentar mudar a opinião deles.

> *Não consigo dizer o suficiente sobre quanto o filme* Como eliminar seu chefe *foi e ainda é significativo. Ele mudou o mundo.* Como eliminar seu chefe *ajudou a lançar um sindicato — o Service Employees International Union — e se tornou um hino do feminismo. Todas as mulheres se sentem conectadas a ele. É ao mesmo tempo emocionante e vibrante.*
>
> *Um último pensamento: pensem em como seria incrível SARAH SILVERMAN, REBA McENTIRE e KATE McKINNON entrarem*

no palco saindo de uma porta de elevador vestidas assim ao som do improviso retumbante de Dolly? Risadas, aplausos, arrepios.

Still de *Como eliminar seu chefe*

É, acabou não rolando. Os produtores não cederam.

Stephen Colbert seria o apresentador do *Honors* e tinha os próprios roteiristas trabalhando em um monólogo de abertura. A documentarista Sara Lukinson estava fazendo minibiografias dos homenageados. Lewis e eu éramos responsáveis por introduções, transições e gerar material adicional para os palestrantes. Como Lewis mora em Nova York, colaboramos por e-mail e telefone. Nós nos reuniríamos em Washington logo antes do programa. Dois dias antes do meu voo, ele ligou.

— Ei, achei que você devia saber de uma coisa — falou. — David Letterman acabou de narrar o filme de Hanks.

— Ok — respondi.

Uma pausa.

— Isso significa que ele vai aparecer no programa e precisamos escrever algumas piadas para ele — explicou Lewis.

Uma onda de adrenalina tomou o meu corpo. Eu não esperava cruzar com Letterman de novo. Minha mente começou a rodar. Será que ele se lembraria de mim? Será que lera o artigo? Será que me odiava? Provavelmente, sim.

— Como você já escreveu para Dave, por que não monta um primeiro conjunto de piadas? — sugeriu Lewis.

Não consegui responder. Estava ocupada demais tendo um miniataque de pânico.

— Você vai arrebentar — garantiu Lewis.

Que chefe maravilhoso. Lewis conhecia o meu histórico com o *Late Night* e sentiu que eu estava vacilando. Dando-me uma tarefa e encorajamento, ele me fez focar de novo no trabalho. Comecei pelo começo, fazendo um *brainstorm* da entrada de Dave. Da mesma forma que um bom arquiteto examina o terreno e os arredores antes de projetar um prédio, um escritor examina a paisagem cultural. Em geral, me pergunto: "No que a audiência está pensando quando aquela pessoa entra no palco?"

No caso de Dave, havia um grande acontecimento na mente de todos. Naquela primavera, Dave anunciara que estava se aposentando depois de mais de trinta anos na TV. Esse anúncio motivou cerca de 50 mil posts em blogs sobre como a CBS devia substituí-lo por um negro ou uma mulher. Uma semana depois, Stephen Colbert recebeu o posto.

Após o anúncio em abril, Colbert foi ao *Late Show* bater um papo com Dave, mas os apresentadores não tinham sido vistos juntos há mais de seis meses. Tive uma ideia. Mandei um e-mail para Lewis com o assunto: "Ideia engraçada?"

> *Em 2 dez 2014 às 14h13, Nell Scovell escreveu:*
> Fazer Letterman começar o programa e, aí, Stephen entra e diz: "Eu assumo daqui."

> *Em 2 dez 2014 às 14h34, Lewis Friedman escreveu:*
> HAHAHAHAHAHAHAHA

Em 2 dez 2014 às 14h38, Nell Scovell escreveu:

De uma forma ou de outra, devíamos colocar os dois juntos no palco. É o que todo mundo quer ver. Alternativamente, Stephen poderia começar a homenagem a Tom Hanks e Dave interrompe e diz: "Este é o meu trabalho. Ainda não é o seu."

Em 2 dez 2014 às 15h36, Lewis Friedman escreveu:

LOCUTOR (V.O.)
Senhoras e senhores, o vencedor do Kennedy Center Honors 2012, David Letterman.

[LETTERMAN caminha até o púlpito.]

[Quando está prestes a começar a falar, STEVEN COLBERT entra e caminha até ele.]

DAVID LETTERMAN
Ainda não!
[Colbert sai timidamente.]

Em 2 dez 2014 às 18h38, Nell Scovell escreveu:

Sim! Só precisamos fazer isso, e todo mundo vai rir.

Essa foi toda a nossa troca de e-mails, e mostra a forma como uma ideia pode rapidamente ser refinada até se transformar em um esquete.

Quando cheguei a Washington, Lewis me disse que Colbert tinha aprovado o número do "ainda não". Só precisávamos convencer Letterman. Lewis mandou um e-mail a Tom Keaney, contato de Dave, junto com a abertura e algumas páginas de piadas. Tom é Chefe de Estratégia da Rubenstein Communications e um dos relações-públicas mais brilhantes do meio. Se Tom fosse o capitão do *Titanic*, teria convencido o iceberg a sair da frente.

Eu estava sentada a uma mesa ao lado de Lewis quando Tom respondeu. Lewis leu o e-mail em voz alta. Tom nos agradeceu pelas piadas e disse que Dave estava escrevendo algumas ele mesmo. Ah, e eles adoraram a abertura.

— Isso! — falei.

Lewis fez uma pausa.

— Hum, que interessante... — disse, no seu tom normal sem emoção.

— O quê?

— Tom acabou de me perguntar sobre a nossa reunião com Dave amanhã: "Vão estar só você e o produtor na sala, certo?"

Lewis olhou para mim.

— Você acha que ele reconheceu o meu nome? — perguntei.

Lewis continuou me encarando.

É claro. O trabalho de Tom era proteger o seu cliente. A notícia não me chateou, já que pensar em sentar a uma mesa com Letterman me enchia de ansiedade. Enquanto eu estava me convencendo de que era melhor assim, Lewis digitou uma resposta e enviou.

— Acabei de responder — falou.

— O que você disse?

— Que você está trabalhando no programa e que, portanto, estaria na reunião.

De novo, que chefe maravilhoso.

Na manhã seguinte, pedi conselho a uma amiga que conhecia Dave bem.

"Acho que vou ver Letterman hoje nesse negócio do *Kennedy Center Honors*. Ai. Ele me assusta", escrevi.

Minha amiga escreveu de volta na mesma hora.

"É só lembrar que o primeiro pensamento dele sobre todo mundo é: 'Essa pessoa me odeia.' Se você sorrir, disser "oi" e continuar, vai ser um alívio."

Aceitei o conselho... e tomei meio betabloqueador para a minha frequência cardíaca baixar e eu não suar tanto.

Lewis, alguns assistentes e eu estávamos em um salão de ensaios quando Tom Keaney entrou, seguido por Dave. Pulei da cadeira.

— Oi, Dave — cumprimentei, animada. — Eu sou Nell.

— Nell — disse ele. — É bom ver você de novo.

Relaxei (ou talvez fosse só o efeito do betabloqueador) e começamos a trabalhar. Letterman leu algumas piadas que tinha anotado.

— Notei que, se você tirar o T de Tom e colocar ao lado de Hanks, olha o que acontece — disse Dave.

Trocadilho. Gostei. Ele perguntou se tínhamos alguma coisa. Como ele usaria a própria medalha do Kennedy Center, sugeri:

— E se listássemos todos os lugares a que Tom Hanks foi nos filmes, de uma ilha deserta ao espaço sideral, passando pela Filadélfia. Aí você ri e diz: "Eu recebi a minha por sentar atrás de uma mesa por trinta anos."

Quatro piadas não usadas que escrevi para Letterman

- Obrigado por me incluírem hoje. Eu já estava na cidade para ver o museu Smithsonian. Depois do meu último programa, a CBS vai me mandar direto para lá. Encontraram um bom lugar entre o jaleco de *Marcus Welby* e os chapéus de *F Troop*.
- Tom não para de desafiar a si mesmo. Acho que ele já fez todas as histórias possíveis: Homem versus Homem. Homem versus Máquina. Homem versus Vulcão.
- E meu Deus, ele faz um excelente trabalho. Eis algumas palavras que nunca foram ditas: "Tom Hanks? Ah, não ligo muito para ele."
- Alguém mais está pensando em Tom Hanks como presidente em 2016?

Nota: essa última é menos engraçada em retrospecto.

Dave balançou a cabeça.

— Não quero mencionar isso — disse ele. — Tom Hanks ganhar depois de mim foi um erro burocrático.

Discutimos o momento de abertura entre ele e Colbert. Letterman gostava do número, mas achava que podíamos ir além de "Ainda não". Lewis e eu nos oferecemos para criar algumas opções. Dave foi embora depois de uma hora. A mulher e o filho dele estavam na cidade, e ele queria passar tempo com eles. Continuaríamos a discussão no dia seguinte, que também era o dia do programa.

De manhã, Dave chegou ao ensaio com algumas piadas novas. Ele não gostou das nossas alternativas para a abertura e sugeriu que puxasse Colbert de lado depois do "Ainda não" para dizer: "Você está passando vergonha. Esse trabalho é meu." O diretor tentou fazer a marcação das falas adicionais, mas teve que cortá-las por motivos de câmera. O ensaio terminou. Letterman não parecia feliz. Alguns minutos depois, Lewis e eu fomos chamados ao camarim de Dave. Corremos para lá, nos unindo a Tom Keany e a um roteirista do *Late Show* que tinha ido a Washington para ajudar. Dave estava agitado.

— Não quero fazer o número do "ainda não" — disse ele.

Fiquei chocada.

— As pessoas riram tanto no ensaio geral — argumentei.

— Ele causa muita risada. Muitíssimas risadas. Eu entendo. Mas acho que, se começar com tantas risadas, como o resto da minha apresentação vai funcionar? Vai ser um fracasso.

Meu cérebro começou a trabalhar para pensar em uma forma de acalmar as preocupações dele.

— É só um momento leve e descontraído — falei. — Você sabe que Leno e Conan nunca foram vistos se divertindo juntos quando o programa estava em transição...

— Então deixe Conan fazer o número — interrompeu Dave.

— Eu só acho que ser visto com Stephen vai fazer você parecer um cara bacana — disse eu.

— Mas *ele* fica com a piada.

Quê? Não. Dave tem a fala e Colbert se esgueirava para fora do palco. Eu não sabia como reagir. Agitada, me voltei a Lewis.

— Você tem mais experiência com o programa, Lewis. O que acha?

— Acho que pessoas que começam com muitas risadas ficam bem queridas pelo público — disse Lewis.

Isso também não sossegou Letterman. Quando parecia que tudo estava perdido, a cavalaria surgiu: George Stevens Jr., que criou o *Kennedy Center Honors* em 1978 e ainda produzia o programa aos 80 anos de idade, ouviu falar que havia uma tensão e passou para ajudar. George é um excelente diplomata. Ouviu com atenção enquanto Dave repetia as suas preocupações, depois garantiu que o diálogo era "carinhoso" e "encantador".

— Não há nada com que se preocupar — disse George.

George acalmou e lisonjeou e, por fim, Letterman cedeu. O número "Ainda não" ficou.

Lewis e eu corremos de volta para o palco para assistir a um ensaio da homenagem a Lily Tomlin. O fim foi doce, com Jane Fonda declarando:

— Amamos você, Lily, demais. — Aí, todas as atrizes completavam, em uníssono: — E essa é a verdade! — E colocavam a língua para fora, fazendo o barulho característico. Outras partes foram mal, incluindo um número copiado de uma canção que Lily apresentara no *SNL*. Reba McEntire me abordou após o ensaio.

— Não está funcionando — disse Reba.

— Eu sei — respondi.

— É muito brega — falou o então marido dela.

Valeu mesmo, cara.

— O que vamos fazer? — perguntou Reba, focada em encontrar uma solução.

— Não sei. Queria que tivessem deixado você cantar "9 to 5".

O rosto dela se iluminou.

— Que ideia ótima! Por que não posso fazer isso?

Expliquei que a ideia tinha sido apresentada e rejeitada. Reba achou que devíamos tentar de novo. Encontramos uma das produtoras musicais e ela tentou de tudo. Esta história seria bem melhor se o pedido apaixonado de Reba tivesse funcionado. Infelizmente, a produtora explicou que não havia tempo para organizar um número musical e precisávamos fazer o melhor com o que tínhamos.

Fiquei frustrada pelas homenagens serem tão desequilibradas. O tributo a Tom Hanks incluía Steven Spielberg falando de coração, Martin Short contando piadas, os Pentatonix cantando "That Thing You Do", três atrizes protagonistas da Broadway — Kelli O'Hara, Laura Benanti, Jessie Mueller — fazendo uma serenata a Hanks com "They Can't Take That Away From Me" e não uma... não duas... mas três bandas tocando "Yankee Doodle Dandy" enquanto Martin Short e um coro cantavam uma letra recém-escrita pela inteligente Amanda Green. Embora sincera, a homenagem a Lily foi definitivamente menos produzida. Acho que a maioria das pessoas concordaria que, em termos de relevância cultural, "9 to 5" supera por pouco "That Thing You Do".

O coreógrafo fez algumas mudanças no bloco da canção de Lily e melhorou aquele momento. Jane, Jane, Reba e Kate foram para os bastidores continuar ensaiando. Durante a pausa para o jantar, peguei o cabide com o meu vestido e fui para o banheiro feminino. Molhei uma toalha de papel e lavei os sovacos. Enfiei uma meia-calça modeladora e rezei para não estar desfiada. Entrei em um vestido de alcinha preto Max Mara e troquei as minhas plataformas Stuart Weitzman do dia a dia pelos meus escarpins brilhantes Stuart Weitzman. Molhei as mãos e passei pelo cabelo para criar cachos, ataquei os meus cílios postiços com máscara e me olhei no espelho.

Argh. Por que não acordei cedo e paguei por uma escova? De repente, ouvi a voz de Penn Jillette na minha cabeça. A mãe de Penn, Valda, era uma mulher estoica da Nova Inglaterra e, sempre que o filho estava preocupado com a aparência, respondia: "Quem vai olhar pra você?" Esse pensamento me relaxou na mesma hora. Eu só tinha que ficar ao lado da luminosa Misty Copeland no Salão Verde e ninguém nem ia saber que eu estava lá.

O pessoal de smoking começou a entrar. Os homenageados tomaram os seus lugares. Os Obama se sentaram no camarote presidencial e o show começou. Colbert arrancou gargalhadas com o seu monólogo. Usher apresentou "Let's Stay Together", de Al Green, uma das minhas músicas favoritas. Eu queria aproveitar tudo, mas um medo chato me mantinha ansiosa. O tributo a Tom Hanks seria o terceiro a começar. Quando o segmento de Patricia McBride acabou, me inclinei para Lewis.

— Acho que tem cinquenta por cento de chance de Dave fazer o "Ainda não".

— Está no roteiro.

— É, mas e se, enquanto estiver assumindo a posição, ele simplesmente disser a Stephen: "Vamos deixar isso para lá."

— Então não vamos poder fazer nada.

Fomos para as coxias para ver melhor enquanto a voz do locutor ressoava:

— Senhoras e senhores, o homenageado do Kennedy Center Award 2012, David Letterman…

Letterman atravessou o palco. Prendi a respiração. Vou deixar a transcrição da performance, que inclui a reação da plateia, descrever o que aconteceu.

(DAVID LETTERMAN ENTERS)

PROP: MEDALLION 202214

(AS HE'S ABOUT TO SPEAK, STEPHEN COLBERT ENTERS)

202237

DAVID LETTERMAN

Thank you [laughing] thank you so much [laughing contines . . . more laughter . . . [Letterman COUGHs] (to Colbert) Not yet [big Laughter . . . goes on . . . and on . . . clapping . . . clapping . .]

(DAVID LETTERMAN ENTRA)

(OBJETO CÊNICO: MEDALHA)

(QUANDO ELE ESTÁ PRESTES A FALAR, COLBERT ENTRA)

DAVID LETTERMAN
Obrigado [risadas] muito obrigado
[risadas continuam… mais risadas]
[Letterman TOSSE] (para Colbert) Ainda não [gargalhadas… continuam… continuam… aplausos… aplausos]

O *timing* foi perfeito. Ele não apressou o momento nem o arrastou. A piada exigia um conhecimento cultural da história de fundo e isso pareceu conectar a plateia. Quando as pessoas riram e aplaudiram, foi porque entenderam a piada. Lewis sorriu para mim.

— Feliz?

Fiz que sim com a cabeça. É fantástico quando uma piada funciona. É como fazer um sexo incrível sem precisar limpar nada depois.

Colbert acertou em cheio a saída, indo de costas para as coxias como um garotinho repreendido. O tributo a Hanks foi grande e chamativo. Enquanto as três bandas enchiam os corredores, as câmeras pegaram Hanks murmurando:

— Isso é um exagero.

Letterman e as protagonistas da Broadway voltaram no fim para acenar antes de as cortinas se fecharem para o intervalo.

Dave não ia ficar para o after-party, então mandei uma mensagem a Tom Keaney para ver se eu podia me despedir. Tom respondeu que sim, mas me avisou que Dave estava pronto para ir embora. Fui direto para o camarim dele. O intervalo tinha começado fazia talvez uns cinco minutos, e ele já estava vestindo um moletom e analisando a apresentação com o seu roteirista e Tom. Elogiei sua atuação. Ele tinha mudado o fim de uma história desde o ensaio, deixando-a melhor. Discutimos algumas piadas e a reação da plateia e, então, Dave se levantou e esticou a mão.

— Foi bom ver você. E parabéns pelo livro.

— Você não sabe do meu livro, Dave — respondi, cética.

— Sei, sim, é aquele que você escreveu com aquela mulher.

"Aquela mulher." Não precisava dizer mais nada.

Apertamos as mãos e, de repente, me dei conta: aquele era o momento que eu nunca achei que aconteceria. Era a minha chance de perguntar sobre o artigo. Exceto que eu não queria falar disso na frente dos outros. Eu precisava de um plano. Rápido.

— Dave, posso falar com você em particular por um segundo? — perguntei. — Quer dar uma volta no corredor comigo?

— Claro — concordou ele.

Antes de alguém poder protestar, Dave e eu saímos do camarim. Eu tinha conseguido! Ele ia me ouvir!

E agora? Começamos a andar pelo corredor. Ele é bem mais alto que eu e se abaixou um pouco, curioso para ouvir o que eu queria dizer em particular.

— Não tenho nada para dizer — confessei. — Mas achei que Tom ia ficar louco de eu querer discutir algo sozinha com você. Ele vai passar a vida se perguntando sobre o que falamos. Prometa que nunca vai contar a ele que não era nada.

A mão de Letterman foi instintivamente para o peito.

— Essa piada me pega bem aqui — disse ele.

Sorrimos e conversamos sobre bobagens até chegar ao fim do corredor, onde demos meia-volta. Agora, a jogada descolada teria sido deixar tudo para lá. Mas, como sempre, eu não era tão descolada assim.

— Olha, preciso perguntar — falei. — Você chegou a ler o artigo que escrevi?

— Não. Não — disse Dave.

— Era sobre a cultura dos talk shows noturnos e sobre colocar mais roteiristas mulheres…

— Não me preocupo com esse tipo de coisa — disse Dave, me cortando.

Fiquei irritada de ouvi-lo reduzir a diversidade de gênero a "esse tipo de coisa". Nós nos aproximamos da porta do camarim.

— Vamos dar mais uma volta.

Como personagens de uma cena de Sorkin, Letterman e eu caminhamos e falamos durante mais uma volta no corredor. Talvez Dave não quisesse que a discussão terminasse com aquele diálogo esquisito, e retomamos o bate-papo. De volta ao camarim, trocamos cumprimentos e ele entrou.

Retornando para o Salão Verde, pensei sobre como Letterman tinha rapidamente entrado na defensiva. De certa forma, aquilo me ajudou. Sempre me senti culpada por não ter dito nada sobre a cultura do programa quando ele me perguntou por que eu estava pedindo demissão em 1990. A ex-roteirista-chefe do *Late Night* Merrill Markoe certa vez me garantiu que não teria feito diferença. Pensei que ela estava tentando fazer com que eu me sentisse melhor. Hoje, acho que ela tinha razão.

O restante do *Honors* passou rápido. Kate McKinnon arrasou desde o momento em que os holofotes caíram sobre ela. Teve dificuldade de descer da cadeira de balanço enorme de Edith Ann com o seu vestido longo.

— Não tem forma boa de fazer isso — disse ela. — É meio como descer do colo do Lincoln Memorial.

A plateia riu, mas, a não ser que você estivesse no Kennedy Center naquela noite, não viu essa parte. A porção de palco da homenagem a Lily — que já era curta — foi editada até o osso. A apresentação ao vivo durou meros seis minutos e meio, contra os doze e meio de Hank. Veja bem, eu amo Tom Hanks tanto quanto qualquer outro ser humano, animal ou bola de vôlei. Ele com certeza merece doze minutos e meio de celebração. Mas Lily também.

Anos depois, ainda é difícil deixar isso de lado. No meu leito de morte, vou gesticular para Colin se aproximar e sussurrar no ouvido dele:

— Você e os meninos são tudo para mim. Ah, e eles deviam ter deixado a gente cantar "9 to 5".

No jantar pós-show, minha energia começou a baixar. As últimas quatro horas e meia foram intensas. Peguei um pãozinho e comi como uma órfã em um livro de Dickens. Tinham me colocado na mesa dos doadores menores, mas eu precisava encontrar alguém que estava com as pessoas chiques. Abri caminho pela multidão, passando entre smokings, até chegar às mesas caras. Dei uma olhada em volta. Finalmente, a vi. Ela estava sozinha e parecia estar procurando o seu lugar. Eu me aproximei.

— Lily?

Ela se virou e eu olhei direto nos olhos lindos e expressivos de Lily Tomlin.

— Queria me apresentar. Fui uma das roteiristas do programa de hoje.

Na mesma hora, Lily me envolveu em um dos melhores abraços de toda a minha vida. Não foi um abraço de Hollywood; foi um abraço de mãe. Do tipo que faz a gente sentir que está tudo bem.

Voei de volta a Los Angeles no dia seguinte e fiz um envelope para Tom Keaney. Eu tinha prometido enviar a ele um exemplar de *Faça acontecer*. Incluí um exemplar extra para Dave, selecionando a versão publicada na Finlândia, que autografei:

> *Dave,*
> *Sei que você nunca vai ler este livro, então estou enviando um exemplar em finlandês.* Nauti!

Cerca de um mês depois, isso chegou pelo correio:

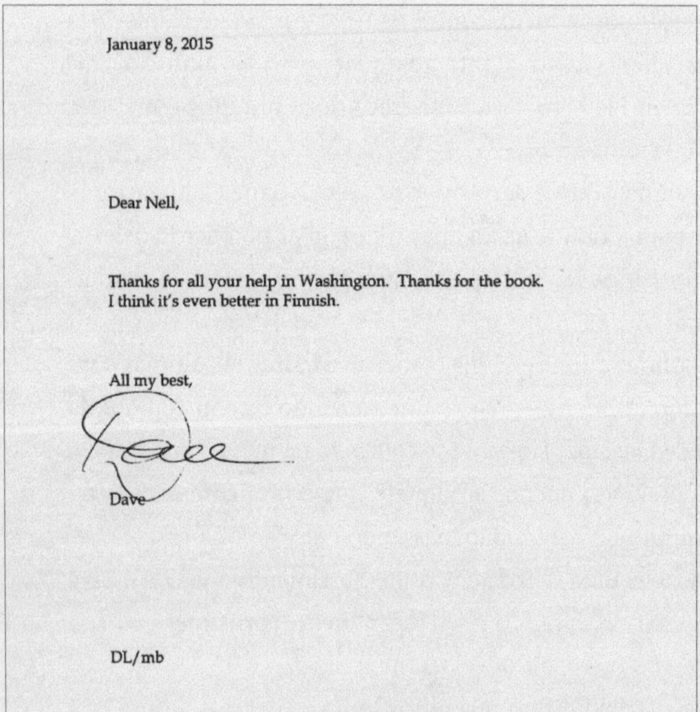

January 8, 2015

Dear Nell,

Thanks for all your help in Washington. Thanks for the book.
I think it's even better in Finnish.

All my best,

Dave

DL/mb

LATE SHOW WITH DAVID LETTERMAN
The Ed Sullivan Theater • 1697 Broadway, New York, NY 10019

8 de janeiro de 2015

Cara Nell,
Obrigado por toda a sua ajuda em Washington. Obrigado pelo livro. Achei ainda melhor em finlandês.

Um abraço,
Dave

Hilário.

No ano seguinte à sua saída da TV, Letterman começou a defender a contratação de mais mulheres nos talk shows noturnos. Ele apareceu nas manchetes quando disse a Tom Brokaw:

— Não sei por que não deram o meu programa para uma mulher. Não teria sido um problema.

Dave até questionou dois diretores durante uma entrevista no Ball State sobre o "machismo generalizado" de Hollywood. Quando um desses diretores tentou evitar o assunto, ele respondeu:

— Tendo tido muito, muito sucesso, você não pode dedicar a sua carreira a ajudar outras pessoas que têm dificuldade de ser bem-sucedidos?

Desde que Jay Leno entregou o *Tonight Show* a Jimmy Fallon, ele adotou um tom altruísta parecido.

— Estou muito decepcionado de não haver mais diversidade em programas de comédia noturnos — disse Jay em uma entrevista de 2015.

Bem, eu estou decepcionada de que, quando Jay saiu do ar em 2014, ele tinha *zero* roteiristas mulheres e *zero* roteiristas negros na sua enorme equipe.

É ótimo ouvir esses ex-apresentadores promovendo a igualdade, mas por que eles não fizeram nada quando tinham poder? Se, nas três décadas anteriores, Dave e Jay tivessem dado espaço a um número igual de stand-ups femininos e contratados números iguais de roteiristas mulheres, teriam transformado o mundo da comédia. Talvez Dave se arrependa mesmo de não ter se "preocupado com essas coisas" quando tinha um programa, mas sinto que o que está irritando ele e Jay pode ser encontrado na interseção de preconceito por idade e gênero. Os dois ex-apresentadores agora sabem algo que toda mulher aprende no início da carreira: é uma merda ser substituída por um homem menos experiente.

CAPÍTULO 18

Nosso presidente engraçado

Dizem que sou muito íntimo de Hollywood.
Eu estava rindo disso agora há pouco com Clooney.

— Uma das minhas piadas para o jantar de correspondentes da Casa Branca de 2013, não usada

O PRESIDENTE BARACK OBAMA SABE CONTAR UMA PIADA E, no jantar de correspondentes da Casa Branca, pôde contar um monte delas. O jantar é um evento de gala beneficente e de comemoração da imprensa, que costumava ser conhecido como "o baile dos nerds" e agora evoluiu para "o Oscar do canal C-Span". A cada ano, o jantar convida um comediante famoso para o papel de bobo da corte, mas, primeiro, o presidente tem a chance de deixar a diplomacia de lado e alfinetar os seus críticos com bom humor. Por exemplo, em 2011, o presidente Barack Obama disse o seguinte:

> Decepcionei até o meu núcleo eleitoral: astros de cinema. Outro dia mesmo, Matt Damon — eu amo Matt Damon, amo aquele cara —, Matt Damon disse que estava decepcionado com a

> minha atuação. Bom, Matt, eu acabei de ver *Os agentes do destino*, então digo o mesmo, amigo.

Matt Damon não viu a piada ao vivo, mas dezenas de amigos mandaram e-mails a ele no dia seguinte para alertar da provocação presidencial. Damon levou na esportiva.

— Tenho que dizer, foi bem engraçado — declarou o ator à revista *GQ*. — Não sei quem bolou, mas foi uma piada excelente.

Então, fui eu… com alguns ajustes artísticos dos redatores de discursos da Casa Branca. A piada de Damon quase não entrou no discurso final. Na manhã daquele sábado, o diretor de redação de discursos Jon Favreau me mandou um e-mail dizendo que o presidente estava hesitante. Havia uma preocupação de a piada ser cruel demais.

"Eu vi *Os agentes do destino* semana passada", escrevi de volta. "A verdade é uma defesa!"

Não tive mais notícias de Jon. Naquela tarde, entrei no avião para voltar para casa. Eu estava em Toronto, produzindo um episódio de *Warehouse 13*. Minutos antes de o presidente se levantar para falar, cheguei em casa, em Santa Monica, larguei as minhas malas e liguei na C-SPAN. Não tinha ideia de se a piada ia rolar ou não. Na metade do discurso, quando ouvi o presidente Obama dizer: "Outro dia mesmo, Matt Damon…", gritei:

— Ele está fazendo!

O presidente acertou em cheio com a piada e recebeu uma grande risada. Até aplausos. Aí, seguiu a piada de Matt Damon com outra que eu tinha enviado:

> É claro que sempre posso contar com o apoio de uma pessoa: minha maravilhosa esposa, Michelle. Fomos uma equipe incrível na Festa de Páscoa nesta semana. Eu dava sacolas de doces às crianças, e ela as arrancava das mãozinhas delas.

A plateia gargalhou enquanto a primeira-dama balançava a cabeça e sussurrava: "Não." O marido dela parecia estar curtindo o momento e repetiu: "Arrancava", roubando uma segunda risada. No dia seguinte, conversei com Albert Brooks e nós dois nos maravilhamos com a atuação do presidente.

— Ele tem o *timing* de Johnny Carson — disse Albert. — A forma como ele repetiu "arrancava"... É o que Johnny teria feito.

Para uma garota que cresceu em Newton, Massachusetts — sem dúvida, a cidade mais liberal do estado mais liberal do país —, escrever para o presidente Obama era um dos pontos altos da minha vida. E eu devia aquela oportunidade ao Bob Esponja Calça Quadrada.

Dez dias antes do jantar de 2011, o presidente Obama deu uma volta pelo norte da Califórnia, que incluiu uma visita ao campus do Facebook. A equipe de comunicações me pediu para enviar algumas falas divertidas que os executivos pudessem usar em um discurso de boas-vindas. Achei que seria engraçado se Mark mencionasse que o presidente tinha 19 milhões de seguidores — "apenas meio milhão a menos que o Bob Esponja".

Meu contato no Facebook gentilmente me lembrou de que a ideia era *dar as boas-vindas* ao convidado, não zoar com a cara dele. A fala não foi usada, mas Sheryl Sandberg a compartilhou com Jon Favreau, que estava viajando com o presidente. Na mesma hora, Jon reconheceu que o comentário sobre o Bob Esponja seria mais engraçado se viesse da boca do próprio presidente. Sheryl me apresentou a Jon por e-mail e fiquei feliz de servir o meu país com uma frase descartável. Na noite seguinte, em um evento beneficente em São Francisco, o presidente usou o gracejo do Bob Esponja. Sei disso porque fui citada em veículos de mídia. Essa é uma das diferenças entre escrever para um presidente e escrever para um personagem de TV. Quando o presidente faz uma piada, vira notícia.

O momento em que Sheryl me apresentou acabou sendo o ideal. O jantar de correspondentes da Casa Branca aconteceria em menos de duas semanas, e Jon me convidou para enviar piadas. Foi o melhor emprego paralelo do mundo. Depois de passar o dia em um set em Toronto, eu levava um bloco de papel para um restaurante japonês e escrevia piadas para o líder do mundo livre.

Minhas piadas caíam em duas categorias principais: humor atual (baseado nas notícias) e comédia de personagem (baseada no indivíduo). Se o presidente está disposto a rir de si mesmo, você tem um personagem clássico de sitcom: o homem mais poderoso do mundo... que nem sempre consegue o que quer. Aqui está um exemplo de uma piada de personagem que fiz para o jantar da Fundação Al Smith, que reuniu o presidente Obama e o candidato do Partido Republicano Mitt Romney logo antes das eleições de 2012.

> Porém, no fim, o destaque desta noite não são as discordâncias que o governador Romney e eu podemos ter. São as coisas que temos em comum — começando com os nossos nomes nada usuais. Aliás, Mitt é o nome do meio dele. (*pausa*) Queria poder usar o meu nome do meio.

O presidente pontuou a piada com lábios apertados, o que a tornou ainda mais engraçada. Ele podia estar morando na Casa Branca com códigos nucleares, mas, naquele momento, todos nós ficamos um pouco tristes por Barack Hussein Obama.

Como era a minha primeira vez contribuindo para o jantar de correspondentes, tentei uma gama de piadas, algumas baseadas no personagem e outras atuais. Também coloquei algumas piadas absurdas para ver se colavam. Aqui está uma amostra:

- (No início do discurso, o presidente aponta) Aimeudeus, olha ali, é o Paul Rudd!
- Há, hoje, três mulheres na Suprema Corte. Vocês sabem o que isso significa? Pela primeira vez na história norte-americana, a Suprema Corte pode montar uma equipe de pular corda.
- Não quero assustar nenhum candidato, mas quem quiser concorrer à presidência precisa saber que a Casa Branca é assombrada. Tarde da noite, andando pelos corredores, você encontra velhos habitantes, almas que não estão em paz. Mary

Todd Lincoln... Rahm Emanuel... Um deles murmura as coisas mais nojentas... e não é quem vocês imaginam.

- Sei que alguns dos meus conselheiros estão preocupados com a minha atual taxa de aprovação. Mas veja só: eu moro com duas filhas, uma esposa e a minha sogra, então ter QUALQUER aprovação já me parece muito bom.

Nenhuma dessas piadas entrou e, admito, a de Mary Todd era um pouco forçada. Mas eu as compartilho aqui pois elas ilustram por que uma perspectiva feminina pode levar a áreas de humor que roteiristas homens, às vezes, não veem. De novo, não acredito que só homens podem escrever para homens e só mulheres podem escrever para mulheres. Ainda assim, a piada com Paul Rudd é algo que uma adolescente (ou eu) gritaria, e por isso pareceu engraçado colocar na boca do presidente. Pular corda era uma atividade popular entre as garotas quando eu estava na escola, então, quando pensei sobre o que três mulheres na Suprema Corte fariam, isso apareceu na minha cabeça. Mais perspectivas levam a mais oportunidades de encontrar humor.

O jantar de correspondentes da Casa Branca acabou sendo notável por dois motivos. No dia seguinte, o mundo descobriria, antes de ir para o evento, que o presidente Obama ordenara um grupo de fuzileiros navais de elite a fazer uma incursão no complexo de Osama bin Laden no Paquistão. A frieza e o bom humor dele não delataram a missão maior. Aquele jantar também incluiu uma piada sobre a capacidade de tomar decisões do astro de reality show Donald J. Trump, que estava na plateia. Judd Apatow e Jon Lovett criaram a zoação e o salão todo riu alto do ridículo apresentador de *O aprendiz*. Como alguém que estava fazendo piada de Trump desde os meus dias na revista *SPY*, eu não conseguia acreditar que aquele "operador de cassinos fracassado nascido no Queens" ainda estava recebendo atenção do público. Com certeza, depois daquela humilhação, aquele incompetente adorador de armas sumiria de vez. No entanto, muitos apontaram aquela noite como tendo causado o "dano narcisista" que levou Trump à decisão de buscar vingança e se candidatar.

Após o jantar de 2011, Jon Favreau me convidou para ir à Casa Branca conhecer os outros redatores de discursos. Jon Lovett gentilmente arrumou uma foto, que o presidente Obama autografou para mim. O presidente me agradeceu pelas piadas e adicionou: "Fico feliz de ter podido fornecer material."

Doce, autodepreciativo e engraçado.

A cada ano, eu ansiava tanto por contribuir ao evento de abril que, desde o início de março, já começava a checar a minha caixa de e-mails, esperando por uma mensagem da Casa Branca. A cada ano, eu sofria e, a cada ano, o e-mail chegava. Em 2013, fui ao jantar como convidada de Josh Marshall, fundador e editor do meu site de notícias favorito, *Talking Points Memo*.

O jantar inclui um fim de semana de festas antes do evento principal. Moradores de Washington amam a oportunidade de se misturar com estrelas de Hollywood. Como faço isso no meu emprego do dia a dia, estava mais animada para conhecer políticos. Em uma festa, vi fãs rodearem a estupenda Kerry Washington, enquanto eu estava de olho em uma mulher que estava conversando com outra pessoa. Quando aquela conversa parecia estar acabando, me aproximei.

— Eu queria conhecê-la. Meu nome é Nell Scovell.

— Tammy Baldwin — disse ela, estendendo a mão.

— Sim, eu sei — respondi, apertando a mão da primeira senadora abertamente gay eleita. — Estou muito feliz por você ter ganhado.

Ainda assim, a melhor aparição veio logo antes do jantar. Eu estava circulando em frente ao salão quando vi a multidão se abrir. De repente, o juiz da Suprema Corte Antonin Scalia passou por mim como um imperador romano, rodeado de guarda-costas. Ele estava sorrindo e parecia quase animado, como um hidrante de desenho abrindo os olhos e vê fagulhas voando por todos os lados.

Meu antigo colega de *Wilton North Report*, Conan O'Brien, fez o discurso de comédia daquela noite, e pude parabenizá-lo no after-party da *Vanity Fair* na casa do embaixador francês. Luzes azuis estavam penduradas nas árvores do quintal, criando um cenário mágico. É sempre uma

Roteiristas adoráveis e talentosos Michael Chabon, Ayelet Waldman e o meu anfitrião, Josh Marshall, no jantar de correspondentes da Casa Branca, 2013

delícia ver Graydon Carter, e abracei o meu editor, Mike Hogan. Perto do fim, encontrei o encantador Scott Berg perto da lareira. Scott e eu tínhamos colaborado, em 1998, em um longa-metragem sobre uma faculdade para mulheres. Todos os meus mundos estavam se chocando da forma mais adorável possível.

Após o último jantar de correspondentes do presidente Obama, imaginei que os meus dias escrevendo piadas presidenciais tivessem chegado ao fim. Então, em outubro de 2016, o talentoso redator de discursos Jeff Nussbaum me procurou para contribuir com o discurso de Hillary Clinton no jantar da Al Smith. Eu nunca tinha escrito para a ex-secretária de Estado/senadora/primeira-dama e aproveitei a oportunidade. O oponente dela, Trump, também participaria do evento *white-tie* que levantava fundos para instituições católicas.

Como o presidente Obama, a secretária Clinton leva tudo na esportiva e estava disposta a rir de si mesma. Da mesma forma que com Letterman no *Kennedy Center Honors*, comecei pensando em ideias para uma abertura. Na época, uma das críticas injustas de Trump era que a secretária Clinton não tinha "vigor".

— Ela vai para casa, tira uma soneca por quatro ou cinco horas e depois volta — disse Trump certa vez em um comício. — Nada de sonecas para Trump! Nada de sonecas. Eu não tiro sonecas.

Primeiro, essa afirmação me convence de que Trump tira sonecas. Segundo, me pareceu um bom ponto de partida. Brinquei um pouco com a ideia e criei uma fala para Clinton: "Este evento é tão especial que quebrei a minha rigorosa agenda de sonecas só para estar aqui."

Por mais incrível que pareça, a forma como eu ouvi na minha cabeça foi *exatamente* a forma como ela falou algumas semanas depois.

Cinco piadas que a secretária de Estado Clinton não usou no jantar da Al Smith

1. Donald define casamento não tradicional como sendo entre um homem e uma morena.
2. Vocês sabem que nós costumávamos ser amigos. Donald até nos convidou para o seu casamento. E, acreditem, hoje estou arrependida de não termos gastado um pouco mais e dado o liquidificador de dez velocidades.
3. No programa *Dr. Oz*, Donald disse que se exercita movimentando os braços enquanto fala. Quando ouvi isso, minhas sobrancelhas se exercitaram bastante.
4. Mike Pence vive dizendo que o país precisa de uma liderança de ombros largos. Bem, talvez seja hora de uma liderança de quadris largos.
5. Independentemente de quem ganhar, acho justo dizer que a qualidade do basquete na Casa Branca vai cair.

Clinton pareceu relaxada, engraçada e controlada. O discurso de Trump comunicou o oposto. Na sua fala, ele fez uma boa piada às custas da esposa. Depois, deixou de lado qualquer fingimento de estar interessado em participar de uma diversão inocente. Começou a dar golpes baixos.

— Aqui está ela hoje, em público, fingindo não odiar católicos — disse Trump, maldoso. Aquilo não era uma piada. Era um ataque traiçoeiro. Nunca entenderei por que o cardeal Timothy Dolan não se levantou para dizer: "Ei, isso não teve graça."

O humor pode unir pessoas de todas as fés e tendências políticas, mas Trump não queria fazer parte disso. Ou talvez fosse incapaz. A comédia exige empatia. Uma piada funciona porque aproveita um sentimento ou uma perspectiva compartilhados. Como Trump não consegue se conectar com os pensamentos e as emoções de ninguém que não seja Donald J. Trump, o que ele acha engraçado é limitado. Já se disse que Trump não tem senso de humor. Eu discordo. Ele claramente acha a desgraça alheia divertida. Certa vez, retuitou um vídeo adulterado de si mesmo batendo em uma bola de golfe e derrubando Clinton. É o prazer com o sofrimento alheio acompanhado de uma claquete de risadas.

Apesar dos comentários nojentos de Trump no jantar da Al Smith, Clinton teve, naquela semana, os maiores números da sua campanha nas pesquisas. Estava em uma maré de sorte. Exatamente uma semana depois, James Comey publicou a infame carta dizendo que alguns e-mails dela tinham aparecido no computador de Anthony Weiner. Nenhum dos e-mails, no fim, continha informações confidenciais, mas os números dela despencaram.

Colin e eu estávamos em Nova York no dia da eleição, 8 de novembro de 2016, meu aniversário de 56 anos. Ed Solomon, um dos roteiristas mais engraçados de Hollywood, nos convidou para ir ao apartamento dele assistir à contagem e comer chili. Quando as apurações estavam fechando, passei pelo hotel na Sexta Avenida onde Trump estava fazendo a sua festa pós-eleição. Os homens brancos com os bonés vermelhos escritos "Make America Great Again" pareciam apreensivos, e me permiti por um momento pensar que Clinton ia vencer. Fiquei animada. O governo dela lutaria contra o aquecimento global. Protegeria quem precisa de proteção. Uma mulher enfim lideraria o país. Eu sabia que isso não acabaria com o machismo, mas já era um progresso.

O resto da noite foi uma longa queda do júbilo ao desespero. A funcionária pública mais qualificada e experiente a ter concorrido à presidência perdeu para um homem vulgar, racista, ganancioso, assediador sexual, mentiroso patológico de dedos curtos que tinha escapado do serviço militar. Pedi licença para sair cedo da festa de chili de Ed e caminhei os 6,5 quilômetros do SoHo até o Upper West Side. O próprio ar parecia diferente, poluído pela escolha da nação.

Na manhã seguinte, liguei para o meu pai, de 88 anos, e desabei.

— Como podem ter votado nele? — perguntei, soluçando como uma criança.

— Vai ficar tudo bem — disse Mel.

Tive esperança de ele estar certo, mas, agora acho que essa deve ter sido a única vez na minha vida em que o meu pai mentiu para mim.

Piadas não usadas que enviei para o último jantar de correspondentes do presidente Obama

- Bem-vindos. Sei que muitos de vocês vieram aqui hoje para ver o carismático líder da América do Norte, mas infelizmente Justin Trudeau não pôde vir.

- Fiz 50 anos enquanto era presidente, o que significou que precisei fazer a minha primeira colonoscopia, e adivinha o que acharam? Mitch McConnell. Aquele cara pode obstruir qualquer coisa.

- Os republicanos estão se esforçando muito para mudar a Constituição. Querem encurtar a Primeira Emenda para: "O Congresso não fará lei alguma." (*pausa*) É isso.

- Se Trump vencer, ele fica com os códigos nucleares. Vou dar uma dica: é o mesmo número que está na minha certidão de nascimento queniana.

- As pessoas me perguntam quem eu gostaria de ver como próximo presidente, o que é um assunto sensível — é meio como perguntar quem eu gostaria de ver como próximo marido de Michelle. Fala sério, cara, eu ainda estou no emprego.

- Depois de tantos anos, estou enfim me acostumando a morar onde trabalho, então, depois do mandato, Michelle e eu estamos começando a pensar em abrir uma pousada. Não temos certeza onde, mas já temos o nome: [*mostrar slide*].

CAPÍTULO 19

O quinto estágio da carreira de uma roteirista de Hollywood

Não morra. Isso atrapalha tudo.

— Irving Brecher, 1914-2008

CONHECI IRV BRECHER EM 2005 E FICAMOS AMIGOS NA MESMA hora. Não havia escolha. Irv tinha 92 anos e não dava tempo para deixar uma amizade "rolar".

Nós nos cruzamos no Aero Theater, em Santa Monica, onde eu estava na plateia de uma mostra de um filme dos Irmãos Marx de 1939. *Os Irmãos Marx no circo* não é tão conhecido quanto *Diabo a quatro* ou *Os gênios da pelota*, mas se segura graças à marcante "Lydia, a mulher tatuada" e ao roteiro absurdista de Irv Brecher. Impressionantemente, 65 anos depois de Irv pensar nas piadas, as pessoas ainda riam delas. A exibição terminou, e Irv foi levado ao palco com a ajuda de um antigo colega meu da *SPY*, Hank Rosenfeld. Alto e imponente, Irv começou com força.

— Minha visão já não é tão boa — disse ele —, mas a minha esposa falou que a marquise do cinema diz: "Irving Brecher ao Vivo". — Ele fez uma pausa. — Vai ser uma surpresa para os meus médicos.

Eu me apaixonei.

A experiência de Irv é lendária. Ele recebeu crédito de roteiro sozinho em dois filmes dos Irmãos Marx. Ele transformou o seu programa de rádio "Life of Riley" em uma sitcom, lançando a carreira de Jackie Gleason e ganhando o primeiríssimo Emmy de "Melhor Filme Feito para e Exibido na Televisão". (Claramente, a indústria ainda estava confusa sobre como chamar o novo meio.) Irv dirigiu o último filme de Ernie Kovac e coescreveu os roteiros de *Agora seremos felizes*, *Adeus, amor* e *Shadow of the Thin Man*. Chegou a revisar *O mágico de Oz*. Groucho Marx e S.J. Perelman certa vez decidiram nomear os três caras mais sagazes dos Estados Unidos e terminaram com George S. Kaufman, Oscar Levant e Irv Brecher. Como os outros dois não estavam disponíveis, fiz amizade com Irv.

Irving Brecher, ou o Sagaz Malvado do Oeste

Irv e a esposa, Norma, moravam em um condomínio no Wilshire Boulevard, e eu os visitava nas manhãs de domingo. Irv me contava histórias sobre pescar com Groucho e jogar golfe com Jack Benny. Seus amigos próximos incluíam Harold Arlen e Yip Harburg, compositores de "Lydia" e "Somewhere Over the Rainbow". Falávamos sobre assuntos que nós dois amávamos, como a antiga Hollywood, comida judaica e peças da Broadway. Certo verão, voltei de uma viagem a Nova York.

— Vi uma nova versão maravilhosa de *South Pacific* no Lincoln Center com Kelli O'Hara — contei, efusiva, a Irv.

— Eu estava lá na noite de estreia, em 1949 — respondeu ele. — Al Jolson não ia poder ir, então deu os seus ingressos para mim. A Mary [Martin] foi ótima, mas eu amei Myron McCormick.

Era impossível contar vantagem para cima de Irv.

Muitas vezes, debatíamos política. Irv tinha sido democrata a vida toda, mas o mundo estava mudando rápido e, às vezes, era difícil acompanhar.

— Irv, nunca perguntei — disse eu, certa vez. — Qual é a sua opinião sobre casamento gay?

— Não tenho problema com isso — disse ele. — Só não encontrei o cara certo.

Na maior parte do tempo, falávamos sobre o show business. O agente de Irv tinha morrido há 25 anos, mas isso não o impedia de reclamar dele. Irv ainda sentia raiva de executivos que escalaram mal a protagonista de *Os Irmãos Marx no circo*.

— Eu podia ter conseguido Kitty Carlisle Hart — disse, balançando a cabeça.

Mas Irv não vivia no passado. Seis décadas depois de ajudar a inventar a sitcom, sua mente fértil ainda criava novas premissas.

— E se... — dizia ele. — E se tivesse um casal divorciado, e a esposa casasse pela segunda vez com um cara que mora em um apartamento de luxo, aí o ex-marido arruma um emprego como concierge do prédio para ficar perto do filho?

Uma sugestão forte. E, como a maioria dos roteiristas, Irv já tinha começado a escalar o elenco na sua cabeça.

— Louis C.K. seria ótimo como o concierge — falou. — E, para a esposa, eu escalaria aquela menina loira. Sabe, aquela lá...

— Amy Poehler?

— Bette Midler!

Bette tinha 65 anos, mas, para Irv, ainda era uma menina.

Ele me perguntou se eu estaria interessada em escrever o piloto com ele.

— Seria uma honra — respondi.

— Ótimo — falou. Fez uma pausa e, então, completou: — Eu só quero mais uma chance.

Essas seis palavras fizeram o meu coração apertar. O desejo fervoroso de Irv era ou o comentário mais inspirador, ou o mais deprimente que eu já tinha ouvido. Aos 93, ele ainda sentia a atração de Hollywood.

Todos somos seduzidos pela melodia suave e murmurada do sucesso, mesmo quando sabemos que as chances de criar um filme ou seriado de sucesso são muito baixas. O sucesso, em Hollywood, exige o conceito certo, a execução certa, o elenco certo, a equipe de produção certa, a mídia certa, o marketing certo, e tudo isso precisa acontecer no momento cultural certo. Há variáveis demais, e os roteiristas não têm controle total de nenhuma delas.

No seu livro de 1983, *Adventures in the Screen Trade*, William Goldman resumiu Hollywood em três palavras: "Ninguém sabe nada." Especificamente, Goldman quis dizer que ninguém sabe como um filme vai se sair na bilheteria. O livro dá exemplos, incluindo a Universal rejeitando a *space opera* proposta por George Lucas chamada — como era, mesmo? — ah, é, *Star Wars*.

Rejeição e fracasso são o pão com manteiga desta cidade sem glúten e sem lactose. Mais de uma década atrás, encontrei um roteirista de comédia talentoso que tinha acabado de completar 40 anos. Os trabalhos não estavam chegando mais com tanta facilidade, e o agente dele já não atendia tão rápido às ligações. Meu amigo estava entrando na fase "Me tragam alguém mais novo e mais barato agora" da carreira. Eu também estava enfrentando dificuldades. Nós nos condoemos.

— Preciso de um novo paradigma de sucesso. — Ele suspirou.

Eu sabia exatamente o que ele queria dizer. Na década anterior, eu tinha testado uma dezena de "paradigmas", desesperada para replicar o sucesso de *Sabrina*. Tentei séries elaboradas. Tentei séries simplórias.

Juntei-me a pessoas talentosas. Executei a ideia do estúdio. Executei a ideia da emissora. Executei a minha própria ideia. Desenvolvi séries de TV baseadas em livros... filmes... e até um vídeo de vendas. (Houve um ano em que a CBS inseriu digitalmente Leslie Moonves em antigas séries televisivas para as apresentações anuais de marketing, e o vídeo foi tão bem-recebido que a emissora me contratou para escrever um piloto sobre um xerife dos dias modernos que recebe conselhos de um Andy Griffith em rotoscopia.)

Eu estava tentando — e fracassando — descobrir o segredo de Hollywood. Então, em 2008, consegui alguma clareza. No auge de *Desperate Housewives*, recebi uma ligação para me encontrar com Teri Hatcher, que tinha um contrato de desenvolvimento com a ABC. A atriz vendera à emissora um conceito sobre uma mulher que descobre que o seu horóscopo diário é incrivelmente preciso. Achei que era um recurso inteligente e uma excelente forma de criar conflito interno. Por exemplo, e se, certa manhã, o horóscopo da mulher dissesse: "Evite grandes decisões hoje", e, no jantar, o namorado a pedisse em casamento?

Teri me deu o aval para desenvolver a premissa. Fiz da protagonista uma advogada que ama regras e resiste à ideia de que os astros afetem a sua vida. A emissora aprovou a nossa apresentação, e comecei a escrever. Dois meses e muitos esboços depois, todos os sinais eram positivos, e o roteiro chegou à mesa do presidente da emissora. Ele o leu naquela noite e o rejeitou na manhã seguinte.

Segundo o meu agente, o presidente gostava dos personagens. Gostava da preparação. Só não curtia o conceito do horóscopo.

— Está falando sério? — reagi.

A rejeição não me chocou, mas o motivo dado, sim. Significava que a parte *exata* que fizera o projeto ser comprado para começo de conversa tinha levado ao fracasso no fim. Se você está confuso, imagine como eu me senti depois de dois meses de trabalho duro.

Liguei para o meu amigo Rob Bragin para desabafar. Rob é sábio e criterioso — seu apelido em *Murphy Brown* era "Professor" — e eu achava que ele me daria uma explicação razoável para o que tinha acontecido. Ele ponderou sobre a minha história por um momento.

— Bem — falou. — Não há nada a aprender com isso.

Ofeguei audivelmente.

Na mesma hora, soube que Rob tinha razão, não só sobre aquela situação, mas sobre a maioria das situações em Hollywood. Como a própria cidade de Los Angeles, o setor de entretenimento foi construído sobre solo incerto. Cada experiência é única, moldada por personalidades, emoções, *timing* e, até onde sabemos, os astros. Não há segredo a ser desvendado. Não há paradigma a ser seguido. Em vez disso, o sistema opera como um reforço aos tomadores de risco, onde o sucesso intermitente se torna um motivador.

Estudos mostram que, se um rato empurra uma alavanca e aleatoriamente recebe uma porção de comida ligada àquela ação, o rato vai continuar empurrando a alavanca o dia todo. *Desta vez. Não, desta vez. Quem sabe desta vez? Por favor, desta vez. E desta vez? Isso! Uhul! Agora, de novo.* Acionar a alavanca pode levar à insanidade, mas, se você não fizer isso, como vai receber a comida? Então o rato passa o dia inteiro em uma linda gaiola com um pouco de água para beber. Não é muito diferente de uma sala de roteiristas. E empurrar alavancas não é o pior emprego do mundo — com certeza, é melhor que correr em um labirinto. Consigo até imaginar dois ratos velhos sentados e contando histórias: "Você se lembra daquela vez em que saíram três porções de comida *seguidas*? Cara, foi incrível."

Essa mentalidade explica por que Irv ainda desejava "mais uma chance". O lado bom do deprimente "Ninguém sabe nada" é o ditado judaico bem mais otimista que diz: "Nunca se sabe..." É por isso que continuo a entregar roteiros. Não crio nenhuma esperança e fico deliciada quando os meus esforços são recompensados.

Há oportunidade na confusão, e Hollywood tem *bastante* oportunidade. Mesmo depois de três décadas, não entendo, de verdade, como o sistema funciona. No entanto, sei que o único paradigma para o sucesso é continuar procurando por um paradigma para o sucesso.

Em 2014, depois de empurrar alavancas furiosamente, uma grande porção de comida caiu, e eu voltei a uma equipe de sitcom depois de quase duas décadas. O cocriador de *The Big Bang Theory*, Bill Prady, pensou em uma forma brilhante de recriar *Os Muppets*, transformando a Miss Piggy em uma apresentadora de talk show e gravando a série em estilo de documentário. Como qualquer pessoa que têm alma, cresci amando as criações de Jim Henson e delirei com a oportunidade de adicionar algo ao cânone dos Muppets. Entrei na série como coprodutora executiva.

Na minha primeira semana na série, procurei Bill Barretta, o incrivelmente talentoso produtor/diretor/artista dos Muppets, que faz a voz de Pepe the King Prawn, o cachorro Rowlf e o Chef Sueco (entre muitos outros). Eu tinha uma ideia, mas exigia um pequeno e complicado detalhe.

— Bill — falei. — A Miss Piggy tem rabo?

— Hã — disse ele, incerto. — Acho que sim. — Aí, ficou mais confiante. — Sim. Ela é uma porca. Deve ter.

— Mas nós nunca vimos? — perguntei.

— Não que eu saiba.

— *Poderíamos* ver?

— Não vejo por que não — respondeu ele, com um sorriso malicioso.

Comecei a desenvolver uma história que estava louca para escrever. Começava com a Miss Piggy no tapete vermelho, posando para fotógrafos. De repente, ela passa pelo equivalente suíno de Janet Jackson "pagando peitinho": a cauda dela sai do vestido. Os jornais imprimem a foto humilhante nas primeiras páginas.

Objeto cênico de "A Tail of Two Piggies".

Em geral, bastante confiante, Piggy fica envergonhada com o contratempo. Ela não é um bicho de curral que fica mostrando a cauda por aí. Ela explica o desconforto que sente ao seu figurinista, Uncle Deadly.

MISS PIGGY
A vida toda, tentei disfarçar o fato de que sou uma...
(abaixa a voz)
porca.

UNCLE DEADLY
(pausa)
Você sabe que o seu nome é Miss Piggy, não é?

O problema, explica Piggy, é que os fãs a veem "como uma dama, não uma porca".

Piggy planeja se desculpar publicamente pelo incidente, até que um grupo em defesa dos "valores da família" começa a fazer piada com o corpo dela e a boicotar o seu programa. O protesto dá errado quando Piggy percebe os duplos padrões da nossa cultura.

MISS PIGGY
O que tem de tão ofensivo na minha cauda? Olhem ao redor.

PIGGY COMEÇA A APONTAR MUPPETS E AS SUAS CAUDAS.

MISS PIGGY (CONTINUAÇÃO)
A cauda do Fozzie está aparecendo. A do Bobo, também. E a da Yolanda. Ou não tem problema porque a dela é longa e magra?

YOLANDA
Obrigada por notar.

```
                    CACO
     Piggy, eu entendo, mas tudo vai passar bem
     mais rápido se você se desculpar.


                 MISS PIGGY
     Eu me recuso. Já me escondi tempo demais.
               (tira os óculos escuros)
     O fato é que eu dou grunhidos e roncos e tenho
     uma cauda. É quem eu sou. Sou uma dama e uma
     porca! E é hora de o mundo me acompanhar.
```

Foi uma alegria produzir "A Tail of Two Piggies", que coescrevi com Steve Rudnick. Assistir a Eric Jacobson interpretando a Miss Piggy era uma aula de fantoches e atuação. Há uma ironia óbvia em um homem humano fazendo uma porca, mas Eric leva a responsabilidade a sério. Em um momento, ele me chamou no set, incerto sobre como dizer a fala: "Sou uma dama *e* uma porca."

Expliquei que via aquilo como um momento de autopercepção enraizado na minha própria experiência.

— A vida toda, odiei quando as pessoas me chamaram de "roteirista mulher" — contei. — Eu queria ser percebida apenas como roteirista. O mundo me via como o meu gênero e eu me via como as minhas conquistas. Mas, conforme fui envelhecendo, abracei mais a minha identidade. Agora, fico feliz de afirmar: "Sou mulher *e* roteirista." É isso que sou. E quero que a Miss Piggy também pare de negar quem ela é. Quero que ela perceba que o fato de ser porca é parte do que a torna especial.

Eric entendeu e disse a fala de forma linda. Ele também adicionou um ótimo caco para fechar a cena. Quando se radicaliza, Piggy declara: "Estou indo mudar o mundo!" Ela começa a sair em uma direção e, uma pausa depois, dá meia-volta. "O mundo é para *lá*", diz, apressada.

The Muppets foi cancelado após uma temporada parcial. É uma longa história, então vamos só dizer que havia Chefs Suecos demais na cozinha. Tirei uma folga da TV para editar *Plano B*, escrito por Sheryl Sandberg e Adam Grant. O projeto era um olhar de alerta a como enfrentar adversidades e se tornar resiliente. Sheryl compartilhou o luto assolador que ela e a sua família sentiram após a morte repentina do seu marido extraordinário, Dave Goldberg, aos 47 anos. Ela também compartilhou a sua determinação de recapturar o significado e a alegria. O livro não podia ter um tom mais diferente de escrever para os Muppets. Como Piggy, dei meia-volta total: "O mundo é para *lá*."

Não tenho ideia do que me espera no futuro, o que é ao mesmo tempo animador e assustador. Irv certa vez me disse que o seu maior arrependimento era ter parado de escrever quando fez 50 anos. Pediu que eu continuasse sendo criativa, com uma advertência.

— Prometa, minha querida — disse ele, no hospital —, que não vai aceitar um projeto em que não acredite.

Prometi que não aceitaria.

Irv morreu no dia seguinte. Acho que ele gostaria que eu recontasse a última piada dele. Naquela mesma visita, o telefone do hospital tocou, e eu atendi. A cozinha precisava do pedido de almoço de Irv. Repeti as perguntas para ele:

— Alguma alergia?

Ele balançou a cabeça.

— Algo de que você não gosta?

— George Bush — respondeu ele, alto e sem hesitar. Segurei o telefone no ar para ele conseguir ouvir a funcionária do hospital rindo do outro lado.

Odiei sair do lado dele naquele dia, mas Irv estava cansado. No dia seguinte, liguei para perguntar se podia voltar. Irv disse que não se sentia bem para uma visita.

— Eu te amo — falei.

— Eu também te amo — respondeu ele.

Sinto saudade de Irv, e gostaria de tê-lo conhecido vinte anos antes. Penso muito no conselho dele de só trabalhar em projetos em que acredito. Sheryl falou algo parecido no seu discurso na formatura de Barnard. Ela pediu que cada formanda tentasse "encontrar um emprego que seja importante para você e seja importante para os outros. É um luxo combinar paixão e contribuição. Também é um caminho claro para a felicidade."

Com certeza foi a própria Sheryl que escreveu essas frases, porque eu não sabia que esse princípio era verdadeiro até trabalharmos juntas em *Faça acontecer*. Combinar paixão e missão é um caminho claro para a felicidade. Nada satisfaz mais que ter um impacto positivo na vida das pessoas.

Essa percepção também ajuda a explicar por que amo escrever piadas. Em uma escala bem menor, a risada é um sinal de impacto. Esse impacto pode ser fugidio. Uma risada pode terminar no piscar dos olhos de um presidente. Mas, para mim, aquele momento é de felicidade pura.

Trinta anos depois de entrar em Hollywood, ainda estou empurrando a alavanca, esperando pela minha porção de comida. Em um mundo ideal, eu poderia dirigir outro filme. Ou, talvez, criar e liderar outra série. Só quero mais uma chance.

E, depois, outra chance.

E depois…

FIM

*Linha do tempo**

1987	*It's Garry Shandling's Show*, EPISÓDIO FREELANCE, NÃO GRAVADO
NOV 1987-JAN. 1988	*The Wilton North Report*, FOX
MAR-MAI 1988	*The Smothers Brothers Comedy Hour*, CBS
	Funny Girls, PILOTO PARA O PROGRAMA DE NOVOS ROTEIRISTAS DA DISNEY, NÃO GRAVADO
	Reunions, LONGA, ESCRITO COM A. SCOTT BERG, FOX, NÃO GRAVADO
JUN 1989-MAR 1990	*Newhart*, EDITORA DE HISTÓRIA
	It Was One of Us, FILME SPEC ESCRITO COM CLAIRE SCOVELL LAZEBNIK
	Jody Hartman and the News, ATO 3 (NORMAN LEAR), não gravado
JUN 1990	*Os Simpsons*, EPISÓDIO FREELANCE ("TODO MUNDO MORRE UM DIA")
JUL 1990-NOV 1990	*Late Night with David Letterman*
1990	*Three Girls and a Genii*, PILOTO, NÃO GRAVADO
JAN 1991	*Princesas*, CONSULTORA DO PILOTO, CBS
FEV 1991-1993	*Coach*, COPRODUTORA, PRODUTORA, ABC
	Sibs, EPISÓDIO FREELANCE, GRAVADO MAS NÃO TRANSMITIDO
1992	*Nós somos os campeões*, ALTERAÇÕES
1993-1994	*Murphy Brown*, PRODUTORA SUPERVISORA
	Fred and Frieda, FILME SPEC, NÃO VENDIDO

* Não inclui trabalhos jornalísticos, discursos ou roteiros escritos pela metade.

1993	*The Critic*, episódio freelance, "A Little Deb Will Do Ya",
1994	Contrato para dois roteiros, Brillstein
	The Good Stuff, piloto, ABC, não gravado
	Nebraska, piloto para Christine Taylor, não gravado
	The Bags, filme spec com Joel Hodgson, não vendido
1995	*Space Ghost de costa a costa* com Joel Hodgson, episódio freelance, TBS
	Pandora's Box, tratamento de filme, Turner Animation
1995-1996	Contrato geral com 20th Century Fox/pilotos para TV
	Apresentação de *Microserfs* com Douglas Coupland
	The Love Lab, não gravado
	Prudy and Judy, WB
	Querida, encolhi a gente, com Joel Hodgson, Karey Kirkpatrick, Disney
	The TV Wheel, roteirista, HBO
	George, o rei da floresta, reescrita com Joel Hodgson, Disney
jan **1996**	Nasce Rudy Summers
abr **1996-1997**	*Sabrina, aprendiz de feiticeira*, criadora, produtora executiva, ABC
1997	Projeto Paul Sorvino, reescrita, showrunner, ABC
	Um anjo muito doido, consultora, ABC
	Times Like These (*Jetsons* em live-action), WB, não gravado
mai **1998**	Nasce Dexter Summers
1998-1999	*Nellie Bly*, The Wonderful World of Disney, não gravado
	Providence, produtora consultora, CBS
	Trust Me, piloto spec desenvolvido para Hugh Laurie, não gravado
1999	*Hayley Wagner Star*, roteirista, diretora, produtora, Showtime
2000	*The War Next Door*, três episódios freelance, USA
	Hidden Celebrity Webcam (web série), criadora
2001	*Princess and the Pauper*, filme para TV a cabo, não gravado
2001-2002	*Charmed*, coprodutora executiva, WB

2002	*Honor*, piloto, Spelling Television, CBS, não gravado
	Split Second, reescrita de piloto, Lifetime, não gravado
2002-2003	*Presidio Med*, produtora consultora, CBS
2003	*Without A Clue*, piloto, CBS
	McCloud, atualizado para Brett Butler, USA, não gravado
	Jealous Type, filme spec vendido para Dimension, não gravado
	Behind Bars, piloto, FOX, não gravado
2004	*Monk*, dois episódios freelance, USA
	The Rich Girl, piloto, CBS, não gravado
2005	*Same As It Never Was* (virou *Uma irmã na minha vida*), ABC Family
	Girl in the Curl, reescrita de filme com Andrew Hill Newman, Paramount, não gravado
2006	*Split Decision*, filme spec, não gravado
	Piloto de Marley Shelton sem título com Bruce Helford, não gravado
2006-2007	*NCIS*, produtora consultora, CBS
2007	*It Was One of Us*, diretora, Lifetime
2008	*Monk*, episódio freelance, USA
	Mercury Rising, piloto de uma hora, ABC, não gravado
	Sheriff, piloto de meia hora, CBS, não gravado
2009	*Dance Lessons*, reescrita de filme para a TV a cabo, Lifetime, não gravado
	Pré-show do tapete vermelho do 81º Oscar, ABC
2010	*Man Up*, piloto de meia hora, ABC, não gravado
2010-2012	*Warehouse 13*, coprodutora executiva, Syfy
2011	*Backstabber*, filme spec escrito com Tim Carvell, não vendido
	F8 com Mark Zuckerberg e Andy Samberg, esquete de abertura
2012	*Faça acontecer* (livro), Sheryl Sandberg
2013	*Lean In* (filme), Sony, não gravado
	Mac and Celerie, piloto spec de meia hora, não vendido
	Last Gasp, piloto spec de drama, não vendido
	Meet the Morales, piloto spec de animação, não vendido

2014 *Awkward*, diretora, episódio
Web série *Win/Win*, diretora
The Kennedy Center Honors, roteirista
2015-2016 *The Muppets*, coprodutora executiva, ABC
2015 Bette Midler, turnê "It's the Girls!", roteirista
2016 *Plano B*, livro editado escrito por Sheryl Sandberg e Adam Grant
Mystery Science Theater 3000, "Carnival Magic", roteirista
2017 *The Wand Percent*, piloto, Disney Channel, não gravado
Só as partes engraçadas, livro
Trophy Sister, piloto, CBS

Agradecimentos

Sheryl Sandberg me deu um lugar no seu foguete e mudou a minha vida para sempre. Eu não podia ser mais grata pela amizade dela e por todas as oportunidades que nosso trabalho juntas me proporcionou. Seria de se pensar que, depois de colaborar com alguém tão de perto por sete anos, você se acostumaria com como essa pessoa pensa e age, mas a gentileza, a generosidade e o brilhantismo de Sheryl ainda me surpreendem.

A editora Jessica Sindler foi amável e paciente durante esse longo processo. A orientação dela foi inestimável. Estou em dívida com Julia Cheiffetz por ter sido a primeira a acreditar neste projeto. E uma tonelada de gratidão à liderança estável de Lynn Grady, bem como de Ben Steinberg, Kendra Newton, Kell Wilson, Kelly Rudolph, Jeanne Reina, Beth Silfin, Andrea Molitor, Suet Chong, Alivia Lopez e o restante da equipe em Dey Street.

Foi uma delícia trabalhar com Lacy Lynch, e ela é muito mais que uma agente. Ela foi parceira e eu procurei muito o conselho, o senso de humor e o julgamento dela em todas as questões, tanto criativas quanto práticas. Ela me encorajou e me desafiou das melhores formas possíveis. A superagente Jan Miller, da Miller/Dupree, foi a fada madrinha deste livro. Ela devia escrever o próprio livro. Aposto que conseguiria um bom contrato.

Jill Twiss foi a minha primeira leitora e viu frases que nenhum ser humano devia ter que ler. O feedback cuidadoso e engraçado dela melhorou todos os capítulos. Conheci Lewis Friedman em 2014 e na mesma hora ele se tornou um dos amigos em quem mais confio. Como ele não tinha ouvido todas as minhas histórias, ele se provou um leitor importante e perspicaz. Rachel Dry é engraçada e sábia e estava lá desde o início. Laura Zigman é sábia e engraçada e estava lá no fim.

Anos atrás, falei a Barry Kemp que estava pensando em escrever um livro de memórias. Ele bateu os dedos contra os lábios e disse:

— O título deveria ser *Só as partes engraçadas*.

Sei reconhecer uma boa sugestão quando ouço.

Alex Isley fez a capa original. É um gênio artístico, além de uma das pessoas mais gentis e engraçadas que conheço. Prezo pela nossa longa amizade. Robert Trachtenberg compreende profundamente a comédia e é tão bom roteirista quanto fotógrafo. Tenho sorte de ele ter me fotografado na capa e na minha foto de autora originais. Kurt Anderson e Anne Kreamer merecem um agradecimento especial por estarem lá desde a proposta até a seleção da capa. Eles foram os meus ídolos antes de serem os meus amigos.

A maioria dos meus amigos é roteirista, e confiei muito neles. Vários são mencionados aqui, então, não vou me repetir. Alguns mereciam ser mencionados, mas não havia espaço. Muito amor e agradecimento a: Scott Alexander, Beth Armogida, Neena Beber, Aimee Bell, David Dreyer, Quentin Hardy, Jenny Jaffe, David Kamp, Larry Karaszewksi, Leah Krinsky, Nell Minow, Kay Oyegun, Tony Rogers, Erin Gloria Ryan, Krista Vernoff, Jessica Yellin e James Andrew Miller, que é tão brilhante quanto encorajador. E pilhas de gratidão aos amigos não roteiristas Hannah Zackson, Carol Krol, Anthea Liontos, David Shaw, Ashley Zandy, Aileen Boyle, Reade Fahs, Gina Wangrycht e Rachel Klayman pelas suas opiniões inestimáveis.

Obrigada a todos os membros da Jungle. Tenho sorte de ter ido parar lá. Aos meus colegas membros de IJC, eu digo um caloroso: "Juice!" Todos na TMTS são o maior encanto. E abraços a todo mundo da WHEN, incluindo Kate Mullaney, Jessica Bennett e sobretudo Amanda McCall, que me fazia feliz quando o céu estava nublado.

Sou grata aos advogados Heather King e Jonathan Sherman, da Boies Schiller & Flexner LLP, pelos conselhos especializados e pela gentileza em geral. Eles me deram paz de espírito. Marty Schwimmer, da Leason Ellis, me ajudou a entender as complexidades da lei de direitos autorais enquanto me fazia rir. A advogada Ghen Laraya Long fez um trabalho incrível, dando toda a sua atenção a cada detalhe legal. A dedicação e o entusiasmo dela pelo projeto significam muito para mim. Leigh Brecheen é um advogado de entretenimento de primeira linha *e* um amigo de primeira linha.

Muito obrigada a todos os meus agentes durante os anos e aos últimos sobreviventes Simon Faber e Nancy Josephson, da WME. Tenho sorte de ser defendida por eles. Sou grata por Barry Greenfield e David Altman terem mantido a Finishing the Hat Productions funcionando sem problemas por mais de três décadas. Lauren Johnson foi indispensável.

Mellody Hobson e George Lucas generosamente forneceram inspiração e um lugar lindíssimo para escrever no Rancho Skywalker. Amei a minha estada no "Yaddo para nerds". Muito obrigada a Connie Wethington, que cuidou muito bem de mim enquanto estive lá.

Meus irmãos — Julie, Alice, Ted e Claire — me mantiveram rindo a minha vida toda. É uma honra e um privilégio ser a irmã do meio deles.

Finalmente, meu amor por Colin Summers não pode ser resumido em uma frase. Nem em duas.

Créditos de fotos

Cortesia da autora: pp. 16, 18, 24, 34, 78, 82, 100, 130, 136, 146, 153, 160, 169, 178, 181, 182, 183 (segunda foto), 198, 199, 214, 222, 260, 262, 276 e 303; Jill Miller/***Vanity Fair*** © 2015 Conde Nast: p. 17; © 2011 Getty Images. Reimpressa com permissão: p. 18; © Tim Sheaffer: p. 27; Cortesia de Sussex Publishers LLC: pp. 42, 45; Karen Kuehn. Fornecida como cortesia de Sussex Publishers LLC: p. 43; Cortesia da New London Barn Playhouse: p. 49; Cortesia do ***Wilton North Report***: p. 58; © 1987 ***San Francisco Chronicle***: p. 59; Arte de Conan O'Brien. Reimpressa com permissão: p. 59; Cortesia Comedic Productions: pp. 67, 71 e 72; ***Newhart*** © 1989 Twentieth Century Fox Television. Todos os direitos reservados: pp. 88; Cortesia da autora. ***Newhart*** © 1989 Twentieth Century Fox Television. Todos os direitos reservados: p. 92; ***Os Simpsons***™ e © 1990 escrito por Nell Scovell. Twentieth Century Fox Film Corporation. Todos os direitos reservados: pp. 106 e 113; Cortesia de Colin Summers: pp. 125, 233, e 310; ***Late Night with David Letterman*** cortesia da Universal Television LLC: p. 129; Arte de Joel Hodgson. Usada com permissão: pp. 140 e 144; Cortesia de Joel Hodgson e da autora: pp. 142 e 143; Cortesia de Mike Saltzman: p. 161; Nora Castellanos: p. 163; Cortesia da CBS Television Studios: pp. 169, 173, 177, 183 (todas as fotos exceto a segunda foto de Raquel Welch com a autora) e 193; Cortesia da ***TV Guide magazine***: p. 175; Licenciada pela Warner Bros. Entertainment Inc. Todos os direitos reservados: p. 211; Adam Summers: p. 226; Cortesia de Sheryl Sandberg: pp. 269 e 273; Cortesia de Nikki Glaser: p. 275; ***Como eliminar seu chefe*** © 1980 Twentieth Century Fox. Todos os direitos reservados: p. 282; Cortesia do ***Kennedy Center Honors***: p. 290; trabalho de Photoshop por Dode Levenson: p. 307; Uso do ***New York Post*** cortesia da NYP Holdings, Inc: p. 315.

Permissões

Diálogo de *Sabrina, aprendiz de feiticeira* nas páginas 165 e 168-169 cortesia CBS Television Studios.

Citação da resenha do *Washington Post* sobre *Sabrina, aprendiz de feiticeira* na página 174 cortesia de Tom Shales, *Washington Post.*

Citação da resenha da *Rolling Stone* de *Sabrina, aprendiz de feiticeira* na página 174 cortesia de David Wild, *Rolling Stone.*

Citação da resenha do *Los Angeles Times* de *Sabrina, aprendiz de feiticeira* na página 174 cortesia de Howard Rosenberg, *Los Angeles Times.*

Citação de Kurt Vonnegut na página 217 cortesia de Kurt Vonnegut LLC. Citado de *The New York Times*, 22 de abril 1990, "Notes from My Bed of Gloom or Why the Joking Had to Stop".

Citação do discurso de Jane Fonda celebrando Lily Tomlin, *Kennedy Center Honors* na página 279 cortesia *Kennedy Center Honors.*

Discurso do presidente Barack Obama no jantar de correspondentes da Casa Branca nas páginas 297-98 © 2011. "The President's Speech at the White House Correspondents' Dinner" por Kori Schulman. Disponível em: <https://obamawhitehouse.archives.gov/blog/2011/05/01/president-s-speech-white-house-correspondents-dinner> em licença Creative Commons 3.0.

Este livro foi impresso pela umlivro, para a
HarperCollins Brasil. O papel do miolo é pólen
natural $80g/m^2$, e o da capa é cartão $250g/m^2$.